日本安全保障戦略研究所 編著

中国の海洋侵出を抑え込む

日本の対中防衛戦略

上野英詞
川村純彦
髙井　晉
樋口譲次
矢野一樹
用田和仁

国書刊行会

中国の海洋侵出を抑え込む——日本の対中防衛戦略

目次

はじめに

軍事力を背景に「覇権的拡張戦略」を強引に展開する中国にいかに対応するか、これが本書の主題である。

中国は現在、習近平国家主席主導の下、「中華民族の偉大な復興」を「中国の夢」とし、「百年マラソン」の射程をもって「富国強兵」と「海洋強国」の建設に邁進している。特に、中国の海洋への覇権的拡張のうねりは、ユーラシア大陸の東側から南側に至る東アジア、東南アジア、南アジアおよびオセアニアをカバーし、インド洋、西太平洋を含む広大なアジア太平洋・インド地域の全域に及んでいる。

中国周辺の東アジアの地形を俯瞰《ふかん》すれば、ユーラシア大陸の東側に、アリューシャン列島、千島列島、日本列島、台湾、そしてフィリピンに至る連続的な島嶼《とうしょ》群が連なっている。かつて朝鮮戦争前の１９５０年1月に、当時のアチソン米国務長官は、米国の東アジアにおける防衛線について、「この防衛線は、アリューシャン列島から日本を経て琉球に至る。（中略）この線は、琉球を経て、フィリピンに至る」と述べた。その半年後の朝鮮戦争を経て韓国との間でも同盟条約を締結するに至ったが、今日に至るまで、米国は、いわゆる「アチソン・ライン」に沿って、日本およびフィリピンとの間で同盟条約関係を維持するとともに、これら島嶼群の中間にあって戦略的に重要な位置にある台湾との間でも、「台湾関係法」（1979年）に基づいて台湾の防衛にコミットしている。中国の「覇権的拡張戦略」を考えれば、アチソン・ラインの意義は改めてその重要性を増しているといえる。

一方、ユーラシア大陸の中国側からこれら島嶼群の繋がりを俯瞰すれば、これら島嶼群は、大陸国家の太平洋への侵出に対する障壁となっている。かつて冷戦時代には、米国は、日本列島をソ連の太平洋への侵出を抑える「侮りがたい防衛の盾」と見なしていた。同様に、中国から見ても、これら島嶼群は太平洋への侵出の障壁であることに変わりない。中国は世界第3位の陸地面積を有する国だが、中国大陸の沿岸は、北から渤海、黄海、東シナ海そして南シナ海に面しており、それらの外縁、すなわち中国がいう第1列島線が中国の太平洋への侵出に対する「障壁」となっており、しかも中国は、第1列島線を越えた太平洋に固有の島嶼群を領有していないために、日本のように太平洋沿岸から200カイリまでの排他的経済水域の広がりを持たない。

しかしながら、中国から見て、この「障壁」は、逆に「防壁」としての機能も併せ持つことにも注目しなければならない。中国から見て、この「防壁」は第1列島線として領域拒否ゾーンを構成し、それを超えた接近阻止ゾーンとしての第2列島線とともに、中国の近海防衛戦略の要となるラインである。第1列島線とアチソン・ラインは、「障壁」と「防壁」としてほぼ重なっている。したがって、特に第1列島線の内側の海域である、東シナ海と南シナ海における領域支配の確立は、中国の「接近阻止・領域拒否（Anti-Access / Area Denial：A2／AD）」にとって必須の要件となっている。

この「障壁」と「防壁」を巡る中国の動向と、それに対する関係各国の対応が、今日の東アジアの海洋における最大の安全保障課題であり、本書の主題である。

東アジアの海洋への中国の侵出戦略の特徴として、その巧妙で狡猾な侵出ぶりが「サラミスライス戦術」（「サラミ1本全部を一度に盗るのではなく、気付かれないように少しずつスライスして盗る」との寓意）と称される。中国は、こうした武力紛争の直接的な引き金には至らないが、時間の経過とともに大きな戦略的現状変更をもたらす、「漸進的な小さな行動の積み重ね」、すなわち「サラミスライス戦術」によって、特に南シナ海における島嶼、岩、環礁などの海洋自然地形に対する実効支配を漸進的に拡大し、強化することで、自国に有利な現状変更を追求してきた。そして、その過程で中国は、海上民兵が乗り込んだ漁船や、東アジアで最大の保有隻数を誇る海洋法令執行機関（中国海警局）の巡視船隊（政府公船）を活用してきた。

中国は、南シナ海や尖閣諸島で見られるように、海軍戦闘艦艇を前面に出すのではなく後ろ盾として後方に控置《こうち》しながら、政府公船による常続的な哨戒活動を実施し、要すれば他国船舶に対して当該海域からの退去を求めるなどの海洋法令執行活動を実施することによって（時には自国領域であることを示すために、自国漁船を対象とすることさえもある）、自国の主権が及ぶ海域での警察権の行使を装うことで、領有権の主張を正当化しようとしてきた。さらに、中国は、自国が実効支配する海洋自然地形においては、漁船、海警局巡視船そしてその後方における海軍艦艇によって当該海洋自然地形を取り巻いて他国船舶のアクセスを阻止する、多層的なアクセス拒否態勢をとっている。こうした態勢は「キャベツ戦術」と称される。このように、非軍事手段である漁船や巡視船隊を先兵として、中国は、戦略環境の変化に応じて、圧力を強めたり、弱めたりして外交的主導権を確保するとともに、軍事紛争へのエスカレーションを回避しながら、東アジアの海洋に対する領域支配を目指して漸進的に侵出している。

アジア太平洋・インド地域の中国周辺国家や米国にとって、中国のこうした覇権的拡張の波動をいかに受け止め、あるいは躱《かわ》すことで自国の安全と地域的安定を維持していくかは、当該国家にとって、また地域全体にとっても最大の安全保障課題となっている。米国や中国周辺国家はいずれも、経済的には中国と相互依存関係にあり、したがって、これら諸国は、経済面における中国との協調と関与政策を維持しながら、他方で中国の覇権的拡張の波動に対するヘッジを単独で、あるいは共同して構築する必要に迫られている。

本書は、このような認識に基づいて、広くアジア太平洋・インド地域の全域を俯瞰して、有効な対中戦略のあるべき態様を大胆かつ率直に論じた戦略論である。

本書の記述は、思考過程に応じて大きく三つに分かれている。最初に、これからの世界とアジア太平洋・インド地域の安全保障の課題や、中国周辺主要国の対中関係の現状を概観するとともに、中国の国家目標と覇権的拡張戦略と、これに対応する米国の対中国防・軍事戦略および作戦構想を詳述した。

次に、東シナ海と南シナ海における中国の軍事力を背景とした覇権的拡張戦略の実情を分析し、その対応策を検討した。ここでは、第1列島線の内側の海域である東シナ海と南シナ海における領域支配の確立を目指す中国の覇権的拡張戦略の実態を明らかにするとともに、基本的価値や利害を共有する関係各国が協力連携して、いかに中国の覇権的拡張の動きを抑止し、その拡大を阻止するかについての対応策を検討した。

そして、「アジア太平洋・インド地域と連携した日本の対中防衛戦略」と題する第8章において、あるべき対中防衛戦略に対する具体的な提言を試みた。この章が本書のハイライトで、核心部分である。

本章で提示した対中防衛戦略の基本概念は、抑止戦略、共同防衛戦略そして制限戦争戦略の三つの柱からなる。

抑止戦略とは、相手からの攻撃があれば本格的な反撃を行う意志を明確に示しておき、相手にそのことを認知させておくことで、軍事力の行使を未然に防止する方策であり、このような戦略態勢を構築することによって、相手の強引な拡張主義を抑止しようとするものである。

共同防衛戦略とは、日米同盟を基軸として、自由・民主主義・人権・法治といった普遍的価値および戦略的利益を共有するオーストラリア、インド、ASEANなどの諸国との協力・連携関係を強化して、中国の拡張主義的脅威に共同して対処する方策である。

そして、制限戦争戦略とは、核の威嚇や攻撃に対しては米国の拡大核抑止力に依存するものの、それ以下の事態に対しては通常戦力で対処するための防衛戦略および防衛力を構築することによって、すなわち、実際に対処に必要な通常戦力による制限戦争遂行能力を整備することによって、紛争生起を抑止する。万一、抑止に失敗した場合には、敵の殲滅《せんめつ》や敵の領土を占領して政治体制を転覆させることではなく、あくまでも既存の国際秩序の回復、維持、そして海洋における航行の自由の確保などに戦争目的を限定し、紛争原因の除去または緩和を基本とするものである。

したがって、本章で提示した対中防衛戦略の基本概念は、共同防衛戦略と制限戦争戦略に基づいた、実際に戦える戦力の構築による対中抑止戦略である。

その概要は、中国の「領域拒否／接近阻止（A2／AD）」戦略に基づく外洋への侵出を阻止するための「米国と第1列島線上の諸国による対中A2／ADネットワーク」による「阻止の壁」を構築し、同時に中国の経済力と継戦力に打撃を与えることを狙いとして海上交通路の遮断を図るために、第1列島線の外周に「海上封鎖網」を構築して中国に海上侵出の野望を断念させることを狙う。そして万一、抑止に失敗した場合には、中国の海洋侵出を主導する中心戦力である中国海軍を「阻止の壁」の内側に拘束し、これを撃破して戦略目標を達成するという戦略である。

この対中防衛戦略では、核の威嚇や攻撃に対しては米国の拡大核抑止力に依存せざるを得ないが、対中防衛戦略の不可欠の一部として、これまでわが国においては、真剣に検討される機会がほとんどなかった、あるいは「見たくないもの」を見ようとしなかった、「日本の防衛における核抑止のあり方」についても、あえて率直な提言を行った。わが国は、安全保障上、決して友好国とはいえない中国、北朝鮮そしてロシアという核保有国に取り巻かれている。

特に、現在の米中両国の核戦力を比較すれば、全般的な戦力において米国が中国を圧倒しているが、米国は旧ソ連と締結した中距離核戦力全廃条約（INF条約）によって、射程500～5500キロまでの地上発射型短・中距離ミサイルを保有できないため、「紛争のフルスペクトラムへの対応能力」において、戦域核以下の能力に大きな空隙《くうげき》が生じている。そのため東アジアでは、中国による中距離核戦力の寡占状態が深刻化し、中国の戦域核絶対優位の戦略環境が出現している。米国の拡大核抑止力におけるこの空隙をいかに埋めるかは、日米同盟を基軸とするわが国の対中防衛戦略における喫緊の課題になっているといっていい。

本書の最終原稿が出来上がった2017年4月末現在、北朝鮮の核は「今そこにある危機あるいは脅威」と言っていい状況にある。したがって、わが国としても、顕在化しつつある核脅威に対する防衛政策を真剣に検討すべき時期に来ているというのが、本書において核抑止のあり方を検討した所以《ゆえん》である。

本書では、「日本の防衛における核抑止のあり方」について、わが国の弾道ミサイル防衛（BMD）システムを質量両面から強化するとともに、自衛隊に北朝鮮や中国のミサイル基地を叩く敵基地攻撃の任務権限と能力を付与し、限定的な報復的抑止力を創出する必要性を提言した。また同時に、核攻撃に対するわが国の国家機能や国民生活の保護、そして自衛隊の強靭性《きょうじんせい》・抗堪性《こうたんせい》の強化など、核攻撃に対する「損害限定戦略」も考えておかなければならない。さらには、北大西洋条約機構（NATO）加盟国の中でドイツやイタリアなどの非核保有国が行っているように、米国の核戦力の国内持ち込みを認め、これを日米で共同管理するなど、両国間で合意の可能性がある現実的で、具体的な対応策を検討しなければならない。

本書の率直な提言が、被爆国としての国民感情とは別に、わが国の安全保障の視点から核兵器と核抑止力について冷静かつ現実的に論じられる切っ掛けになれば幸いである。

本書の終章として、米中関係と「トゥキュディデスの罠」に言及した。歴史的に見て、新興の大国の台頭はその位置する地域の既存の安全保障環境に大きな影響を及ぼす。そこにおける既得権益国の視点からは、それは一種の挑戦と映じるからである。「太平洋国家」である米国にとって東アジアの海域は国防上の最前線であり、中国の海軍力が第1列島線の外側の西太平洋にその到達範囲を拡大するとともに、その内側の海域支配を目指していることは、米国の最前線における安全保障に深刻な影響を及ぼしている。米中関係の海洋における抗争的側面が顕在化し、今後一層緊張の激化が予想される海域こそが東シナ海であり、南シナ海である。われわれは、台頭する新興国が既存の覇権国に挑戦する過程では、アテネの台頭とそれに対するスパルタの恐怖と警戒がペロポネス戦争を不可避とした、いわゆる「トゥキュディデスの罠」の危険性が内在していることに留意しておくべきである。

米国では、2017年1月にドナルド・トランプ新政権が誕生した。トランプ新政権のアジア政策は、本書の刊行時点では明確な展望を抱けるには至っていない。しかしながら、米中関係と「トゥキュディデスの罠」は、「アメリカ最優先」を標榜するトランプ政権にとっても、抗争と協調の両面を併せ持つ米中関係にいかに対処していくかを、新政権の安全保障戦略における最大の課題としていることは間違いない。当然ながら、その過程で、トランプ新政権からは日米同盟における日本のより積極的な役割や日本のより自立的な防衛努力が期待され、あるいはトランプ新政権のアジアへの関与をいかに担保していくかなどが大きなテーマになろう。同時に、中国の強引な海洋侵出が誘因となって、アジア太平洋・インド地域では、主要国の間で安全保障を軸とした多国間協力に向けての機運が高まりつつある。トランプ新政権の誕生は、日米両国にとって、日米同盟を基軸に、インドやオーストラリアを含めたアジア太平洋・インド地域全域を対象とした、安全保障面での包括的な対中政策を構築すべき絶好の機会を提示しているといえよう。

なお、本書で展開した論議や防衛戦略を地政学的観点から補い、読者の理解に資するために、附論として、「ユーラシアの地政学的環境と日本の安全保障」を書き加えた。地政学的環境は、国際関係における不変の要素である。いずれの国家も、自らの地政学的環境を無視して、いかなる戦略も展開し得ないからである。

第1章　これからの世界とアジア太平洋・インド地域の安全保障の課題

1　「激動と混迷」の世界

ローマ法王フランシスコ1世は、2014年夏、欧州全土から訪れた数万人の巡礼者たちに向けたミサで、現在世界各地で起きている紛争や混乱を「第3次大戦」と称えた。法王は、「二つの世界大戦後の今日でさえ、地域紛争、大量虐殺、人間の殺害、その他の侵略者やテロリストたちの犯罪の中で行われていることを第3次大戦であると述べることができる」と発言したのである。この発言は、世界的に大きな影響力をもつローマ法王によってなされたことから、国際社会で大きな衝撃をもって受け止められた。

その際、法王は、第3次大戦は「まとまりのない第3次大戦」であるとも述べた。第1次大戦が同盟国と連合国（協商国）、第2次大戦が連合国と枢軸国との間の戦いであったことと対比したものであろう。世界の紛争マップがほぼ全面的に赤色で塗りつぶされているとの法王が示した認識は、それを「第3次大戦」と呼ぶかどうかは別にして、第2次大戦後、最大の難民（2016年末現在、約6500万人）を発生させている世界の現実によってその確かさが証明されているといえよう。

他方、ヨーロッパでは、イギリスが2016年6月の国民投票で欧州連合（EU）からの離脱を決めた。また、同国の北アイルランド（イギリスからの分離とアイルランドの併合要求）、スコットランド、ウェールズ、フランスのブルターニュ地方、コルシカ島、スペインのカタリューナ地方、バスク地方などではそれぞれ分離独立運動が続いている。また、カナダのニューファンドランドやケベックの独立運動も活発である。

中東では、「イスラム国」（ISIS）が、従来の国境を跨《また》ぎ〈暴力と破壊〉の限りを尽くし、欧州や東南アジアなどへテロ活動を拡散している。

ロシアは、ロシア・グルジア戦争（2008年）での南オセチア・アブハジの「ロシア領化」やクリミア併合・ウクライナ東部への軍事介入（2015年～）に見られるように、ロシア国境沿いに緩衝地帯を確保することに執着している。そして、旧ソ連地域を自国の「勢力圏」と考えるプーチン大統領は、「ユーラシア連合構想」の下、「民族自決」を旗印に親露勢力を糾合し、大国ロシアを中心に旧ソ連邦諸国を再結集して〈強いロシア〉の復権を図ると見られている。

中国は、「中華民族の偉大な復興」を国家目標に掲げ、その目標に奉仕するべく「富強大国の建設」を推進し、「失地回復主義」や「戦略的国境」（「戦略的辺疆《へんきょう》」ともいわれる）論を拠り所として、すでに半世紀近くにわたり海洋覇権の野望に向かって東シナ海・南シナ海における力による現状変更を試みている。さらに、その成果を西太平洋からインド洋の支配へと拡大するとともに、欧米主導の現行国際秩序を覆し、中華的国際秩序に置き換えて世界的影響力の拡大を目指している。

このような動きは、国際秩序の破壊あるいは激変を思わせるものである。同時に、これからの世界は、既存の超大国と新興大国との興亡、国際社会の一層の複雑化や不安定化などの動き、ヨーロッパからアジアへのパワーシフトなどに特徴づけられ、外交、経済、軍事などの枠組みが今までにない早いペースで変化する「激動と混迷」の時代になりそうだ。

既存の超大国と新興大国との興亡

第2次大戦後は、米国とソ連という二つの超大国を中心に東西のブロックに分かれて対峙した冷戦が国際社会の基本構造であった。ソ連体制の崩壊とともに冷戦は終結し、「冷戦の敗者」となったソ連（ロシア）は超大国の座から滑り落ち、米国が唯一の超大国として残った。

冷戦終結前後から認められた緊張緩和を背景に、東西対立下の重石や拘束から解き放たれた国々の中から、生産性の増大によって経済成長を遂げ国力を急速に伸ばした中国、インド、ブラジルなどの新興国が現れた。なかでも共産主義中国は、積極的な「改革開放」政策に転換し、あっという

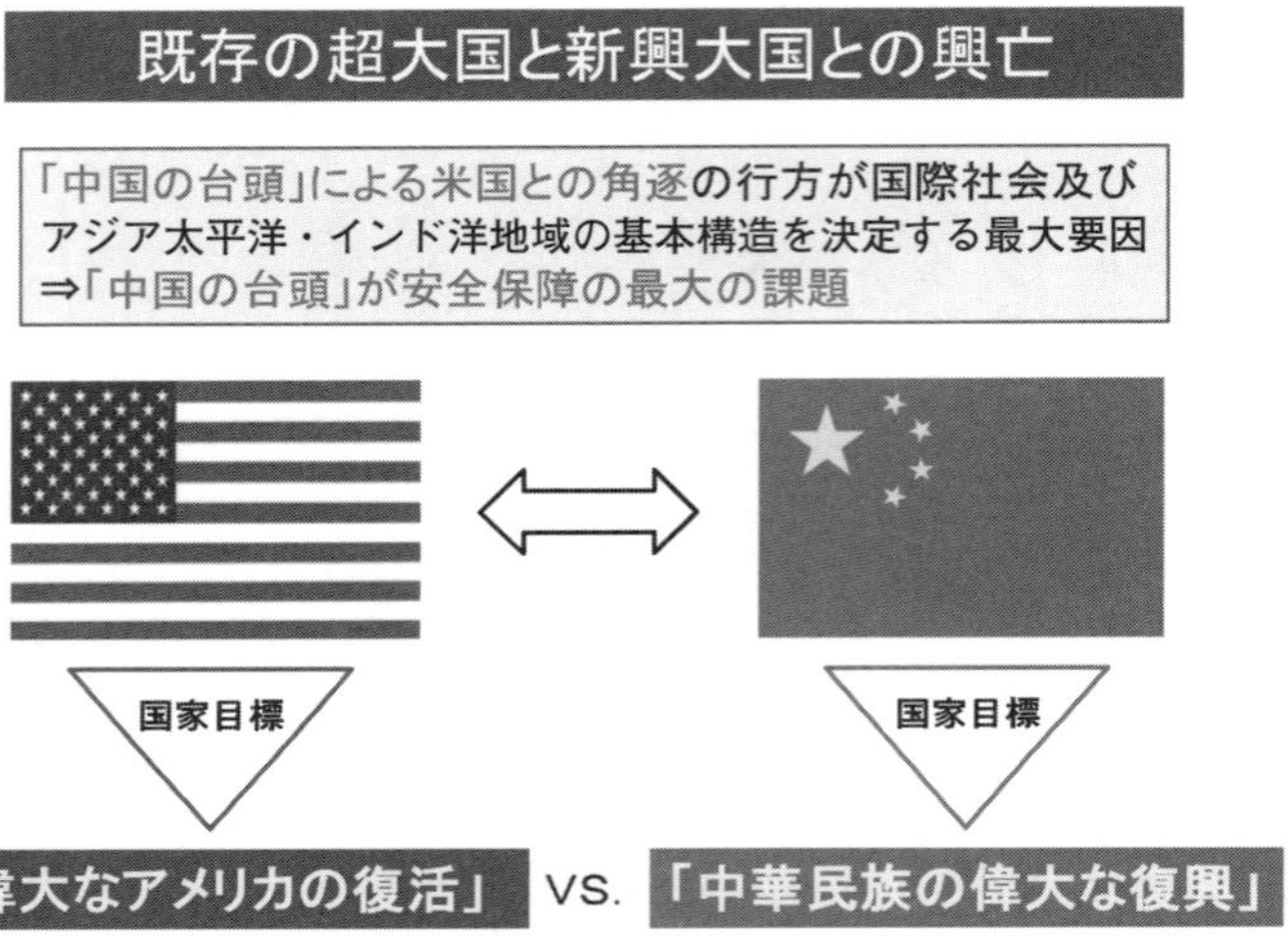

（筆者作成）

間に世界の大国にのし上がった。米国以外の国々の急激な台頭によって「パワーの拡散（分散）」が現象化し、相対的に見ると、唯一の超大国といわれた米国の地位とパワーが低下する結果をもたらした。

このように、21世紀においては、既存の超大国と新興大国、なかでも、米国と中国との間の角逐《かくちく》の行方が国際社会、とりわけアジア太平洋・インド地域の基本構造を形成する最大の要因として注目される。

国際社会の一層の複雑化や不安定化などの動き

同時に、「複雑化」と「不安定化」が国際社会のキーワードである。

世界は、グローバル化によって国境の壁が低くなり、国際金融、気候変動、感染症の流行、国際テロ、薬物などに絡む国際犯罪、サイバー攻撃など、多国間で協調して取り組まなければならない重大な課題が増え、また、国家以外の組織（「非国家アクター」）の役割も大きくなっている。加えて、冷戦後、民族宗教などに起因する紛争が多発するとともに、グローバル化の波が世界の隅々まで押し寄せたが、反対にその波に逆らうかのようにナショナリズムが高まりを見せ、国際社会のガバナンスはより「複雑化」し、「不安定化」してきた。

このため、いずれの問題も一国だけで容易に解決できる状況にはなく、多くの国との協力連携が欠かせないのは国家の安全保障や防衛の問題も同じであり、その中で、超大国あるいは大国といわれる国の果たすべき役割は何かが、大いに問われることになる。

さらに、急速な技術革新の進展などの要因が重なって国家間の相互依存が前例のないレベルに達してきたため、一段と狭くなり一体化した国際社会では、外交、経済、軍事などの様々な分野で同時に大混乱を巻き起こす恐れが大きくなった。例えば、ユーラシア大陸の一端で発生した争いや安全保障上の問題も決してその地域に止まることなく、たちどころに世界中に捲き散らされて軍事的、戦略的な相互作用を引き起こす。言い換えると、国際社会の動きは、グローバルな広がりの中で複雑に絡み合いながら「波及性」と「同時性」をもって展開するようになった。今後のアジア太平洋・インド地域の情勢を分析するにも、当該地域をカバーすればそれで十分とはいえず、地球儀を俯瞰する立場からの考察が欠かせない。

ヨーロッパからアジア太平洋・インド地域へのパワーシフト

アジア太平洋・インド地域が「世界経済の発展センター」
⇒政治的・軍事的な力や影響力の増大
⇒外交、経済、軍事的分野でのダイナミックな動き

各国のDGPが世界全体のGDPに占める割合

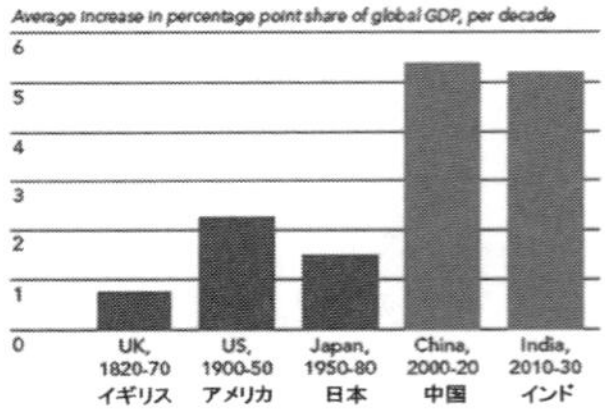

世界の中間所得者層の購買力比較（2000～2050年）

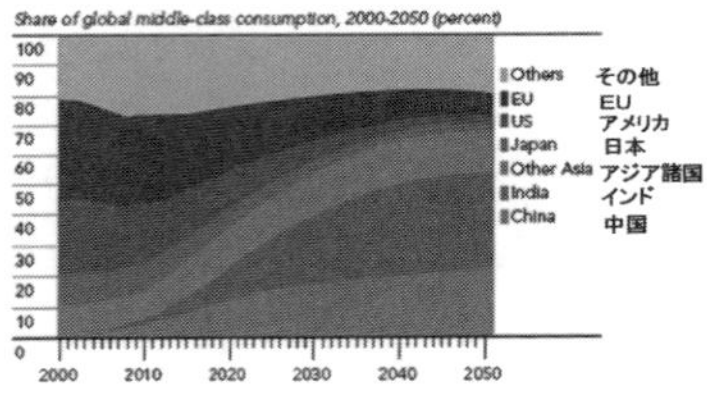

＜出典＞米国国家情報会議編:『Global Trends 2030』(2012年)をもとに引用者加筆修正

ヨーロッパからアジアへのパワーシフト

また、国際社会の地理的重心にも、大きな変化が見られる。

冷戦中はヨーロッパがその中心であったが、中国、韓国、台湾、ＡＳＥＡＮなどの経済成長とともに、アジア太平洋地域が世界経済の発展センターとなり、政治的、軍事的にも力を付けてきた。また、隣接するインドも地域大国としての発展を遂げつつあり、ヨーロッパからアジア、すなわちアジア太平洋・インド地域へのパワーシフトが今世紀の基本的趨勢となった。そして、すでに外交、経済、軍事などの面でのダイナミックな動きが現れており、特に、中国の東シナ海・南シナ海から西太平洋およびインド洋への海洋侵出の先鋭化に代表される独善的な覇権的拡張の動きによって、地域の安全保障・防衛に大きな課題を投げかけている。

本書の主題がアジア太平洋・インド地域全体を視野

アジア太平洋・インド地域

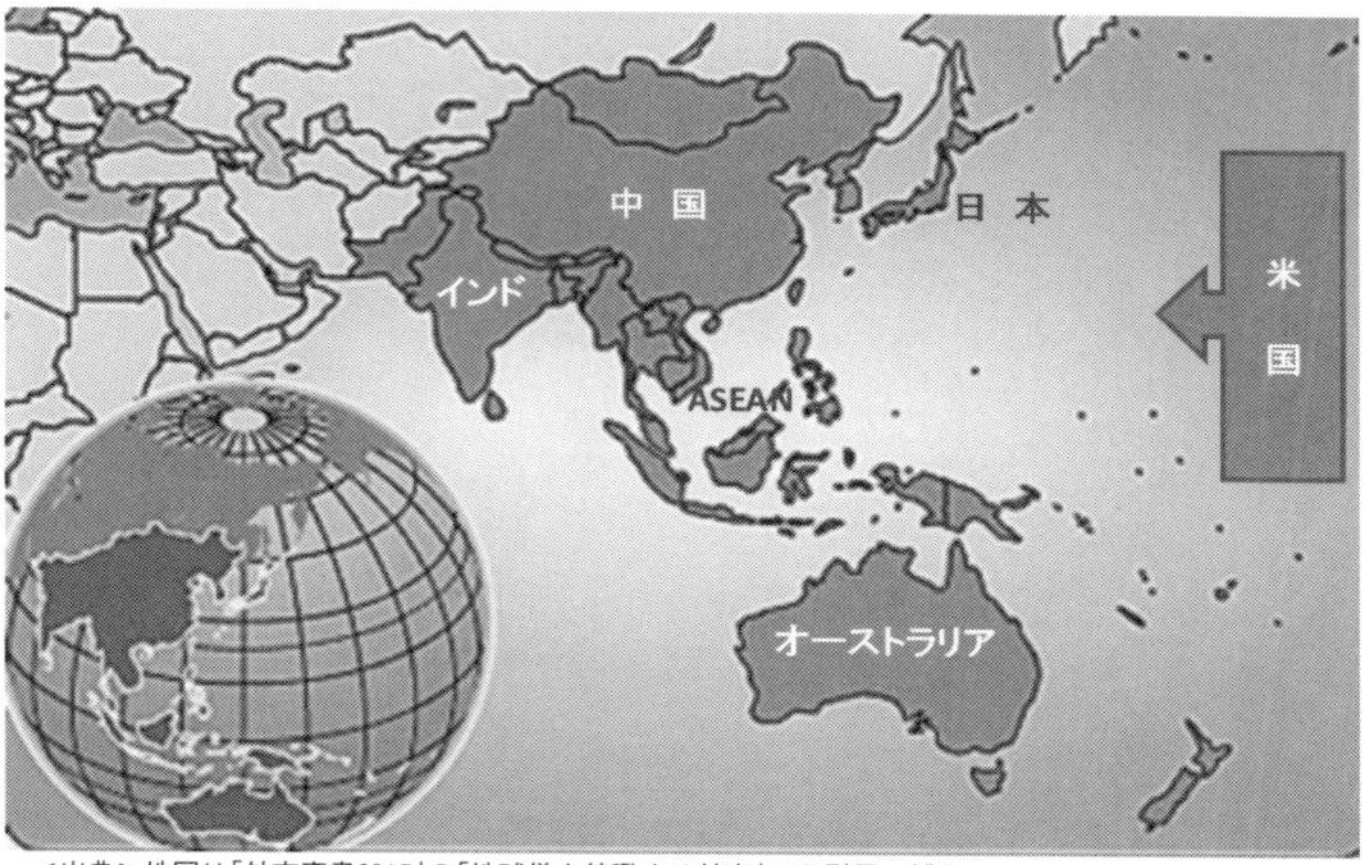

＜出典＞地図は「外交青書2015」の「地球儀を俯瞰する外交」から引用・補正

に入れているのは、これらの地域が安全保障上、密接な関係でつながっており、両地域を一体として捉えるべきであるとの認識に基づいているからである。

2　「中国の台頭」が安全保障の最大の課題

これからの国際社会において、安全保障・防衛の焦点となったアジア太平洋・インド地域における最大の注目点は、「中国の台頭」である。そして、米国と中国との力関係の推移が当該地域の将来を占う最大の要因となっている。

米国国家情報会議（次頁のコラム参照）が発行した『Global Trends 2030』によると、GDP、人口、軍事費、技術投資の4点から試算した米中の国力の推移とその比較は次頁の通りである。

column

米国国家情報会議（National Intelligence Council）

米国のＣＩＡや国防省、国土安全保障省などの国家情報機関のほか、有力シンクタンクの研究者や著名大学の学者などから提供される膨大な情報をもとに、15年から20年程度のスパンで世界情勢の予測を行う国家の諮問機関。同会議がまとめた『国家情報評価』と呼ばれる情報は、米大統領が政策決定や決断を行うための参考とされる、世界で最も精度の高い予測として評価されている。

中国は、２０２０年代に米国を抜いて世界第1位の経済大国になり、次頁の図が示すところでは、２０４３年ころに米中の国力は逆転すると予測している。

この予測では、「世界一の経済大国」としての中国の地位は意外にも短命になる可能性があるとしながらも、米中の国力が接近し、中国の大国化がさらに進展するのは否定できない傾向のようである。

しかし、米国は、将来、米中の国力が逆転するほど中国が大国化するとの分析結果を踏まえてもなお、今日まで中国による〈平和的台頭〉の主張を信頼してきたようだ。

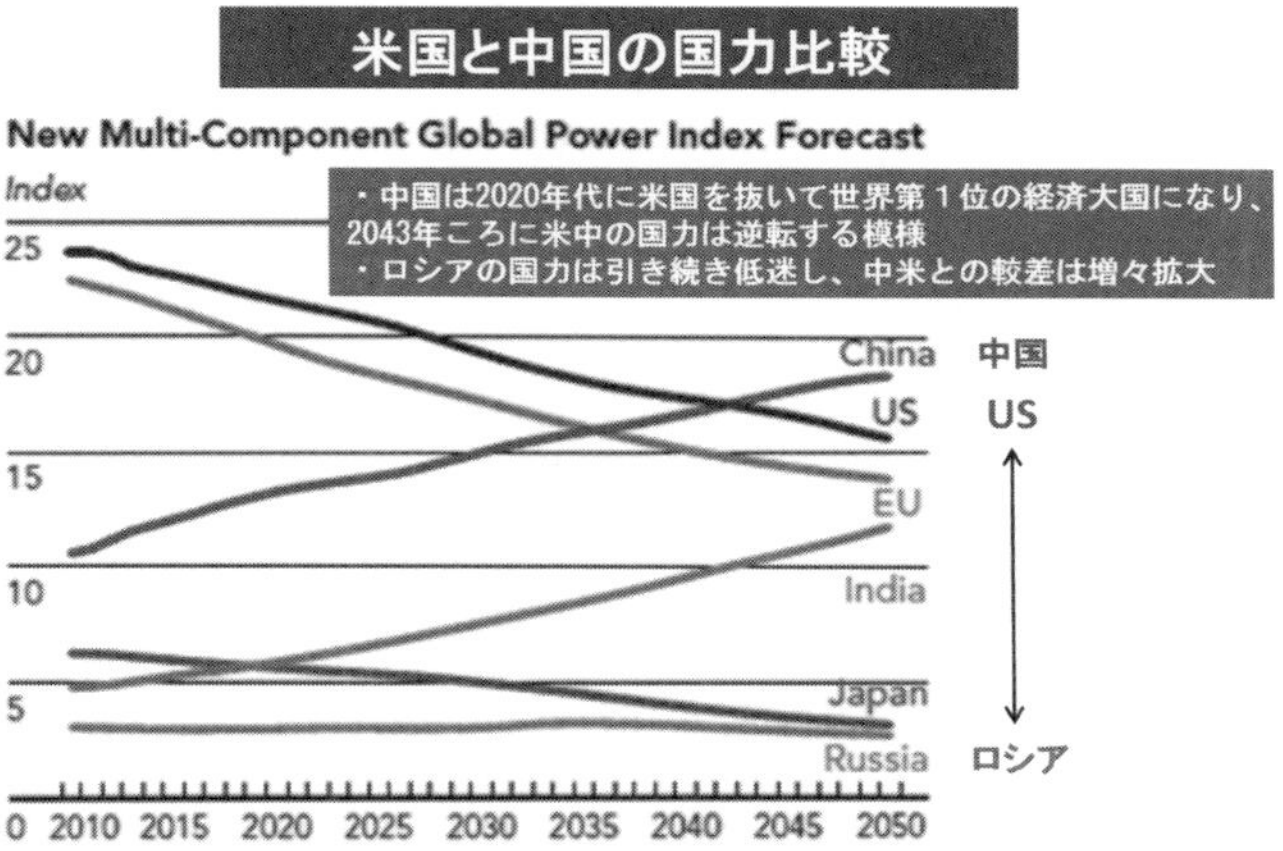
米国と中国の国力比較
New Multi-Component Global Power Index Forecast
Index
・中国は2020年代に米国を抜いて世界第１位の経済大国になり、2043年ころに米中の国力は逆転する模様
・ロシアの国力は引き続き低迷し、中米との較差は増々拡大
25
20
15
10
5
0
China 中国
US US
EU
India
Japan
Russia ロシア
2010 2015 2020 2025 2030 2035 2040 2045 2050

※　国力は、GDP、人口、軍事費、技術投資の4点から試算
＜出典＞米国国家情報会議編:『Global Trends 2030』(2012年)をもとに引用者加筆修正

例えば、ニクソン政権からオバマ政権内で、対中国の国防政策を担当してきた「パンダハガー（親中派）」の一人であったマイケル・ピルズベリーは、近著『Ｃｈｉｎａ２０４９』（日経ＢＰ社、２０１５年）で、「米国の対中政策決定者の多くが脆弱《ぜいじゃく》な中国を助けてやれば、中国はやがて民主的で平和的な大国になる。中国は大国となっても地域支配、ましてや、世界支配を目論んだりはしない」と述べ、極めて楽観的に中国を認識してきた経緯を明らかにしている。

　また、２０１５年６月、４年ぶりに改定された米国の「国家軍事戦略２０１５」では、「米国の安全保障を脅かす国家（脅威対象国）」として、ロシア、イラン、北朝鮮および中国を挙げた。そして、「いくつかの国家は国際秩序の主要な部分を変えようと試み、米国の国家安全保障を脅かす行動をしている」とし、「目的達成のために軍事力行使をいとわない」国家があるとしてロシアを名指しで批判した。また、中国については、宇宙・サイバー空間の脅威のほか、南シナ海での岩礁埋め立てなど「中国の活動がアジア太平洋地域で緊張を高めている」と指摘し、大国との戦争に関わる可能性は「低いが高まっている」と警告した。

米軍の統合参謀本部議長に指名されたダンフォード海兵隊総司令官は2015年7月9日、上院軍事委員会で開かれた指名承認のための公聴会で、米国の安全保障にとって最大の脅威は核能力や近年の侵略の歴史からみてロシアであるとの認識を示した。

このように、ロシアを最大の脅威と見なした国家安全保障戦略の見解やダンフォード統合参謀本部議長の発言は、裏を返せば、歴代政権が共有してきた対中融和政策あるいは協調的関与政策のもととなった、ピルズベリー公表の対中認識に引き摺られてきたものと理解される。

中国は、これまで、「外国は歴史上、中国から利益を吸収して発展してきたが、そのため中国は依然として世界最大の発展途上国であり、このような不均衡な関係が清算されるよう便宜と利益を提供するべきである」と主張してきた。また、「中国こそが平和的で友好的である」と強調し、「新安全観」や「責任ある大国」論を提起しつつ国際社会の優等生として振舞う姿勢を見せ、長期にわたり「韜光養晦《とうこうようかい》」(才能や野心を隠して、内に力を蓄える)の低姿勢で先進国から資金と技術を獲得してきた。しかし、経済発展によって国力が増大した今日、手の平を返すかのように「強中国夢(強い中国になるという夢)」の実現に向かって高圧的、大国主義的な姿勢に転換しアジア太平洋地域における日米の立場を削ごうとしており、その思想的・戦略的本質が露わになっている。

つまり、前述の米国の対中認識は、中国が平・戦両時にわたって展開する「輿（世）論戦」、「心理戦」および「法律戦」の「三戦」、あるいは国際社会の世論を誘導管理する、世論対策としての「統一戦線論」の術中にまんまと嵌《は》まってきたことの裏返しと理解することができよう。

このような米国の対中認識に冷水を浴びせるかのように、2015年9月22日から国賓として訪米した習近平主席は、「新型の大国関係」論、換言すれば米中二極化の「G2」論を展開した。そして、米中首脳会談後の共同記者会見で、自ら「南シナ海島嶼は中国古来の領土であり、中国は合法、正当な海洋権益を持っている」と米側の懸念をにべもなく突っぱねた。

『大国の興亡』（1987年）の著者・ポール・ケネディは、産経新聞（2016年1月7日付）のインタビューで、「中国の指導者は繁栄する中国、最も強力な現代の『中国王朝』へ回帰し、現代的な形による他国との隷属関係を望んでいる」と述べている。

また、前掲書の中で、ピルズベリーは、「わたしたち（米国の対中政策決定に係わってきた者たち）は中国のタカ派の影響力を過小評価していたのである。こうした仮説（中国はやがて民主的で平和的な大国になる。中国は大国となっても地域支配、ましてや、世界支配を目論んだりはしない）は、すべて危険なまでに間違っていた」と後悔の念を込めて〈米国の対中認識反省論〉を展開している。

中国の国家目標は、習近平国家主席が自らの言葉として語るように、「強中国夢」を実現しつつ、「中華民族の偉大な復興」を果たすことである。この国家目標に従った〈力による現状変更〉によって既存の国際秩序を破壊しようとする〈中国の野望〉に覚醒されたオバマ大統領は、「内向き」、

「控えめ」、「躊躇《ちゅうちょ》」などと政治姿勢を揶揄《やゆ》されてきたが、ようやく重い腰を上げざるを得なくなった。そして、2015年10月下旬、米国はミサイル駆逐艦「ラッセン」を派遣して「航行の自由作戦」に踏み切った。「南シナ海は中国の海ではない」との強いメッセージを送るためである。また、B52戦略爆撃機を中国が建設を進める人工島の周辺空域を飛行させ、海上に引き続き、空からも意思表示を行った。

米国は、2014年の「4年毎の国防計画の見直し」(QDR2014)で、「アジア太平洋地域へのリバランス(再均衡)」を明記したものの、南シナ海には大国の重石としての米国の軍事プレゼンスの低下が続き、同地域における力の空白を埋める動きは遅々としていた。この度、中国が南シナ海で進めてきた人工島における滑走路建設などの軍事拠点化が完成に近づいたことで、危機感を強めた米国は中国に対して強硬姿勢を示し始めた。

東シナ海とともに、南シナ海問題が、米中間そしてアジア太平洋・インド地域の情勢と状況を一変させる転機となった。そして、米国は、「中国の台頭が21世紀における安全保障上の最大の課題である」とみて、オバマ政権末期になって、対中政策の舵を大きく切ることになったのである。

3 海洋国家グループと大陸国家グループとの基本的対立構造

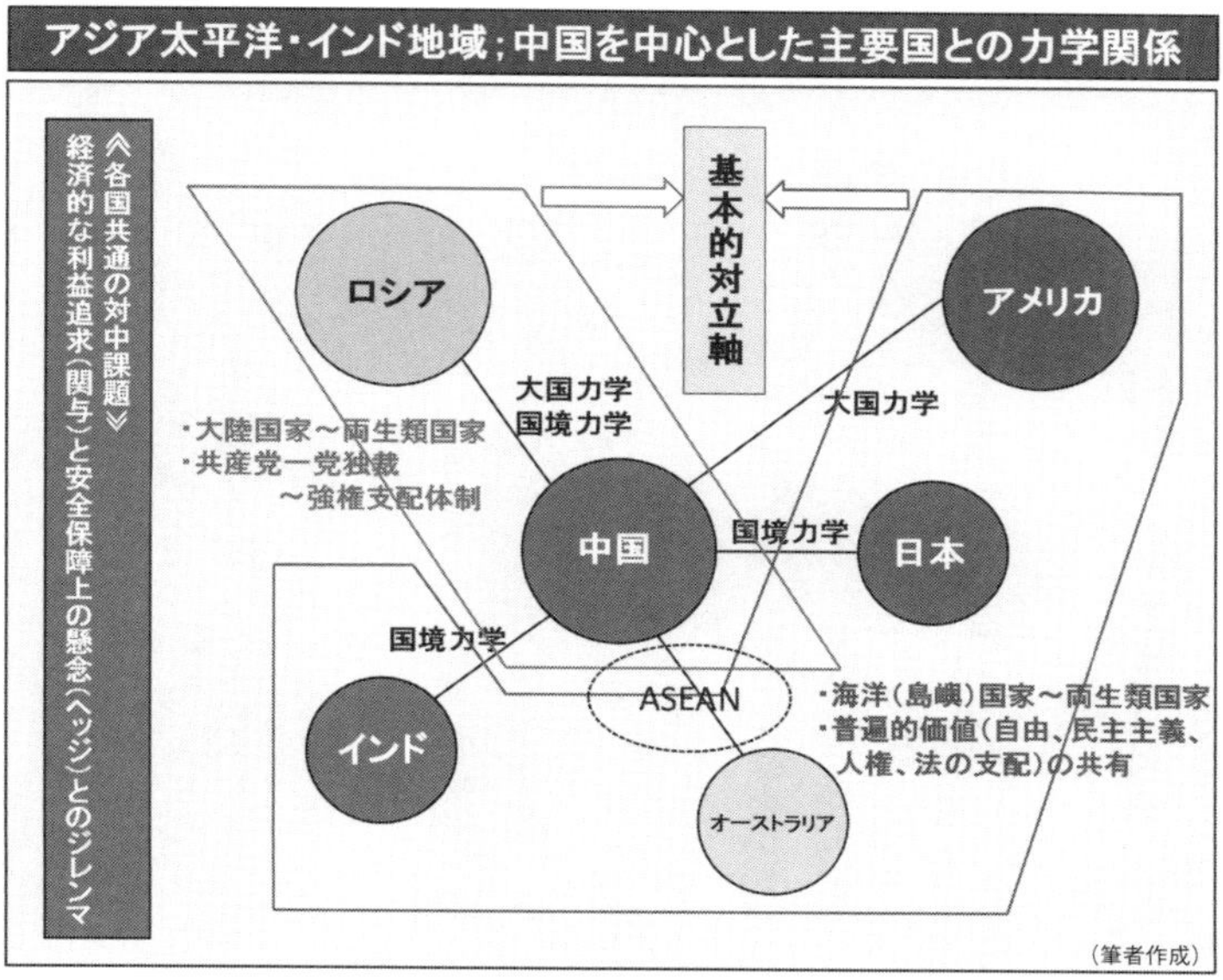

アジア太平洋・インド地域における主要国の相互関係を、中国を中心に展開すると、上図のように整理することができよう。

すなわち、中国とロシアは、基本的に大陸国家であり、一部海洋に面した沿岸地域を有する、いわゆる両生類国家の地政学的特性をあわせもつ。また、両国は、共産党一党独裁あるいは強権的・権威主義的支配体制をとっており、近代史上、政治制度において西側と一致したことはなかった。そして、中国の東シナ海、南シナ海での海洋侵出の先鋭化およびロシアのクリミア半島（クリミア自治共和国）併合と東部ウクライナに対する軍事介入が示す通り、大きな軍事力を背景に「力による現状変更」をためらわない点などで共通性がある。

他方、日本、米国、オーストラリアは、

基本的に海洋（島嶼）国家である。インドは、インド亜大陸の大部分を占める大陸国家と見なされているが、東をベンガル湾、南をインド洋、西をアラビア海に面して開かれ、三方向にわたって海洋沿岸地域を有する両生類国家の特性を強くもつ。これら4か国は、いずれも自由、民主主義、人権、法の支配という普遍的価値を共有しており、周辺国に対して脅威を及ぼす中国、ロシア、北朝鮮などの「異質な国家」の存在が「共通の価値を旗印に掲げた協力・連携体制」、いわゆる「価値同盟」の形成を後押しすることになる。

このように、アジア太平洋・インド地域は、国家的特性の上で、中露グループ（大陸国家グループ）と日米豪印グループ（海洋国家グループ）に大別され、それが異質性として基本的対立軸を形成している。

大陸国家グループの中国とロシアの間は、大国力学と国境力学による必然的かつ潜在的な対立要因を含んでいる。中国と海洋国家グループとの間では、アメリカと大国力学、日本と国境力学、インドと国境力学による対立がある。将来インドが大国化すれば、さらにインドとの対立要因が強まることになろう。オーストラリアは、ＡＳＥＡＮという緩衝地域があるため、直接的な脅威にさらされてはいないが、ＡＳＥＡＮ地域が中国に呑み込まれるにつれて国境力学が働くことになり、それを恐れての対応行動をとっている。

同時に、中国周辺諸国は、グループの如何に係わらず、中国経済の発展的展望による利益追求の欲求（利己心）から協調・関与に向かう経済的ベクトルと、覇権的拡張の動きを強める中国への安全保障上の脅威（恐怖）に対して警戒・ヘッジしなければならないという地政学的ベクトルとを併有しており、協調要因と対立要因との間で揺れ動く葛藤ないしはジレンマが、共通的課題となっている。他方、中国から遠く離れ、その覇権的拡張主義から直接的な影響を受けない国家、例えばドイツやイギリスなどには、そのことを地政学的幸運ととらえ、経済的な利益追求の立場から中国に接近して「漁夫の利」を占めようとする動きも見られる。

そのような中で、中国との異質性を明確に認識している中国周辺の海洋国家グループは、相互に戦略的協力・連携を図っており、今後その動きを強めて行くことになろう。

一方、大陸国家グループの中国とロシアは、現在、戦略的協調・連携関係にあり、この関係が維持あるいは強化されるとグローバルな冷戦再燃（「第2冷戦」）の対立構造に陥りかねない。その場合、米国は、ヨーロッパ（対ロシア）とアジア太平洋・インド地域（対中国）に対する二正面作戦、すなわち力の分散を強いられ、当該地域におけるコミットメントの弱体化に繋がるのは間違いない所であろう。

予見されるこの地政戦略問題を回避し、日米（豪、印）を中心とする民主国家群の努力を対中戦略に結集・集中する多国間安全保障協力を強化することが今後の外交上の大きな課題である。その鍵を握るのは、中国とロシアの今後の動向であり、両国の関係をいかにすれば非協調・非連携あるいは分断に導くことができるかが、アジア太平洋・インド地域の安全保障・防衛戦略や政策を構想する上で、欠くべからざるテーマの一つである。

第2章 中露関係の行方と今後のアジア太平洋・インド地域情勢

1 中露の戦略的協調・連携関係

(1) 国際情勢の中における中露関係

改めて国際情勢を俯瞰すると、今日の世界では、米国、中国、ロシア3か国の存在とその影響力が際立っており、これらの相互関係が今後のアジア太平洋・インド地域さらには世界の情勢を左右する基本要因といえよう。

単純化すれば、次頁の図の通り、米中間は対抗（ライバル関係）から対立に向かいつつあるとの認識が高まっている。欧州では、ウクライナ問題をきっかけに欧米（NATO／EU）とロシアの対立

グローバルな(超)大国間の力学関係

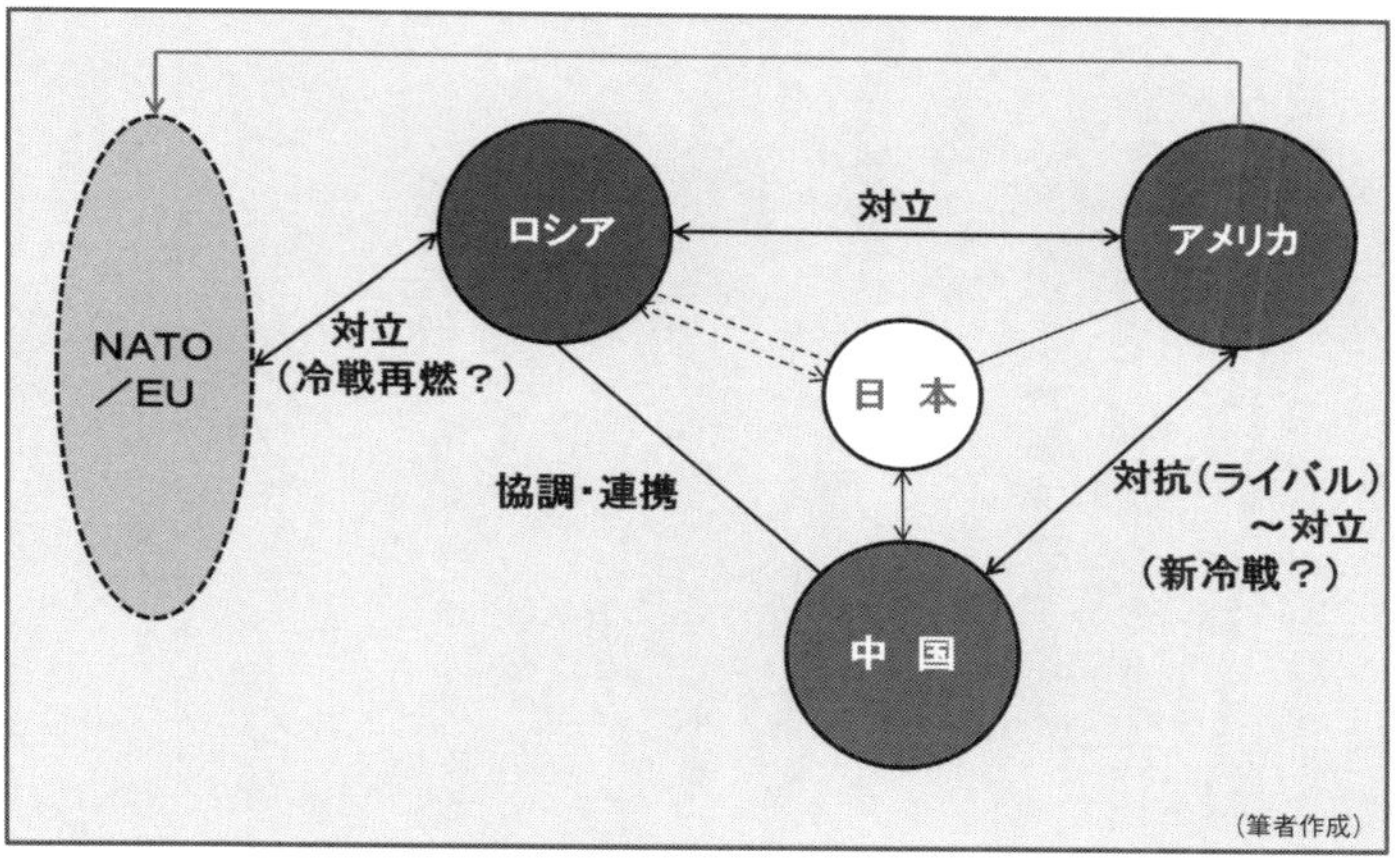

が鮮明となり、長期化するのではないかと懸念されている。その中で、中露は、現在、協調・連携を保っている。このまま進めば、東西冷戦の再燃（「第2冷戦」）だとの見方もあながち否定できず、現実味を帯びてくるかもしれない。

そこで、本章では、中露関係の動向を取り上げ、それが今後のアジア太平洋・インド地域の情勢にどのような影響を及ぼすかを分析することで、以下の各章における安全保障の観点からの考察の質としたい。

（2）中露の戦略的協調・連携関係

冷戦後、中露が戦略的協調・連携関係に入る切っ掛けとなったのは、中国が主導した「上海ファイブ」の結成（1996年）からであり、それを基礎とする2001年の「上海協力機構」（SCO）設立への流れであろう（次頁のコラム参照）。

その間、中露は、「戦略協力パートナーシップ」（1996年）と「中露善隣友好協力条約」（2001年）を締結している（以上をまとめて「SCO体制」と称する）。

column

「上海ファイブ」と「上海協力機構」（SCO）

ソ連邦の崩壊により、中ソ間の国境交渉および国境兵力の相互削減と信頼醸成の協議は、中国とロシアに、独立したカザフスタン、キルギス、タジキスタンを加えた、中国と国境を接する5か国の枠組みに移った。これを「上海ファイブ」と称している。1996年の「国境地域における軍事分野での信頼醸成協定」（上海協定）および翌1997年の「国境地域の兵力相互削減協定」（モスクワ協定）により国境地域の基本的な安定が確保された。そのことによって、上海ファイブでは、より広い範囲における地域協力が志向されるようになり、2001年6月、「上海ファイブ」に中央アジアの雄・ウズベキスタンを正式加盟国として加え、新しい多国間協力の地域機構として「上海協力機構」（SCO）が創設された。その後、SCOは、目的、任務、原則、協力分野などを規定した「SCO憲章」を制定した。また、閣僚級協議の開催や、事務局、地域テロ対策機構の設置などを行い、組織的体裁を整えた。

ＳＣＯ体制の第一の目的は、多極化の推進であり、それは、１９９８年11月に訪露した江沢民国家主席とエリツィン大統領が発表した共同声明「世紀の変わり目における中露関係」によって確認された。

中露は、「多極化」という表現を米国一極支配型の国際秩序を批判する意味で使用しており、ＳＣＯは、いわゆる「反米連合」の色濃い機構として設立されたと考えられた。大国としての意識が強く名誉を重んじる両国は、国際社会における米国との対等な関係を求め、その一極支配に反対し、対抗勢力として結集することで利害が一致したのである。つまり、ＳＣＯは、表向きは中央アジアのイスラム原理主義がもたらすテロリズム、分離主義、過激主義への共同対処などを目的・任務に掲げているが、実質的には米国を脅威対象国（仮想敵国）とした「中露同盟」であると見ることができよう。

第二は、特に中国側から見て、ＳＣＯ体制は「上海ファイブ」から出発したことからも明らかなように、大陸正面での国境問題を安定化させることであった。そこには、「中華民族の偉大な復興」の国家目標に奉仕し、「富強大国の建設」に寄与する国際安全保障環境の創出と経済発展を可能とする海洋侵出の地政学的条件を整える中国の戦略が込められていた。

鄧小平のイニシアティブによってはじまった大国としての復興を目指す中国は、一貫して、米国一国による世界覇権に反対する立場を維持してきた。同時に、長い「対立と相互不信」の歴史を重ねてきたロシアおよび西方辺疆における少数民族・分離独立問題などの不確実性に対し、大陸正面における地域安全を確保して海洋正面へ侵出するための戦略環境を整備維持する重要性を認識してきた。また、ロシアから一定の武器輸入を継続し軍事力の増強近代化を促進するとともに、資源エネルギー大国であるロシアからの石油・天然ガスの安定的供給を確保しつつ、極東ロシアをはじめ、「ロシアの裏庭」である中央アジアへと経済的拡大を図り、影響力を強化しようとの狙いである。

第三は、ロシアの「極東重視」への政策転換である。ロシアは、欧州正面を主戦場とした「冷戦の敗者」となり、その力と影響力を急速に衰退させた。東欧及び中央アジア諸国の独立にともなって周辺の衛星国を失ったロシアは、国家の地理的重心を北東へ移動することを余儀なくされ、相対的に極東重視へとシフトした。

その政策は、①一極支配を強めた米国と台頭する中国との大国間政治の観点からのアジア太平洋地域への関与、②東方領域における脆弱性、特に東アジアの中心的位置を占め、長大な国境を接する中国に対する脆弱性の認識とその克服、そして③欧州正面の代替として、21世紀の経済成長の中心であるアジア太平洋地域における発展的展望の3点を睨んだものである。

中露両国は、お互いに深い猜疑心と警戒感を持ちながらも、SCO体制という多国間協力に向かわせた地政戦略的な動機は、反米で共闘する利益を確認したことにあった。

2　中露間の対立要因の顕在化

しかし、今日から見たＳＣＯ体制の意義は、やや変質してきたようである。というのも、当該体制は中露のパワーバランスを維持しながら、米国の一極支配を打破して世界の多極化、つまり三極化を図るとの共通認識の下に成立したものと見られる。しかし今日、驚異的な経済発展を背景に軍事力の増強に奔走し巨大化した中国と、「斜陽国家」といわれる程に弱体化したロシアとの間の国力の非対称性が日々鮮明になってきている。中国はこの現実を好機と捉え、外交、経済、軍事などのあらゆる面で、米国との二国間競争へと突き進んでいるからである。

中国は、東シナ海、南シナ海での既存の国際秩序を無視した力による海洋侵出はもとより、今後、ロシアとの利害対立が表面化する恐れを含む「シルクロード経済ベルト構想」（一帯一路）など、地域覇権の確立と国際社会への影響力の拡大に注力し、米国との対立軸をいよいよ鮮明にしている。その延長線上には、米中二極化（Ｇ２）を経て長期的に対米優越を求める世界覇権の野望さえも視野に入れているのは間違いなかろう。

他方、ロシアは、クリミア併合・ウクライナ東部への軍事介入によって、再びヨーロッパ正面の争いに拘束されている。プーチン大統領は、国境沿いに緩衝地帯を確保することに執心しつつ、旧ソ連地域を自国の「勢力圏」と考え、「ユーラシア連合構想」（次頁のコラム参照）のもと、「民族自決」を旗印に親露勢力を糾合し、大国ロシアを中心に旧ソ連諸国を再結集して、「強いロシア」の復権を図る狙いがあると見られる。

column

「ユーラシア連合構想」

「ユーラシア連合構想」は、欧州統合に対抗するものとして構想された。ベラルーシ・ロシア連合国家、ユーラシア経済共同体、独立国家共同体（CIS）、CIS集団安全保障条約機構などの条約や地域組織が当該構想の基礎となる。発案者は、カザフスタンのヌルスルタン・ナザルバエフ大統領といわれているが、ロシア大統領（第3期目）選出直後の2011年10月、ロシア連邦首相ウラジーミル・プーチンの発言によって注目されるようになった。この構想は、リベラルな秩序や商業文化の破壊を唱え、むしろ国家統制型経済やロシア正教を基盤とする世界観を前提とする伝統的な価値を標榜し、ユーラシア国家（ロシア）は、すべての旧ソ連邦諸国、社会主義圏を統合するだけでなく、EU加盟国のすべてを保護国にする必要があるとのアレクサンドル・ドゥーギンの「ユーラシア主義思想」が理論的支えとなっている。

現在、中露とも、対米あるいは対欧米の観点から、両国が協調・連携関係を維持強化した方が得策であるという戦略判断が相互に働いている。その反面、大国同士による競争や覇権争いによる対立、すなわち「大国力学」が顕在化する可能性は否定できない。さらに、隣接する国境にともなって付随的に起こり得る様々な出来事からの影響を受けることも避けられない。例えば、国境線（領土・主権）への相互圧力、国境線を跨いだ少数民族の分離独立の動きや資源エネルギー問題、経済格差にともなうヒト、モノ、金などの移動と影響力の浸透・拡大、テロや麻薬の密輸などの不法行動など様々な問題によって「国境力学」が再燃する恐れを抱えている。以下に列挙するのが、それらの具体的な事例である。

① 中露の力関係の変化にともない、中朝の「穏やかならざる関係」ないしは北朝鮮の「中国離れ」や中越の敵対的関係を踏まえて、ロシアには北朝鮮への急接近やベトナムとの防衛協定締結を通じたプレゼンスの確保など、対中戦略を考慮した独自路線を模索する動きが見られる。

② ロシアは、中国による軍事技術の流用や軍事力の増強・近代化を懸念して、戦略攻撃用兵器の輸出や高度軍事技術の移転を差し控えるようになっている。

③ 中国の新しい教科書には、「極東の中国領150万平方キロが、不平等条約によって帝政ロシアに奪われた」との記述が登場した。このように、中国には、弱体化した清朝が北京条約（1890年）によって沿海州をロシアへ割譲し、国境線の圧縮を強いられたとして、失地回復の意思が潜在している。また、ロシア沿海州に隣接する中国東北部の人口は1億3000万人に達し、極東ロシアへの中国の経済的浸透と人口流出が続いており、これらに対して、近年、ロシアは官民ともに脅威を感じている。中国が強大化し、ロシアが相対的に弱体化した今日、中国の国境線を跨いだ対露圧力が強まって外交的調整を必要とする状況が高まりつつある。

④　地球温暖化の影響によって、北極海の氷が急速に融解しており、ロシアは、同海における新たな航路や海底資源の開発に力を入れている。これに対して中国は、２００８年、デンマークと「包括的戦略パートナーシップ」を締結し、グリーンランド（デンマークの自治領）の鉱物・石油資源開発に意欲を示している。２０１２年７月には、北極海横断を目指す中国の砕氷調査船「雪竜」が宗谷海峡からオホーツク海へ入った。また、中国は、２０１３年、北極海沿岸８か国で構成する北極評議会（１９９６年設置）のオブザーバー国（日本、韓国、インドなどもオブザーバー参加）になるなど、北洋海域での動きに積極的に関与する姿勢を見せており、これらの動きに対してロシアは警戒感を強めている。

このように、現在の中露の関係では、戦略的な相互利益からくる接近・協力要因が優っているが、「対立と相互不信」の歴史を背景とした大国力学、国境力学がもたらす離反・反目要因が潜在しているのも事実である。アジア太平洋・インド地域を俯瞰した対中戦略を考察するに当たっては、この相反する二つの要因をいかに戦略に反映させるかが大きな課題であるといえよう。

3　中露関係の今後の動向

中露関係の将来については、いくつかの方向が描けるが、その代表的なシナリオは次の三つに要約されるであろう。

① 完全な戦略的連携、いうなれば相互防衛の同盟関係
② 限定的な戦略的連携関係
③ 対抗ないしは対立関係

欧州正面において、ウクライナ問題などを抱えるロシアが極東の安定を欲し、同時に、海洋侵出を図る中国が大陸正面の地域安全を確保する必要があることから、両国が協調・連携を求めることは当然の帰結であろう。

ロシアは、将来の発展的展望を極東開発に見出しているが、このままウクライナの事態が長期化すればヨーロッパ正面に拘束され、極東正面は疎かにならざるを得ない。また、中国も、海洋正面への侵出には全力を傾注せねばならず、今後、両国とも後方地域の安全を相互に依託しあう戦略的連携を維持することになろう。

一方、前述した現実の不安と将来の火種を内包する「国境力学」に加え、両国は東西冷戦下のアジアにおいて、ソ連が中国共産党の大きな役割を認めたこと、中国が自主独立路線を強めたこと、さらにスターリンと毛沢東の個人的確執や猜疑心などから、同じ共産主義陣営内でありながら「中ソ対立」を激化させた苦い経験を忘れることはできないはずである。また、「タタールのくびき」

中露間の対立の潜在要因

＜戦略的背景＞
・国家は利己的（3つの属性：①恐怖、②利己心（利益）、③名誉）
→国益最優先(〇〇ファースト) → 競合～対抗・対立へ
・国力格差の拡大（非対称性）・・・中国の超大国化とロシアの弱体化
・「大国力学」と「国境力学」の作用・反作用
・「対立と相互不信」の長い歴史

△「中華民族の偉大な復興」
△「新型の大国関係」
・・・米中二極化の「G2」論～世界覇権
△「シルクロード経済ベルト構想」
（一帯一路） → ロシアとの利害対立

▲「強いロシア」の復権
▲旧ソ連地域の勢力圏（～緩衝地帯）としての確保
▲「ユーラシア連合構想」と極東重視
→ 中国との利害対立

（筆者作成）

にはじまる東方・中国からの脅威を阻止することがロシアの極東侵出の大きな理由でもあったことなど、両国間には対立と相互不信の長い歴史が横たわっている。さらに、「強いロシアの再興」を目標とするユーラシア大国のロシアは、何としても中国の後塵《こうじん》を拝することを望まないと見られる一方、中国は「中華民族の偉大な復興」を掲げて世界的な覇権を追求しており、両国の利害が衝突する大国力学は、永遠に解消されないであろう（上図参照）。

　これらのことから、中露が将来①の完全な戦略的連携関係になることは困難であり、したがって現状では②の限定的な戦略的連携関係を維持するとの見方が強まる。

　一方、中国の覇権的拡張に対抗して、これをヘッジしたいアジア太平洋・インド地域の国々にとって、中露が戦略的連携関係を維持することは決して利益ではない。

このため、中露の大国力学・国境力学を大いに活用して、中露の連携を弱めつつ、③の対抗ないしは対立関係に導くことがこれら諸国の外交課題である。つまり、米国には、欧州正面におけるNATOとロシアの融和策を強力に進めるとともに、ロシアに対する敵対意識を払拭して冷戦終結直後に似た協調的関係を再構築することが切に望まれる。また、インドには、引き続き、対中戦略に直接・間接に影響を及ぼす印露関係を維持・増進することが期待される。日本は、北方領土問題を解決して平和条約を締結し、経済のみならず、外交、安全保障を含めた包括的な戦略的互恵の日露関係へと大きくステップアップさせ、対中バランス維持のための重要なパートナーとすることが重要である。

4　対露関係の改善による対中戦略への力の結集

2015年6月、4年ぶりに改定された米国の「国家軍事戦略2015」では、「米国の安全保障を脅かす国家」(脅威対象国)として、ロシア、イラン、北朝鮮および中国を挙げ、ロシアを最大の脅威として名指しで批判した。

果たして、そうであろうか――。

NATO / EUの東方拡大

※NATO最前線での対露軍事態勢の強化

＜出典＞毎日新聞（2016.2.9）東京朝刊

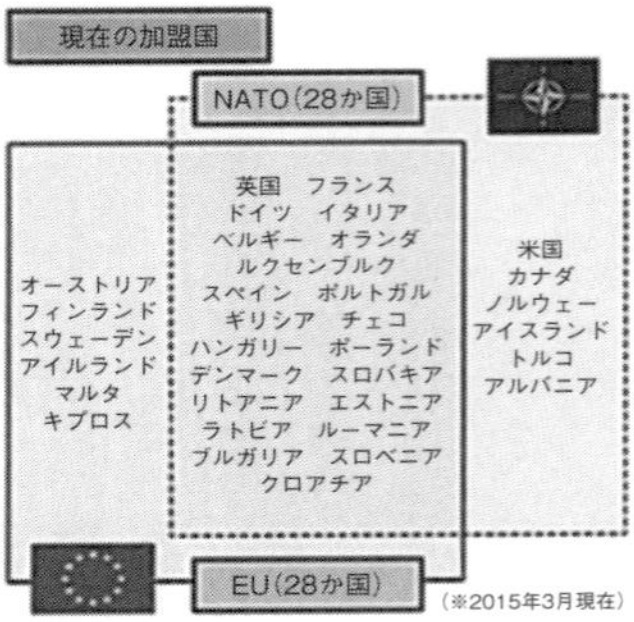

＜出典＞平成27年版「日本の防衛」

「冷戦の敗戦国」としてのソ連（ロシア）は、大国としての体制の崩壊と国力の疲弊《ひへい》をきたした。経済の悪化とロシア財政危機から脱出したのは2003年頃からの原油価格高騰の恩恵によるものであった。それを背景に、プーチン大統領は、再び「強いロシア」の復活を謳《うた》い、旧ソ連邦加盟国の取り込みを進めるNATO／EUの東方拡大（上図参照）に対して、それを牽制し、阻止しようとした、あるいは、している。それが、黒海艦隊の母港（セベストポリ）を擁する戦略的要衝としてのクリミア半島の併合であり、欧米の影響を食い止める重要な緩衝地帯そして最後の砦であるウクライナ東部への軍事介入と考えられる。もし、ウクライナが欧米の影響下に置かれると、ベラルーシ・ロシア連合国家創設条約に署名（1999年）し、伝統的な親ロシア国といわれるベラルーシに対して北のバ

ルト三国、西のポーランド、南のウクライナから有形無形の圧力が及ぶ。また、黒海艦隊もその活動海域をウクライナから西回りにトルコまで敵対勢力によって包囲的に影響を受ける形勢になり、いよいよロシアは地政戦略的窮地《きゅうち》に追い込まれることになろう。

また、それ以前のチェチェン紛争（第1次1994〜96年、第2次1999〜2009年）や南オセチア紛争（2008年）も、旧ソ連邦内の出来事で、ロシアにとっては緩衝地帯の確保あるいは勢力圏維持が目的であったと言えるのではなかろうか。

前出の『Global Trends 2030』の国力分析によると、ロシアの国力は、今後当分の間、低迷すると見込まれている。一方、中国は、2020年代に米国を抜いて世界第1位の経済大国になり、2043年ころに米中の国力は逆転すると予測している。当然ながら、中露間の国力格差は益々広がる一方であり、経済力に見合わない大国主義的行動をとりがちなロシアであっても、東西冷戦に敗北した結末が示す通り「国力を無視した戦略は失敗に帰する」という原則から逃れられないであろう。

以上を踏まえると、ロシアの地政戦略上の方向は、強いロシアの再興と旧勢力圏の確保あるいは旧ソ連圏の再結集を図ろうとするものと見られ、戦略的にはむしろ守勢である。

片や中国は、これまで述べてきた通り、独善的な覇権主義を掲げ、アジア太平洋地域からグローバルに勢力圏の拡大を目指す対外拡張主義を特徴としており、強大化した経済力と軍事力を背景として、戦略的攻勢に出ていることは明らかである。

つまり、21世紀における安全保障上の「最大の脅威は中国」である。その中国の力を相殺《そうさい》してアジア太平洋・インド地域の「力の均衡」を実現するためには米国の軍事プレゼンスによって相対的優位を確保することが不可欠である。

繰り返すが、現状では、日米欧と対立し、中露が協調・連携する冷戦再燃（「第2冷戦」）の構造に陥りかねない。その場合、米国は、欧州（対ロシア）とアジア太平洋地域（対中国）に対する二正面作戦、すなわち力の分散を強いられることになる。それを回避し、日米、豪、印を中心とする民主国家群の力を対中戦略に結集・集中する多国間安全保障協力を強化することが今後の外交上の最重要課題となろう。

そのために、ヨーロッパ正面では、まず、米国の戦略核による拡大抑止を維持しながら、国防費の最低支出としてGDP2％を加盟国に要求しているNATOの方針に従って通常戦力を強化し、米国を除くNATO加盟国自身によってロシアの軍事的挑戦を抑止できる能力を整備する一方、ロシアの大国としての立場と主張（緩衝地帯あるいは勢力圏の認知）に一定の理解を示し、ロシアを窮地に追いつめないことである。つまり、NATO／EUの東方拡大を適度にコントロールし、ロシアのヨーロッパ正面における懸念を早期に緩和して地域の安定化に努め、ロシアに外交上・安全保障上の余裕を与えなければならない。

その上で、アジア太平洋正面では、日本はロシアの極東開発などに戦略的互恵の観点から積極的に協力・援助して東方（極東）への関心を助長するとともに、両国関係を対中パワーバランスのパートナーとして不可分の関係に昇華する。そして、中露関係を「協調・連携」から「対抗・対立」へ向かう環境条件を作為し、その関係を分断して中国の孤立化を図ることが重要である。そのような道筋を立てるためには、日米欧のグローバルな連携が不可欠であり、戦略的融合が強く望まれる所以である。

ただし、ウクライナ紛争でも見られたように、相手の混乱や弱体あるいは力の空白を衝くロシアの機会主義は、その歴史の証言を待つまでもないところである。したがって、ロシアの動向には常に警戒を怠ってはならない、という鉄則は忘れてはならないのである。

2017年1月、米国にトランプ新政権が誕生したが、現時点では、その対露、対中戦略・政策は明らかではない。

しかし、トランプ大統領は、選挙期間中から、共和党の伝統である対ロシア強硬路線を破ってロシアとの関係を改善すると約束するとともに、しきりにロシアのプーチン大統領へ称賛のメッセージを送っていた。オバマ大統領からは、トランプはプーチン大統領を「ロール・モデル」にしていると批判されたほどであった。

2016年12月に発行された米誌「フォーリン・ポリシー」は、米国防省のブライアン・マッキーオン政策担当次官代理が部下に示したメモを公開した。このメモには、トランプの国防省政権移行チーム長であるミラ・リカルデル女史が述べた「トランプ氏の国防優先事項」（President-elect's

Defense Priorities）が含まれている。

オバマ政権下で発出された直近の「国家軍事戦略（２０１５）」では、米国の安全保障を脅かす国家（脅威対象国）として、ロシア、イラン、北朝鮮および中国を列挙し、「最大の脅威はロシア」（前出のダンフォード統合参謀本部議長）だと名指しで非難していた。しかし、トランプ氏の四つの優先事項の中には、ＩＳＩＳ、北朝鮮および中国が含まれているが、従来一番の脅威としていたロシアは除外されている。

選挙後、オバマ大統領は、ロシア政府による大統領選挙へのサイバー攻撃で米国の国益が害されたとして、ロシア外交官の国外退去などの制裁を加えた。しかし、ロシアのプーチン大統領は、「報復措置をとる権利は留保している」として、トランプ大統領の「ロシア・リセット」路線の行方を見定めようとしている。

このように、トランプ大統領のイニシアティブによって対露戦略・政策の大転換が図られ、ロシアとの改善を目指す融和協調路線に向かうとするならば、反対に中国の脅威が否応無しにクローズアップされ、その矛先が中国に向けられることは容易に察しがつこう。それは、対中戦略を最重視すべきとのトランプ大統領の真意を反映しているのかも知れず、そうであれば、本書の主張とも合致するものである。

トランプ新政権においては、中国との戦略・政策調整の努力がなされる当分の間、その安全保障・軍事の戦略・政策に目立った変化は見られないかもしれない。しかし、南シナ海問題、北朝鮮の核ミサイル開発、それに「一つの中国」論と中国にとって最優先の「核心的利益」である台湾問題などを焦点とした両国の調整が不調に終われば、ロシアに代わって中国を主敵とした米中の対立が長期化・深刻化する可能性が高まると見るのが至当であろう。

つまり、トランプ政権の対露戦略・政策の如何《いかん》によっては、国際情勢に劇的な変化をもたらす可能性があり、今後の動向に大いに注目しなければならない。

第1章および本章で言及した情勢認識を踏まえ、以下、第3章から第7章までの各章において、中国の軍事戦略、米国の対中戦略、米中抗争の現場としての東シナ海と南シナ海における動向、そしてそれらを踏まえた中・長期的課題としての包括的な対中戦略について考察する。

第3章　中国の国家目標と覇権的拡張戦略

1　中国の国家目標、国家戦略と戦略推進の体制

中国の国家目標は、習近平国家主席が「中華民族の偉大な復興である中国の夢を実現するため、引き努力・奮闘しなければならない」と述べた通り、〈中国の夢〉としての「中華民族の偉大な復興」である。

「漢民族中心の国家建設」と「富強（富民強国）大国の建設」の二本柱で構成されるこの国家目標は、辛亥《しんがい》革命以来掲げられてきたものである。この目標は、毛沢東以降の共産党統治下においても基本路線として踏襲《とうしゅう》されてきたが、江沢民国家主席（1993年3月～2003年3月）指導下の第16

回党代表大会（２００２年）でメインスローガンとして以来、特に強調して用いられるようになった。そして、中国共産党創設１００周年にあたる２０２１年を中間目標とし、最終目標は中華人民共和国創建１００周年にあたる２０４９年としてその実現を目指している。そこには二つの百年があり、２０２０年の一人当たり国民所得を２０１０年比で倍増させることを目標とし、最初の百年（２０２１年）までに経済力で米国に追いつき、軍事力などを加味した総合国力でも米国に対抗できる実力を養う。そして、二番目の百年（２０４９年）で米国に代わる世界のリーダーとしての地位を獲得するというものである。前出のピルズベリーが「百年マラソン」と指摘した理由はそこにある。

「中華民族の偉大な復興」の地理的範囲は明らかにされていないが、平松茂雄の著書『中国の安全保障戦略』には、次のように記されている。

少なくとも現在の中国を支配している中共指導者には、現在の中国の国境線を自国の主権の及ぶ領域、すなわち領土とは見ておらず、漢民族が過去において支配した地域は「中国の領土」あるいは「中国の版図」であるという意識が強く存在する。また、中国が帝国主義列強より奪われたと主張する領土地図には、樺太、ハバロフスク州、沿海州、朝鮮、西北大地（現在のカザフスタン、キルギス、タジキスタンの一部）、パミール高原、ネパール、シッキム、ブータン、アッサム、ビルマ、タイ、マラヤ、ラオス、ベトナム、カンボジア、アンダマン諸島（インド）、スル諸島（フィリピン）、台湾、琉球諸島の中国周辺一帯にわたる地域が記載されており、中国共産党およびその指導者には、それらの地域を取り戻すという一種の「失地回復主義」ともいうべき考え方がある（カッコ内の国名は引用者）。

この失地回復主義に加えて、中国には「戦略的国境」という考え方がある。中国が1980年代半ばに国家発展戦略において提唱した概念で、軍事力をはじめとした総合国力の増減によって国境は拡大したり、後退したりするという国家の生存空間の可動的概念を示すものである。つまり、中国にはヨーロッパ的意味の国境の概念は存在せず、国力が伸張している現在では、海洋侵出に見られるように、中国の国境は三次元的に拡大していくことを意味している。

また、江沢民国家主席は「中国は大陸国家であると同時に海洋国家である。我々は戦略的に高度に海洋を意識し、全民族の海洋意識を強めなければならない。海洋強国の建設は重要な歴史的任務であり、真剣に研究を進めなければならない」と述べた。2013年3月に国家主席に就任した習近平は「中華民族の復興の夢はすなわち強国の夢である、すなわち強軍の夢である」と述べ、2013年を海洋強国化の元年と位置づけ、海洋権益を含め拡大する中国の国家利益を守ることが人民解放軍の新たな歴史的任務であるとの一大号令をかけた。そして、2015年9月の軍事パレードで、習主席は30万人の兵力削減を発表したが、陸軍や文職（非戦闘要員）を中心に兵力を削減する一方で、東シナ海、南シナ海などへの海洋侵出を念頭に、海空軍および弾道ミサイル部隊を重視した戦力増強と軍の近代化にさらに力を入れている。特に、海軍重視の姿勢は、「海上の軍事戦闘とそ

中国の新たな公式地図
（2014年6月25日公表）

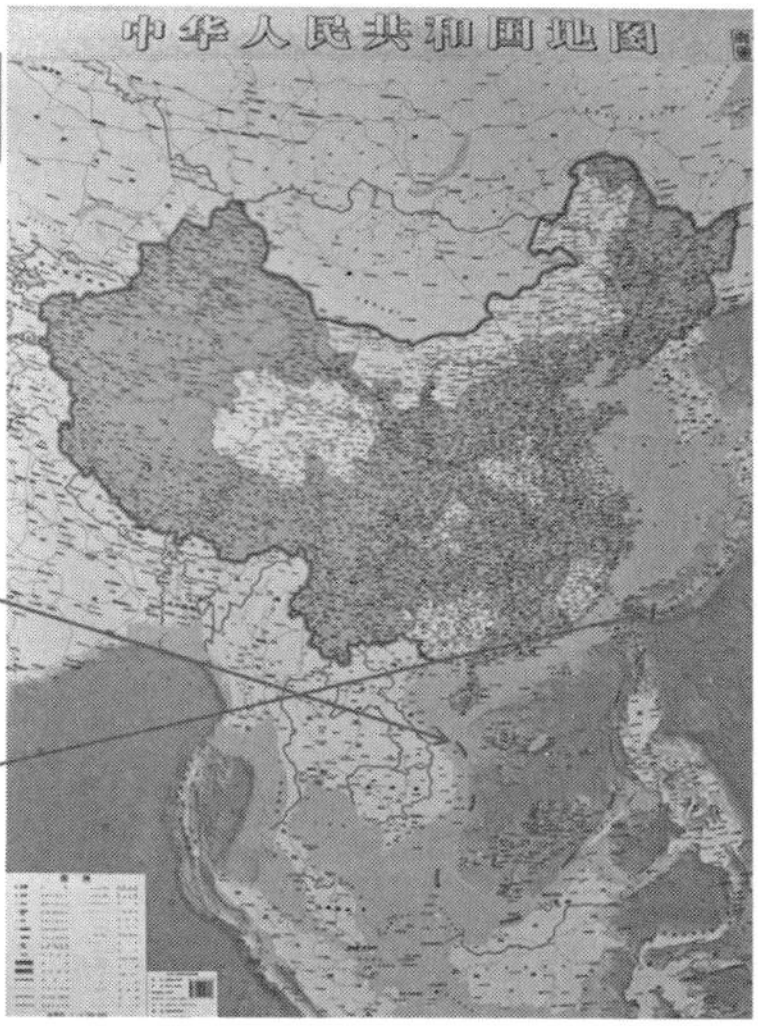

従来の横型から縦型の海洋主権強化の地図に変更し、海洋部を大陸本土と同縮尺として「９段線」を国境線と同色で表示

○南シナ海を「９段線」で囲い込み、自国領として領有権を主張

○台湾の東側に段線を１つ追加し、「10段線」として台湾の領有権を誇示

<出典>新京報（電子版）（The Beijing News）
2014年6月25日に引用者加筆

の準備を最優先する」とし、「伝統的な陸重視、海軽視の考え方を突破し、海洋に関する経済戦略と海洋権益の保護を高度に重視しなければならない」とした最新の「国防白書」（２０１５年５月発表）によって明確に打ち出されている。

　これらと軌を一にして、中国は、２０１４年６月25日に新たな公式地図を発表した。従来の大陸本土を重視した横型から海洋主権を強調した縦型に変更したこの地図（上図参照）は、大陸本土と同縮尺として国境線と同色で「９段線」を表示し、南シナ海のほぼ全域の領有権を主張している。そして、台湾の東側に段線を一つ追加して「10段線」とし、台湾の領有権を誇示するものとなっている。

　中国の国家目標の達成を支える国家戦略は、米国のように体系的に公表されていないため必ずしも全容は明らかではないが、２０１３年６

月の米中首脳会談で習近平国家主席はオバマ大統領に対して「新型の大国関係」を力説した。「太平洋には米中両国を受け入れるに十分な広さがある」との「米中太平洋分割管理構想」あるいは「米中世界分割管理構想」に代弁される、いわゆる「G2」論である。

この背景には、アメリカの国力は衰退しつつあり、ほぼ20世紀と重なる「アメリカの世紀」は終わったとの中国指導者の「米国衰退観（論）」が前提となっているのは間違いなかろう。

「新型の大国関係」を迫る習主席の野心的な戦略や中国の軍事力の急激な増強を米国への挑戦と受け止めたオバマ政権は、国防指針（2012年）および「QDR2014」においてアジア太平洋地域を重視する「リバランス（再均衡）」戦略に転換したことは、前述の通りである。

これに対して、中国は「周辺外交」を強化するべく外交戦略を修正するが、その中には①米国の同盟システムに対する批判、②テロ対策や経済協力などを通じた周辺国との運命共同体の構築、そして③それらを通じた自国が中心となる国際的枠組み形成の三つの要素が含まれている。鄧小平が、在任中に示した「公正かつ合理的な国際政治経済新秩序」、すなわち〈中華的新秩序〉の構築も、引き続き外交戦略の重要な部分を占めている。

習近平国家主席は、2014年5月の「アジア信頼醸成措置会議」（CICA）で「アジア新安全保障観」を打ち出した。「第三国に向けて軍事同盟を強化することは、地域の安全を守るうえで不利」であり、「アジアの安全は最終的にアジア人民によってまもられなければならない」と強調して、米国と対立し、米国をアジアから排除する意思を明らかにした。経済的には、アジア太平洋自由貿易圏（FTAAP）構想が環太平洋パートナーシップ（TPP）協定への対抗戦略として打ち出されている。

これらの国家戦略を軍事的に支えるのが、この後詳しく述べる対米「接近阻止・領域拒否（A2／AD）」戦略である。

さらに、習国家主席は、2014年11月のアジア太平洋経済協力首脳会議（APEC）でシルクロード経済ベルト構想／「一帯一路」を打ち出し、これによって中国の国家戦略は一挙にグローバルな広がりを持つようになった。当該構想は、陸路で中央アジア～中東～ヨーロッパに至る「シルクロード経済ベルト」（一帯）と海路で東南アジア～インド（洋）～アフリカに至る「21世紀海上シルクロード」（一路）の二つのアイディアから成り立っている。いずれも、資源エネルギーの獲得を主眼とする陸と海のシルクロードに沿った巨大経済圏構想である。

今後、中国は、A2／AD戦略とシルクロード経済ベルト構想／「一帯一路」を密接に連携させて運用するものと見られ、自国の東西に向けたグローバルな覇権的拡張戦略を展開するとともに、その国力や地位に相応しく、既存の国際秩序を自らの都合に合致した「中華的新秩序」に変えようとする、と見られているのである。

2　中国の覇権的拡張戦略

(1)「接近阻止・領域拒否(A2/AD)」戦略

米国の軍事的影響力を西太平洋から排除し、同海域を中国の支配下に置こうとするこの戦略は、一般的に「接近阻止・領域拒否(A2/AD)」戦略と呼ばれる。もともと、ソ連のゴルシコフ提督の指導・影響を受けた中国海軍の父・劉華清提督の構想によるものとされており、同提督は「近海防衛戦略」と称している。『劉華清回顧録』には、次のような記述がある。

海軍の作戦区域は今後かなり長期間、主に第1列島チェーン(線)の外縁およびその内側の黄海、東シナ海、南シナ海である。経済力と技術水準が強化され海軍力が壮大になれば、作戦区域は段階的に太平洋北部から第2列島チェーン(線)に拡大する。

その戦略をまとめると、次の三段階で構成されている。

A2/AD戦略は、平・戦両時にわたって、「輿(世)論戦」、「心理戦」および「法律戦」の

「接近阻止・領域拒否（Ａ２／ＡＤ）**」戦略**（「近海防衛戦略」）**の三段階**

第一段階	領域拒否（Area Denial）態勢の確立	2000年～2010年に、第１列島線の支配を確立し、中国周辺海域の防衛ゾーンを確保すること この際、第１列島線の支配確立には、その外縁まで侵出する必要性を認めており、南西諸島全体が中国軍の支配対象に入ることになる
第二段階	接近阻止（Anti-Access）態勢の確立	2010年～2020年に、第２列島線の海域を支配すること
第三段階	西太平洋の支配	2020年～2040年に、太平洋とインド洋における米軍の支配に終止符を打つこと

（筆者作成）

中国の「接近阻止・領域拒否（A2／AD）」戦略

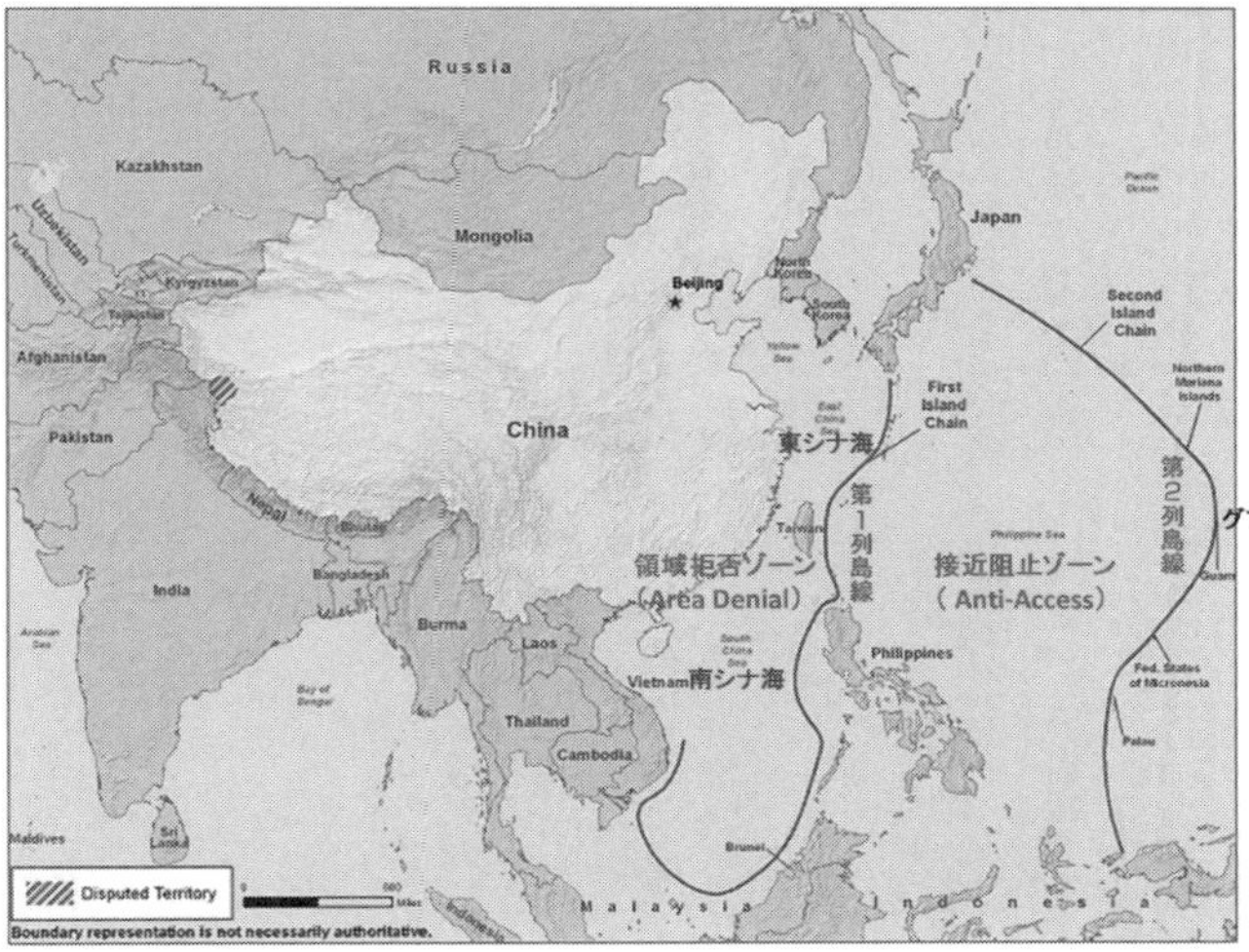

The First and Second Island Chains. PRC military theorists refer to two "island "chains" along China's maritime perimeter. The First Island Chain includes Taiwan and the Ryuku Islands, the Second Island Chain extends from Japan to Guam.

＜出典＞「Military and Security Developments Involving the People's Republic of China 2011」（US DOD）に引用者加筆

「三戦」を積極的に展開しつつ、政治、外交、経済、文化、法律などの分野の闘争と密接に呼応させて長期的・包括的に運用され、これらは当該戦略の属性として重視されている。

この際、第一段階の「領域拒否態勢の確立」、すなわち第1列島線内の領域支配は、同戦略推進上の必須の要件となっており、次の四つの理由がその重要性を高めている。

① 中国の経済発展地域は沿岸部に集中しており、その経済は海上経由の貿易に多くを依存している。また、第1列島線内の天然資源・エネルギー源も中国の持続的経済成長に不可欠であること

② 中国はこの地域にいくつかの島嶼などの領有権問題を抱えている。「台湾の統一」は最大の課題であり、また、南シナ海および東シナ海でも領有権や資源を巡って係争状態にあること

③ 中国は、西太平洋の支配態勢確立のため、領土周辺における敵（主として米軍）の自由な活動を妨げる「領域拒否」を優先せざるを得ないこと

④ 東シナ海および南シナ海を「中国の海」として内海化・軍事的聖域化するとともに、対米核戦略上、南シナ海の深海部に弾道ミサイル搭載原子力潜水艦（ＳＳＢＮ）の潜伏海域を確保して、第二撃能力を保持する必要があること

東シナ海では、わが国固有領土である尖閣諸島の国有地化（２０１２年９月11日）以来、中国公船

などによる同諸島周辺の接続水域内入域および領海侵入が途切れなく続き、2014年11月には200隻余の珊瑚密漁船が第2列島線に位置する小笠原周辺海域にまで押し寄せた。また、2013年6月以降に、東シナ海の日中中間線付近にガス田開発の海洋プラットフォームを増設している。2008年の日中共同開発の基本合意を反故にして一方的に資源開発を進めるとともに、プラットフォームが軍事基地化（レーダーや水中音波探知機（ソナー）などの配備）される恐れも否定できない。

他方、中国は、南シナ海を自分勝手に「中国の海」と決めつけ、領有権問題が解決されていない岩礁を強引に埋め立て、滑走路や港湾施設を備えた人工島を造成し、軍事拠点化を急いでいる。そして、2016年1月2・3日の両日にかけて、南沙（スプラトリー）諸島で最大の人工島となったファイアリークロス礁の滑走路を使用して試験飛行を行った。

いずれも、漁民に偽装した海上民兵などを運用した「グレーゾーンの戦い」といわれる、きわめて巧妙・悪質な侵略政策・侵略行動によって、東シナ海、南シナ海ともにA2／AD戦略を着々と進展させている。

この結果、今日の時点において、中国が構想したA2／AD戦略は、必ずしも劉華清の描いたシナリオ通りには進展していないが、その第一段階の態勢の早期完成を目指し強引な取り組みを行うようになっている。

これまで、米国は、核戦力および通常戦力の分野で圧倒的な技術的優位を維持してきた。特に、湾岸戦争やコソボ紛争、イラク戦争を通じてその実力を世界に向けて余すところなく見せつけ、中国、ロシア、イランなどを驚愕させた。特に中国には、「どの国家にとっても従来の通常兵器を使った〝戦場〟でアメリカに直接対抗するのは不可能だ」（エリノア・スローン著『現代の軍事戦略入門』）との教訓を与えた。

このように、米国の劇的な「軍事革命」（ＲＭＡ）あるいは「トランスフォーメーション」に衝撃を受けた中国は、それに対応できるよう「情報条件下の局地戦に勝利する」との軍事戦略を立てたといわれている。そして、高い水準で国防費を継続的に増加させ、核ミサイル戦力や海空軍を中心として軍事力の機械化および情報化を主な内容とする「中国の特色ある軍事変革」を積極的に推進している。

この間、軍事科学技術や情報通信技術（ＩＣＴ）などの新技術が拡散する一方、米国はアフガニスタンやイラクでの低強度の紛争（対テロ戦）に大半の力を削がれ、その機に乗じて中国をはじめ、ロシア、イラン、北朝鮮までもが軍事面で急速な進歩を遂げた。

米国防省ケンドール国防次官は、２０１４年1月、「米国軍の技術的優位性は、アジア太平洋地域を中心に、過去数十年で経験したことのない挑戦を受けている」と述べた。また、２０１６年2月、米太平洋空軍初の女性司令官ローリー・ロビンソン空軍大将は「中国軍と米軍の技術的な格差は縮まりつつある」と語った。

こうして、圧倒的だった米国の軍事的優位は、中国軍の急激な近代化によって急迫されつつあり、米国はその優位を維持強化するために新世代の軍事技術の開発に乗り出す必要に迫られている。それが、中国の「A2／AD」戦略に対抗して戦力を展開するために、米国の優越する「五つの分野」を推進すべきと説く、新しい相殺戦略（第3次相殺戦略）である（米国の相殺戦略については、第4章で詳しく述べる）。

このように、米中間の軍事技術競争は日増しに激化しているが、宇宙空間を含んだ核戦力および通常戦力の分野における米軍の技術的優位は、当分の間、基本的に揺るがないと見込まれている。このため、「情報条件下の局地戦に勝利する」ことを目指す中国は、「A2／AD」戦略をさらにステップアップするに際して、米軍の技術的優位を低下させることを重視した非対称戦を一段と強化すると見られている。

例えば、米国が宇宙に配備した指揮・統制・通信・コンピュータ・情報・監視・偵察（C4ISR）システムに対するミサイルによる攻撃、相手国の国家中枢や軍事施設、装備・兵站システムなどに対する特殊部隊の投入やサイバー攻撃など、様々な対抗手段を駆使して破壊活動を行い、米軍の技術的優位の低下を目標に、非対称戦を「A2／AD」戦略上の不可分の重要な作戦として最大限に遂行することになろう。

また、中国は、戦場での主導権（イニシアティブ）を確保し、戦争目的を早期に達成するため、先制攻撃を仕掛けることを戦法とするであろう。

中国は、「防御的な国防政策を実施し」、「戦略的には、後に発して人を制する」という基本姿勢を堅持するとしている（２０１０年「国防白書」）。しかし、中国は、１９７９年に「自衛戦争」と称してベトナムへの軍事侵攻を自ら開始した。このような傾向は、朝鮮戦争（１９５０〜５３年）、中印国境紛争（１９６２年）、中ソ国境紛争（１９６９年）などにも見られるところであり、むしろ中国軍の常套手段となっている。

中国は、「孫子」のいう「攻撃的抑止」概念の忠実な実践者である。つまり、敵に先んじて第一撃を加えることによって機先を制し、相手に対して決定的な軍事的敗北に至らない程度の打撃を与えて心理的バランスを中国有利に傾ける。そして、直ちに政治的な局面へと持ち込むことによって戦争の拡大を抑制しつつ早期に目的を達成しようとするものである。

このように、中国は「先制戦略」の考えを重視しており、先制攻撃を一切否定していない。特に、米国の技術的優位を覆せない場合、中国はその態勢未完に乗じて先制攻撃を仕掛けることによって、「Ａ２／ＡＤ」戦略を有効に発動させ、米国に心理的打撃を与えて戦争の早期終結を図ろうとするのは当然であろう。ちなみに、前記の「情報条件下の局地戦に勝利する」とした中国の「情報化」の戦いも、先進テクノロジーの面で最もコンピューターシステムやネットワークに依存する米軍の弱点や脆弱性に着目したもので、作戦開始時（状況によっては準備段階から）および初期の段階で先制的に「非対称戦」としてのサイバー攻撃や対衛星破壊・無効化攻撃などを仕掛け、機先を制して戦場における情報の優越や作戦の主導権を獲得しようとするアイディアと密接に結び付いているのである。

(2) シルクロード経済ベルト構想／「一帯一路」

鄧小平が示した「韜光養晦　有所作為」の低姿勢、協調的外交は、胡錦濤国家主席によって「堅持韜光養晦　積極有所作為」(打って出ろ) に変わった。さらに、習近平国家主席は「我が国の良好な周辺環境を勝ち取る」と述べ、「大国としての振る舞い」が顕著になっている。

このように、中国の対外行動をより積極的、主導的な姿勢に転じさせた外交思想の変化は、急激な経済成長や強大化する軍事力を背景としている訳であるが、その中で打ち出されたのが、前述の「新型の大国関係」であり、これから述べる「一帯一路」のシルクロード経済ベルト構想である。

この構想には、資源エネルギーを確保するに際し、南シナ海からインド洋に至るシーレーン上で弱点を形成するマラッカ海峡への過度の依存を回避する狙いが覗える。また、米国やインドなど反中国家が、その安全保障上重要と認識している国とその他の国との間にくさびを打ち込むとともに、中国の望ましい周辺環境を醸成し、既存の国際秩序を次第に自国にとって好ましい方向に変えて行くという狙いがあると指摘されている。

その中心的手段は、経済協力・金融支援を通じた交通インフラ (高速鉄道、高速道、港湾) の整備であり、それらを通じて資源エネルギーなどの見返りを得ることである。同時に、貿易によって中国通貨「元」の流通を促し、財政力の弱い国とは資源エネルギーと中国製武器とのバーター取引を行うなど、政治的、経済的、軍事的な影響力を強め、勢力圏・影響圏を伸長して世界的な覇権の拡大

シルクロード構想：「一帯一路」

資源エネルギーの獲得を主眼とする巨大経済圏構想

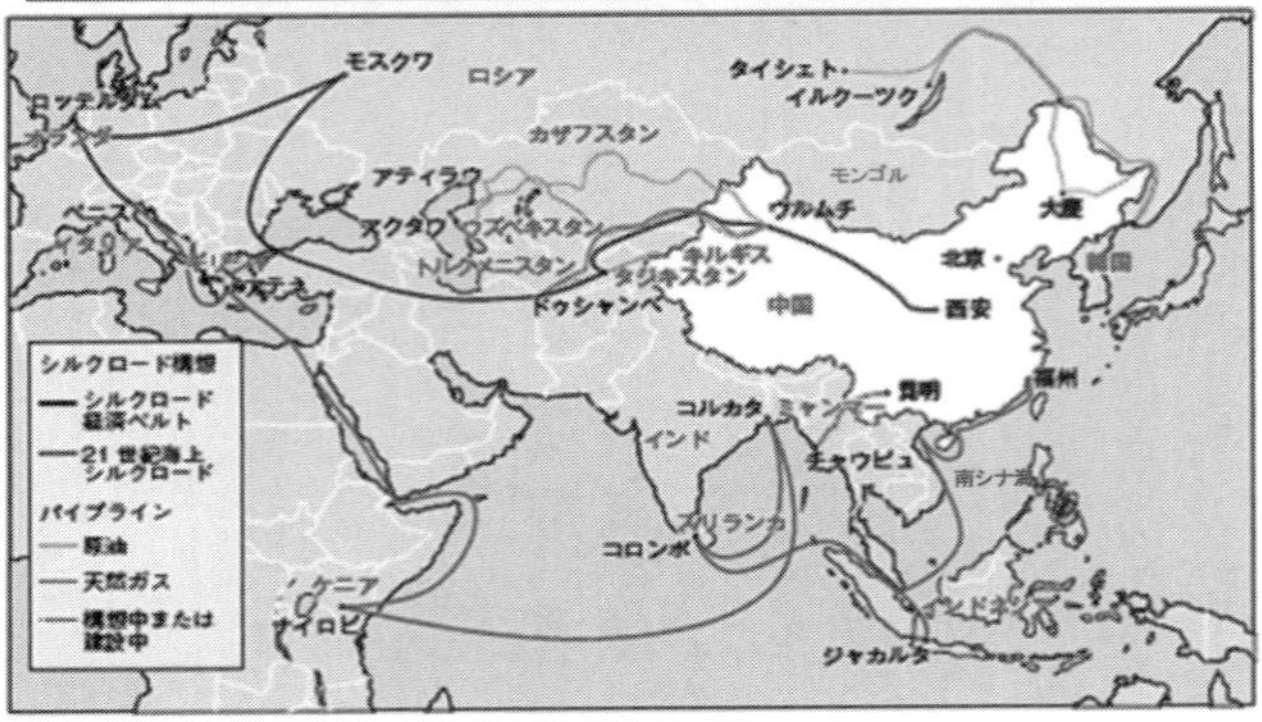

（注）　この図はあくまで報道にもとづくものであり、中国政府が構想の詳細を発表しているわけではない。
（出所）「新華網」、*Wall Street Journal* をもとに作成。

＜出典＞『東アジア戦略概観2015』（防衛省防衛研究所編）、引用者一部補筆

に結び付ける、とのシナリオが描かれていると見られている。

この際、経済協力・金融支援に当たって必要な資金を提供するのが、中国の政策銀行と見なされている「アジアインフラ投資銀行（ＡＩＩＢ）」、日欧米に対抗して創設された「ＢＲＩＣＳ開発銀行」、そして中国の政策遂行基金としての「シルクロード基金」などである。このように、「一帯一路」は、中国の金融政策と表裏一体をなしており、いずれも日米欧が主導した国際秩序への対抗戦略をなしている。

中国は、「シルクロード経済ベルト構想」（一帯）では、ユーラシア高速鉄道、中央アジア高速鉄道、汎アジア高速鉄道、トルコの高速鉄道（開通）の建設などの「高速鉄道外交」に力を入れている。また、ウズベキスタン、トルクメニスタンなどでの飛行場建設、およびカザフスタ

ンから中央アジアへの石油・天然ガスパイプライン建設に係わっている。
他方、「21世紀海上シルクロード」（一路）では、中国・タイ直結高速鉄道建設計画（マレーシアまで延伸）、アフリカ内陸部での鉄道建設（ナイジェリア、アンゴラ、エチオピア、ジンバブエおよびケニア（ウガンダ、ルワンダ、タンザニアなど6か国に連接））などの鉄道建設、「真珠の首飾り」戦略（コラム参照）の一環としてのパキスタン、スリランカ、バングラデシュ、モルジブなどでの港湾建設・施設整備、そしてアフリカ外洋部での港湾建設（エジプト、タンザニア、スーダン、ケニアなど）に関与している。

column

中国の「真珠の首飾り」（String of Pearls）戦略

中国は2005年頃から、ホルムズ海峡の出入り口に近いパキスタンのグワダル港を皮切りに、スリランカ、バングラデシュ、ミャンマーなど、インドを取り巻くインド洋沿岸各国で中国資本による港湾や関連施設の建設を進めてきた。俯瞰すれば、インドを取り巻く形で中国の支援による港湾が連なるところから、これら港湾を真珠（pearl）に見立ててこの名がある。美しい呼び名とは裏腹に、インドは、これらの港湾群と「一帯一路」構想との連関によるインド包囲網の形成として懸念している。中国はグワダル港やスリランカのコロンボ港コンテナターミナルなどの長期リース契約を獲得し、また中国のソマリア沖派遣艦隊が往復の途次、インド洋沿岸各国の港湾への友好訪問を繰り返していているが、現在までのところ、中国の「全天候同盟国」といわれるパキスタンを含め、インド洋沿岸各国は、中国の建設支援による自国港湾を、中国海軍艦艇の恒常的なアクセス拠点として認めていない。

『中国の軍事戦略』と題する前記の「国防白書」（2015年）によると、海軍は「近海防御型」から「近海防御と遠海保護の結合型」への転換が求められている。また空軍は、「国土防空型」から「攻防兼備型」への転換が示され、そのカバーするエリアは空中と宇宙を一体化した範囲であると明記されている。

今後、海空軍ともに、その行動範囲を飛躍的に拡大すると見られ、特に遠海保護は中国の経済活動の拡大にともない、その発展を保証するため、世界規模で戦略的任務を遂行することになる。つまり、平時と戦時を通じた遠海展開・作戦能力を向上し、グローバルに軍事プレゼンスを維持しようとする戦略態勢が追求されることになり、動き始めたシルクロード経済ベルト構想の行方が注目される。

なお、陸路と海路との比較で考えると、経済・輸送効率上、世界の商業製品の概ね90％は海上輸送に依存している。また、「北京、天津、河北地域」、「上海を含む長江デルタ地域」そして「広州、香港を含む珠江デルタ地域」の中国三大経済核心地域は沿海部に所在していることから、海路である「一路」の利点は大きい。しかし、「一路」は、マラッカ海峡や海賊対処などの問題とともに、米国の海上覇権やインドとの利害衝突の可能性から免れられないという問題を指摘せざるを得ない。

他方、陸路の「一帯」について見れば、中央アジア・中東はイスラム圏であり、新疆ウイグルの少数民族問題を抱える中国にとってはテロの危険性が高まる。また、〈ロシアの裏庭〉といわれる中央アジアでは、ロシアとの利害衝突の恐れが生じよう。さらに、政治的混沌が続いている中東は欧米露など列強の利害や思惑が複雑に絡み合う地域でもあり、陸路の「一帯」は安全性・安定性の面で重大な課題に直面しよう。

このように、シルクロード経済ベルト構想／「一帯一路」の行く手には解決すべき問題が山積しているが、協調・連携関係にあるロシアとの対立を回避したい地政戦略上の必要性、中国の三大経済核心地域が沿海部に集中していること、経済・輸送効率やルートの安全性と安定性などの観点から、中国は陸路の「シルクロード経済ベルト構想」（一帯）より海路の「21世紀海上シルクロード」（一路）に戦略推進の重点を置くのではないかと見ることができよう。

（3）中国のグローバルな覇権的拡張戦略と「第1列島線」の重要性

以上述べてきたように、中国の世界戦略は、「東への力」としての「接近阻止・領域拒否（A2／AD）」戦略と「西への力」としてのシルクロード経済ベルト構想／「一帯一路」から構成され、「米中太平洋分割管理構想」あるいは「米中世界分割管理構想」を具現化するグローバルな戦略へと発展している。今後、中国は、両戦略（構想）を連動して運用することによって、世界的な覇権

動き始めた中国の世界戦略
アジア太平洋・インド地域の情勢を一変させる「第1列島線」の帰趨

シルクロード経済ベルト構想／「一帯一路」（西への力）

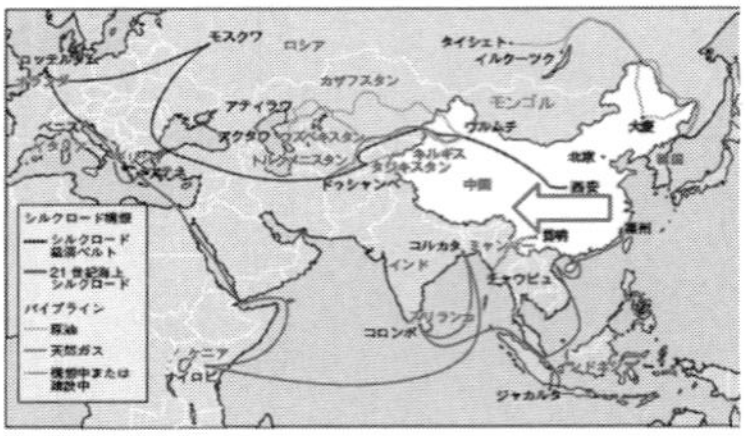

（注）　この図はあくまで報道にもとづくものであり、中国政府が構想の詳細を発表しているわけではない。
（出所）「新華網」、Wall Street Journal をもとに作成。
＜出典＞「東アジア戦略概観2015」（防衛省防衛研究所編）、引用者一部補筆

対米「A2／AD」戦略の第1・2列島線（東への力）

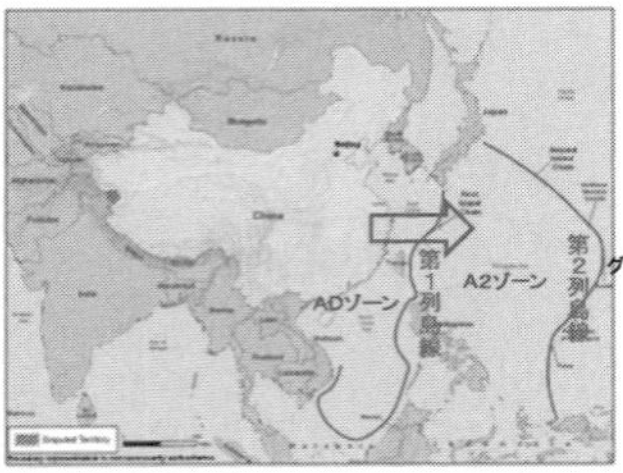

The First and Second Island Chains. PRC military theorists refer to two "island chains" along China's maritime perimeter. The First Island Chain includes Taiwan and the Ryukyu Islands, the Second Island Chain extends from Japan to Guam.

＜出典＞米国防省「中国の軍事力2011」、引用者一部補筆

拡張を目指していくことになろう。そして、国力や地位に相応しく、既存の国際秩序を自らの都合に合致した〈中華的新秩序〉に変えるよう、要求を強めてくるものと見られる。

中国が「A2／AD」戦略に基づき、第1列島線に囲まれた東シナ海と南シナ海の領域拒否（AD）ゾーンを確保することは、主敵とみなす米軍の行動・プレゼンスを西太平洋から排除するための第一段階であり、その軍事戦略を成立させ、推進するための必須の要件である。同時に、中国の三大経済核心地域は、黄海、東シナ海そして南シナ海に面しており、それぞれの海から南シナ海を経てインド洋へ向かう「21世紀海上シルクロード」（一路）も、第1列島線の確保なしには成り立たない。

上図のように、第1列島線に囲まれたエリアは、中国の世界戦略展開に当って、対米戦略と海上シルクロード構想との接合部、あるいは「東への力」と「西への力」を及ぼす共通の基点であって、両戦略を左右する要域の位置付け

なのである。そして、東アジアに中国の地域覇権を確立し、それを基盤として海路・陸路の両方向から勢力圏・影響圏を西方へ伸長し、世界的に覇権を拡大する基点となるのも、第1列島線に囲まれた領域拒否（AD）ゾーンである。そのことが、中国が第1列島線に手を掛け、東シナ海そして南シナ海を内海化・軍事的聖域化しようとする動機であり、「中国の海」に固執せざるを得ない理由である。現在、東シナ海と南シナ海で執拗に行われている中国の「力による現状変更」の挑戦は、その戦略的意図を現実化して行く上での一過程に過ぎないのである。

ひるがえって、米国がひとたび第1列島線を失えば、その奪還は困難となり、米国は、中国の狙い通り、一気に西太平洋から駆逐されてしまう。そして、東アジアにおける米国の権益と多くの同盟国・友好国を失い、その結果、中国の支配を望んでいない東アジア諸国はその勢力圏・影響圏下に置かれることになろう。また、米国のグローバルな前方展開戦略は破綻し、アジア太平洋からインド洋に至る広大なエリアをはじめ、世界の安全保障・軍事上の勢力図は大きく塗り替えられることになろう。

つまりは、第1列島線の帰趨が、アジア太平洋・インド地域の情勢と状況を一変させ、世界の姿を大きく変える歴史的な転換点になろう。言い換えると、当該地域および世界の平和と安全の問題は第1列島線の防衛の成否に託されており、その防衛が直ちに領域保全（国土防衛）となる第1列島線上の国は、その存立を全うできるかどうかの死活的な局面に立たされようとしている、といっても過言ではないのである。

安倍首相が、その戦略的卓見と勇気をもって、戦後70年に及ぶわが国の「消極的平和主義」から脱して「積極的平和主義」に転換し精力的な外交を展開している。このように、中国の「A2／AD」」戦略に対しては、すでに日米を中心として、オーストラリア、インド、ASEANの一部などが対抗的動きを強めている。

また、前記の通り、シルクロード経済ベルト構想の「一帯」については、今後、ロシア、インド、中央アジア諸国、そして政治的混沌下の中東諸国との利害衝突が表面化しよう。あわせて、中国は、沿海州の失地回復の意思があり、ロシア沿海州への経済の浸透と中国人の流入そして北極海域での拡張的・対抗的動きに対して、ロシアは警戒心を高めており、両国による国境力学・大国力学の相互作用が再び強まる恐れもある。また、「一路」については、米国の海上覇権やインドとの利害衝突の可能性を免れることはできない。

つまり、中国の国家目標そして世界戦略は、「中国にのみ都合のよい、独善的な青写真」に過ぎない。そのため、中国の作用に対しては反作用の力が働き、日、米、豪、印、さらにはロシアなどとの対立が顕在化、激化する可能性があり、その前途には大きな戦略的逆襲が待ち受けていると指摘しておかねばならない。

第4章 米国の対中国防・軍事戦略および作戦構想

1 米国の国防・軍事戦略の概要と対中戦略の基本

米国は、2010年に公表された国家安全保障戦略（NSS）における戦略指針として、①米国、米国民、同盟国およびパートナー国の安全、②力強く、革新的で、成長する米国経済による繁栄、③米国内と世界における普遍的な価値の尊重、④平和、安全、機会を促進する規範に基づく国際秩序の四つを掲げた（この方針は、2015年のNSSでも踏襲されている）。これに基づき、2012年の新たな国防指針および2014年に公表された「4年毎の国防計画の見直し」（QDR2014）では、①本土の防衛、②グローバルな安全保障の構築、③戦力の投射と決定的な勝利を国防戦略の三本柱として重視するとしている。そして、②については、同盟国や友好国の安全を保障するため、米国による世界への関与を継続するとし、③では、米軍は敵を決定的に打破する能力を維持することによって、一つまたは複数の戦域において攻撃を抑止すると記している。

米国は、東西を大西洋と太平洋によって隔てられた「大陸規模の島国」であり、いずれかの大洋を経由しなければ「世界島」といわれるユーラシア大陸にアクセスできない地政学的特質を有している。そのため、第2次大戦以降、今日に至る米国の戦略態勢は、米本土に軍の主戦力を拘置しつつ、ユーラシア大陸のロシアと中国を取り囲む同盟国に必要な部隊を前方展開し、その間の海上交通路を安定的に維持して、有事における軍事輸送、通商や資源への自由なアクセスを確保することを基本としている。そして、万一、ユーラシア大陸からの脅威が顕在化した場合には、まず前方展開部隊をもって対処しつつ、米本土から主戦力を展開、あるいは他正面から戦力を転用して外線的、攻勢的に作戦を遂行し、これを米本土外のできる限り遠方で撃破して自国の安全を保障するというものである。

米国の軍事戦略は、「世界関与戦略」を基本とし、そのための軍事能力は、核戦争から大規模〜小規模の通常戦争、対テロ戦、宇宙・サイバー戦、そして大規模災害対応や人道支援に至るまで、あらゆる事態にシームレスに対応できる「紛争のフルスペクトラムへの対応能力」である。それを可能にするのが、日本、韓国、台湾、フィリピン、オーストラリア、タイなど米国と安全保障上の同盟関係や協力関係にある約60の国であり、特に、そのうちの幾つかの国に配備された前方展開部隊である。そして、核による拡大抑止の提供を背景に「通常兵器による迅速なグローバル打撃」（ＣＰＧＳ）（コラム参照）の能力と態勢がこれを支えている。

column

「通常兵器による迅速なグローバル打撃」（Conventional Prompt Global Strike：ＣＰＧＳ）

ＣＰＧＳは、地球上のあらゆる場所へ、一時間以内に、通常戦力による精密で、破壊力のある攻撃を行うというもので、爆撃機、潜水艦、巡航ミサイルや弾道ミサイルがその運搬手段として用いられる。核兵器の使用のハードルは極めて高く、また、その維持の財政負担も大きいことから、米国はオバマ政権下で核軍縮を進めるとともに、核兵器に代わる、あるいは補完する新たな抑止力を模索してきた。そのような背景や文脈のもとに進められているのがＣＰＧＳ構想である。

しかしながら、この態勢は、軍事革命（ＲＭＡ）の進展、中国やイランなどの軍事能力の強化にともなう在外米軍基地の攻撃に対する脆弱性、米国の厳しい財政事情などを踏まえ、ユーラシア大陸周辺部における「前方展開型態勢」から前方展開戦力を縮小して後退配備をとる、紛争地域への「戦力投射型態勢」へと移行しつつある。

米国は、「世界関与戦略」の遂行に当たっては、選択的な関与が基本である。米国は、２００１年の「９・11」同時多発テロ以来、10年以上にわたって中東での対テロ戦に多くの力を注いできた。しかし、中国の脅威の増大にともない、前記の国防指針（２０１２年）および「ＱＤＲ２０１４」においてアジア太平洋地域を重視する「リバランス（再均衡）」戦略に転換した。そして、アジア太平洋地域へのプレゼンスを強化するため、２０２０年までに海空軍戦力の60％を同地域に配備するとともに、欧州や中東への強い関与を維持するとしている。

米国の対中認識は当初、第２章で述べた通り、その平和的台頭を信頼する極めて楽観的なものであった。そのため、中国経済の発展的展望による利益追求の欲求（利己心）から協調・関与に向かう経済的ベクトルが強調された。一方で、覇権的拡張の動きを強める中国への安全保障上の脅威（恐怖）に対して警戒・ヘッジしなければならないという地政学的ベクトルが疎かにされる傾向が長く続いた。

それを転換したのが、アジア太平洋地域を重視する「リバランス（再均衡）」戦略を採用した国防指針（２０１２年）および「ＱＤＲ２０１４」である。そして、中国が南シナ海で進めてきた人工島における滑走路建設などの軍事拠点化が完成に近づいたことで、危機感を強めた米国は中国に対して強硬姿勢を示し始めた。

これまで、中国のＡ２／ＡＤ戦略に対抗するため、米国では色々なアイデアが登場した。先行したのが海空軍力を主体とした「エアーシー・バトル（ＡＳＢ）」構想である。開発途上の構想であるためＡＳＢはそれ自身が時間とともに変容したが、当該構想を基盤として「統合作戦アクセス構想（ＪＯＡＣ）」へと発展する。また、アジアに対する軍事的関与を最小限にするような「オフショア（バランシング）戦略」が提案されるなど、活発な議論が交わされてきた。そして、これまでの経緯や論議を総括するように、２０１４年11月、ヘーゲル国防長官は「国防イノベーション構想（ＤＩＩ）」を発表し、これが第３の相殺戦略へと発展することを期待する旨述べるに至っている。

対中戦力面では、「紛争のフルスペクトラムへの対応能力」において、その核戦略は対ロシアを主軸として構築されているが、中距離核戦力全廃条約（ＩＮＦ条約）の完全履行にともない、中国に対する戦域核以下の能力に大きな弱点を生じており、東アジアなどの地域抑止の回復・再建が喫緊の課題となっている。さらに、通常戦略の分野では、前記のＣＰＧＳの能力と態勢を維持しつつ、中国のＡ２／ＡＤ戦略に対抗するため、ＡＳＢ構想あるいは「第３次相殺戦略」が進行中である。加えて、対テロ戦に引き続き高い優先度を置くとともに、中国やロシアを睨んで宇宙戦略やサイバー戦略を強化している。

以下、これまでの経緯や議論を踏まえて、各戦略・作戦構想の概要と主要論点について説明する。

2 「エアーシー・バトル」構想と「統合作戦アクセス構想」

アクセス（接近）阻止の脅威は1990年代から指摘され、戦略・予算評価センター（CSBA）やランド研究所といった有力シンクタンクから警鐘が鳴らされていた。その指摘は、米国の戦略態勢が、冷戦中の「前方展開型態勢」から冷戦後の「戦力投射型態勢」へ移行しつつあることと大いに関係している。後者の弱点は、部隊を展開するための戦場へのアクセスにあるので、将来の敵は展開した後の米軍と戦うより、その前段階の展開中の米軍の弱点を衝いて「アクセス（接近）阻止」で撃退し、それでも領域へ侵入してきた部隊には「エリア（領域）拒否」で侵入を排除すると考えられたからである。

米国防省は、2010年5月に発表した「QDR2010」で、はじめて「エアーシー・バトル構想」に言及した。そして、2013年5月、統合参謀本部に置かれたエアーシー・バトル室が公式の「エアーシー・バトル構想」として、その要約を発表した。陸海空軍および海兵隊の四軍の合意を得た、本構想の全体像を包括的に明示する公式文書としては現在唯一のものである。

この間、「エアーシー・バトル構想」については、前記の「QDR2010」での記述のほか、CSBA、統合参謀本部、陸海空軍および海兵隊など、多くの組織や個人が公式非公式にこのテーマに取り組み、相互に刺激しあってきた。

本項では、統合参謀本部のエアーシー・バトル室による「エアーシー・バトル構想」を中心に、

米国の戦略文書体系

国防戦略指針

統合作戦のためのキャップストーン構想：統合軍2020

統合作戦アクセス構想（JOAC）

エアーシー・バトル（ASB）構想

（筆者作成）

本構想を巡る論点などについて述べることとする。

　米国の戦略文書体系における「エアーシー・バトル構想」の位置付けは、上図の通り、国防戦略指針を頂点として、その下に統合作戦レベルの「統合作戦のためのキャップストーン構想：統合軍２０２０」、統合レベルの対Ａ２／ＡＤ構想である「統合作戦アクセス構想（ＪＯＡＣ）」そして「エアーシー・バトル構想」が降順に位置付けられている。

　「エアーシー・バトル構想」の中核となる考え方は、アクセス阻止環境下における攻撃の抑止および打破（ＱＤＲ２０１０）を目的とし、「ネットワーク化された、統合化された、縦深攻撃により、敵を混乱させ、撃破、掃討あるいは駆逐する」とされている。

　その作戦は、概ね次の二段階から構成されている。第一段階は、中国の第一撃を避けるため米海空軍を第2列島線以遠へ退避させると同時に、中国軍のC4ISRなどを麻痺させる盲目化作戦と潜水艦を撃破して水中を支配する水中作戦を遂行する。そして、継続的に実施される盲目化作戦と水中作戦の成果を拡大しつつ、態勢を整えて反撃に転じ、中国海空軍を撃破する第二段階へと移行する。このように、「エアーシー・バトル構想」は、二つの段階を踏んだ時間的・空間的な広がりを持つ〈懐の深い作戦〉を想定している。

そのなかで、縦深攻撃を構想の基本として重視しているが、CSBAの論文などで提案されている敵陣深くの防空網などへの大々的な攻撃を意味するものではない。当面の戦場における敵の一連の軍事作戦における最も弱いC4ISRネットワークを、混乱させ、撃破することを狙った限定的な意味の縦深攻撃とされ、あくまで、中国本土後方深くへの攻撃を回避している。

また、CSBAが当初提案した「エアーシー・バトル構想」は、A2／AD環境下で中国と戦い、これを打倒するための作戦構想である。他方、国防省の「エアーシー・バトル構想」は、国際公共財における「行動の自由」、すなわち「航行の自由」や「飛行の自由」などへの妨害に対処することを狙いとしている。CSBA提案による中国との新たな戦い方の全体像を示す包括的な作戦構想から、戦力投射型態勢に必要なアクセスを取り返し、維持する部分的な作戦構想へと縮小され、トーンダウンしたとも理解される。また、遠距離経済封鎖の概念および核抑止やエスカレーション管理については言及されていない。つまり、当該構想は、中国と本格的に戦う作戦構想から、阻害されたアクセスを取り返すことに目的を限定した、いわゆる「制限戦争」の枠組みの中での作戦構想へと変容した。そして、アクセスを取り返した後の敵の打倒から戦争終結に至る「決定的な作戦」については構想の範囲から除外され、全体として、矮小化《わいしょうか》されたものとなっている。

見方を変えると、以上のことは、純軍事的作戦構想から政治外交的な意味合いを持たせた作戦構想へと変容しつつあるともいえよう。その根拠は、米軍の任務を２０１０年のＱＤＲでは「アクセス拒否環境下における攻撃の抑止・打破」（傍線は引用者）としたが、２０１４年のＱＤＲでは「アクセス阻止／エリア拒否環境下における戦力の投射」（傍線は引用者）へと微妙に表現を変えているからである。そうすることによって、「エアーシー・バトル構想」は、米国の国益や純軍事目的というよりも、東シナ海や南シナ海それにインド洋などを含む海洋秩序全体を巡る問題や国際社会の平和と安定の維持に関する問題の中に位置づけ、米国が戦後の国際社会における規範やルールの体現者であり、保護者であるとのメッセージを国際社会に積極的に訴え、共感を得ようとの狙いが込められているとの解釈も成り立つからである。

陸軍と海兵隊は、２０１２年に連名でＡ２／ＡＤ環境下の陸上作戦構想である「アクセスの獲得と維持」構想を発表した。しかし、海空軍のイニシアティブによって作られた「エアーシー・バトル構想」は、陸軍・海兵隊の構想を結合させて統合要素を強化する努力には結びつかず、海空戦主体の作戦構想に止まっている。このため、米下院軍事委員会などでも陸軍と海兵隊の役割が過少に抑えられているとの批判があり、今後、四軍の足並みが揃えられるかどうかも、大きな課題として残されている。

しかし、以上の説明は、正鵠《せいこく》を射ていないかもしれない。なぜなら、もともと「エアーシー・バトル構想」は、国防戦略指針などから判断して、中国やイランを念頭に策定されたものであるが、当該構想は、特定の地域や敵を対象とした作戦計画や戦略ではないとし、特に、中国を名指しすることを注意深く避けているからである。

これまで、中国に対して協調的関与政策を貫いてきた米政府としては、外交的配慮のもとに、あえて抑制的な「エアーシー・バトル構想」（要約書）を作成し公表した可能性がある。すなわち、真の構想は、周到に秘匿されているかもしれない。あるいは、オバマ政権によって、あるべき作戦構想が捻じ曲げられた可能性も否定できず、そのような意味で、当該構想のトランプ政権下における今後の展開については、十分な警戒心をもって注目していく必要があろう。

3 「第3次相殺戦略」

今日、話題に上るようになった「第3次相殺戦略」（次頁のコラム参照）は、CSBAのロバート・マーティネジ元海軍省次官が発表した論文が発端である。その後、国防省のロバート・ワーク国防副長官が長として検討を進めている「国防イノベーション構想（DII）」、すなわち〈米国が長期的に優勢を維持する方策を追求する構想〉へとつながっていると見られる。それが、前記のヘーゲル国防長官のＤＩＩ発言である。

column

米国の相殺戦略（Offset Strategy）

相殺戦略とは、「米国の優位な技術分野を更に質的に発展させることにより、ライバルの量的な優位性を相殺しようとする戦略」である。第１次相殺戦略は、１９５０年代のアイゼンハワー大統領によるニュー・ルック（New Look）といわれる核による大量報復戦略であり、第２次相殺戦略は１９７０年代末～８０年代のハロルド・ブラウン国防長官が提唱した通常戦力の質的優越（ステルス爆撃機（Ｆ－１１７、Ｂ－２）、精密攻撃兵器、改善型Ｃ４ＩＳＲなど）を目指したものである。

新規開発ドクトリンとしての第３次相殺戦略は、中国のＡ２／ＡＤ戦略に対抗して「敵（中国）の有する能力と異なる新たな分野の軍事技術の開発を通じて非対称的な手段を獲得し、技術上および軍事作戦上の優位性を保持して相手の能力を相殺（抑止ないしは無効化）する戦略」である。そして、中国軍のＡ２／ＡＤ能力が今後さらに進化していく状況下において、米国が長期にわたって維持すべき優越分野として、次の5項目を提示している。

① 無人機作戦（Unmanned operations）

② 長距離航空作戦（Extended-range air operations）

③ ステルス航空作戦（Low-observable air operations）

④ 水中作戦（Undersea warfare）

⑤ 複合化システム・エンジニアリングと統合（Complex systems engineering and integration）

その具体的な兵器・技術については、厳しい環境下でも相手の領土深くに侵入できる高高度長期滞空無人航空機（RQ－4グローバル・ホーク後継のステルス機）、空母の甲板から発着する高い機動性とステルス性を備えた艦載無人攻撃機システム（MQ－XやN－UCAS）、相手に察知されないように侵入し領土の奥深い目標を正確に攻撃できるステルス長距離打撃爆撃機（LRS－B）、陸上に対する攻撃能力を高めた潜水艦、敵の弾道ミサイルに対する地域防衛やミサイルによる飽和攻撃に効力を発揮する電磁レールガンや高出力レーザー兵器、外部からの攻撃に対する復元力が強い小型衛星で構成する通信監視システムなどが挙げられている。

ASBには、中国内陸深くにある目標を打撃する能力や中国軍のミサイルの飽和攻撃に適切に対処できる能力などに問題があると指摘されてきたが、上記の兵器・技術はASBのもつ問題点を解決できるものであり、今後、開発の進展によっては大きな変革をもたらすことになろう。

このように、米国は、中国を主対象として技術的優位な5分野を中心に、第2次相殺戦略の延長線上で質的発展と新たな改革を進めることによって「通常戦力の優越」を確保することに戦略の重点を置くものとみられる。

以上が第3次相殺戦略の概要であるが、同戦略が「通常戦力の優越」を目指している点については、中国による海洋侵出の脅威に直面しているわが国をはじめ中国周辺諸国にとって大いに望まれるところであろう。そして、わが国としては、今後、第3次相殺戦略が日米共同防衛の実質的強化に繋がる発展を遂げるよう、米国に対して積極的に協力しなければならない。

また、米国は、通常戦略と核戦略を分離し、中国内陸深くの重要目標に対して核を使わずに攻撃できるCPGS能力を重ね合せようとしていると見られる。その上で、わが国は米国の拡大抑止に全面的に依存していることを踏まえ、今後、次のような核戦略上の問題について、重大な関心を払う必要がある。

① 通常戦略としての第3次相殺戦略と核戦略をどのように整合させるのか
② わが国の脅威となる中国の戦域・戦術核や北朝鮮の中距離核ミサイルなどに対して、いかに戦域以下の「地域的抑止」を確保するのか
③ 脅威が高まっている中国や北朝鮮による「核による高高度電磁パルス（HEMP）攻撃」（次頁のコラム参照）に対してどのように対処しようとしているのか
④ 2010年に発表された「核態勢の見直し」（NPR）で示された「核兵器の役割の低減および核戦力レベルの低減」を通常戦力によって補完できるのか

column

核による高高度電磁パルス（HEMP）攻撃

高高度電磁パルス（High-altitude Electromagnetic Pulse：HEMP）攻撃とは、高高度（30キロ〜400キロ）で核爆発を起こし、それにともなって発生する巨大な電磁パルスによる電気・通信電子システムの損壊・破壊効果を利用するもので、人員の殺傷や建造物の損壊などを伴わずに広範囲にわたる社会インフラをいっきに破壊・損傷する核攻撃の一形態である。当該攻撃は、気付いた時には回復困難かつ逃げ場のないブラックアウトの中に閉じ込められてしまうという、われわれがこれまでに経験したことのない新たな核の脅威である。

今後、中国や北朝鮮の核脅威は一段と増大し、また多様化すると見られ、それに対応する新たな核抑止戦略の構築ならびに核戦略と通常戦略の吻合《ふんごう》が課題となろう。わが国は、このような懸念を米国と共有し、要すれば、わが国の立場からの要求を行って両国の戦略を融合させ、日米共同防衛体制を一段と強化する努力を強めなければならない。

4 「エアーシー・バトル構想」に基づく日米の戦略的・作戦的融合

他方、同盟国日本としては、日米共同防衛の観点から、「エアーシー・バトル構想」との戦略的・作戦的融合を図ることが大きな課題である。そのため、わが国の立場から、当該構想への疑問や懸念を明らかにしておかなければならない。

以下、その主要項目について、簡潔に述べる。

(1) 領域保全(国土防衛)と第1列島線の価値

中国の脅威を直接受ける日本をはじめとする第1列島線上の国々にとって、領域保全(国土防衛)は死活的目標であり、一切の妥協が許されない最も重い責務である。

他方、同盟国あるいは友好国として共同防衛の責任を持つ米国が、中国のミサイル攻撃などの第一撃による被害を避ける目的で、一たん前方展開戦力を後退させ、反撃のタイミングを失する場合には、その間隙を突いた中国の短期高烈度決戦(Short Sharp War)によって各国の防衛は崩壊する恐れがある。

また、第1列島線を連結する鎖の一部にでも間隙や弱点があれば、「蟻の一穴」すなわち「千丈の堤も蟻穴より崩れる」の諺の通り中国軍の太平洋侵出を阻止することができず、「エアーシー・バトル構想」そのものが破綻するのみならず、中国の狙い通り、米国は西太平洋から駆逐されることになろう。

つまり、日本、台湾、そしてフィリピンからベトナムに繋がる第1列島線上の国々の防衛を確実にすることが最優先の課題である。同時に、各国が緊密に協力・連携し、列島線の鎖による「阻止の壁」に断裂を生じさせないことが対中戦略を成立させるための大前提であり、このような認識を共有することが日本の防衛ならびにアジア太平洋地域の平和と安全を確保する出発点である。

(2) いわゆる「グレーゾーンの戦い」への対応

中国のA2／AD戦略はすでに動きだしている。東シナ海では、わが国固有の領土である尖閣諸島の国有地化（2012年9月11日）以来、中国公船などによる同諸島周辺の接続水域内入域および領海侵入が繰り返されている。また、南シナ海では領有権問題が未解決の岩礁を埋め立て、人工島を造成して軍事拠点化を急ぐなど、「三戦」を併用した「グレーゾーンの戦い」（戦争に至らない準軍事作戦：POSOW）を仕掛けている。もし、クリミア半島併合や東部ウクライナへの軍事介入でも隠然たる役割を果たした、このような「影の攻撃」あるいは「忍び寄る侵攻（Creeping Aggression）」を放置するならば、海上民兵に先導され、経海・経空輸送される大規模な歩兵や特殊部隊による島嶼などへの侵攻を許し、「エアーシー・バトル構想」を発動する前に、第1列島線は中国の支配下に置かれることになりかねない。すみやかに、日米共同による南西諸島の防衛態勢を強化するとともに、日米豪などを中心として南シナ海沿岸国を積極的に支援し、「グレーゾーンの戦い」に適切に対処することが必要である。

(3) 中国の短期高烈度決戦と米国の長期戦との考え方の隔たり

中国は、「情報条件下における局地戦」に勝利するため、短期高烈度決戦を前提としている。そして、中国が第1列島線を確保すれば、A2/AD戦略は急激に進展することになろう。この際、短期決戦といえども、その戦いは数週間（4~7週）に及ぶと見込まれ、日本をはじめとする第1列島線上の国々は、米軍の来援まで、自らの力で中国の攻撃に耐え、有効な防衛作戦を継続しなければならない。

他方、米国の「エアーシー・バトル構想」は、あくまで米中の「大国間の戦い」を想定し、前述の通り、二段階からなる時間的・空間的な広がりを持つ「懐の深い作戦」を考えており、長期戦がその前提となっている。

また、第1列島線への重戦力の展開は、中国側が約1日の船舶行程であるのと比較して、米国は西海岸から概ね10日を要する。すなわち、攻防の焦点となる第1列島線への戦力集中競争は、明らかに中国が有利であり、短期決戦の戦略思想と相俟って中国に勝利の可能性をもたらす。

このような米中間の戦略思想や戦略態勢の非対称性は、日米共同を前提とするわが国の防衛のあり方や防衛力の抗堪性・継戦能力の問題にも大きな影響を及ぼす。このため、日米両国は、相互の立場や考え方のギャップを埋め、対中戦に打ち勝つための戦略的・作戦的融合に最大限努力しなければならない。

（4）中国本土への攻撃の可否

中国本土には、わが国防衛の脅威となる弾道ミサイル、艦艇、航空機などの基地やそれらの活動を支援するＣ４ＩＳＲ、防空網などが存在しており、これらの脅威を排除するのは軍事常識として当然である。

２０１５年4月に改定された「日米防衛協力のための指針」（新ガイドライン）には、日本に対する武力攻撃が発生した場合、「日米両国は、迅速に武力攻撃を排除し及び更なる攻撃を抑止するため協力」するとされている。そして、「自衛隊は、日本及びその周辺海空域並びに海空域の接近経路における防勢作戦を主体的に実施」し、「領域横断的な作戦」において「米軍は、自衛隊を支援し及び補完するため、打撃力の使用を伴う作戦を実施することができる」と明示されている。

このように、日本防衛における米国との共同作戦においては、自衛隊は防勢作戦を、米軍は攻勢作戦を行うとの基本的な任務・役割分担があり、そのため、自衛隊は攻勢作戦を行う能力を保持していない。

しかし、「エアーシー・バトル構想」における縦深攻撃は極めて限定されているため、中国の攻撃を、混乱させ、撃破、掃討あるいは駆逐するとした当該構想本来の目的を達成することができないばかりか、日本の防衛に重大な支障を来すのは間違いない。

中国本土への米軍の攻撃は、戦争をエスカレートさせ、核戦争へ発展する危険性があるとして抑制された方針が示されているといわれているが、米国が日本と約束した共同防衛の責務を履行しないようであれば、共同防衛メカニズムは機能せず、日本の防衛も地域の平和と安全も確保できないのである。

(5) 戦域核以下の中国の優越と地域的核抑止の確保

米ソ(露)の「INF条約」の履行にともなって、東アジア(アジア太平洋地域)に中国の戦域核の寡占による絶対的優位が作り出されている。

米ソ(露)は、1987年12月、レーガン米国大統領とゴルバチョフ・ソ連共産党書記長との間で、INF全廃条約に調印した。射程が500キロから5500キロまでの範囲の核弾頭および通常弾頭を搭載した地上発射型の弾道ミサイルと巡航ミサイルが廃棄の対象とされ、条約が定める期限である1991年6月1日までに、合計で2692基の兵器が廃棄された。

その後、米国は、オバマ大統領の「核のない世界」の方針を受けて、各種トマホークのうち、核搭載海上発射型巡航ミサイル「トマホーク」を2010年の「核態勢見直し(NPR)」で退役させた。その結果、米国には、海中発射型(TLAM-N)と空中発射型(AGM-86B)の巡航ミサイル「トマホーク」がかろうじて残ったが、次頁の通り、東アジアでは中国による中距離核戦力寡占の状態が一段と進み、中国の戦域核絶対優位の戦略環境を作り出している。あわせて、中国は、短

各国の核弾頭保有数とその主要な運搬手段

		米国	ロシア	英国	フランス	中国
ミサイル	ICBM（大陸間弾道ミサイル）	450基 ミニットマンⅢ 450	378基 SS-18 54 SS-19 40 SS-25 160 SS-27 78 RS-24 46	――	――	56基 DF-5（CSS-4） 20 DF-31（CSS-10） 36
	IRBM MRBM ※	――	――	――	――	132基 DF-3（CSS-2） 6 DF-4（CSS-3） 10 DF-21（CSS-5） 116
	SLBM（潜水艦発射弾道ミサイル）	336基 トライデントD-5 336	144基 SS-N-18 48 SS-N-23 96	48基 トライデントD-5 48	64基 M-45 32 M-51 32	48基 JL-1（CSS-N-3） 12 JL-2（CSS-NX-14） 36
弾道ミサイル搭載原子力潜水艦		14	12	4	4	4
航空機		74機 B-2 20 B-52 54	78機 Tu-95（ベア） 62 Tu-160（ブラックジャック） 16	――	63機 ミラージュ2000N 23 ラファール 40	36機 H-6K 36
弾頭数 ※		約4785	約4300（うち戦術核約2000）	225以下	約300	約250

＜出典＞平成27年版「日本の防衛」（◯印 引用者加筆）

距離の戦術核および核ＨＥＭＰ攻撃の能力を保有し、核ＨＥＭＰ攻撃をサイバー戦の一環としても位置付けている。

この結果、中国の中距離（戦域）核戦力以下による核恫喝や核使用に対し、米国が中国による核報復攻撃（第二撃）の危険を冒して戦略核を懲罰的に使用する戦略的オプションは大きく制限され、米国が同盟国に約束した戦略核による拡大抑止を無効化してしまう恐れが増大している。同時に、台湾あるいは東アジアの紛争では、米空母の接近を阻止するために配備されたＤＦ－21Ｄ対艦弾道ミサイルや戦域核などによる威嚇によって米国の介入（エスカレーション）を阻止できる状況が生まれる。

このような状況は、中国にとって、米国に対する通常戦力の劣勢を補うための核戦力への依存度を下げる一方、通常戦力による地域紛争への敷居を下げる効果をもたらす。つまり、中国は、「情報化条件下における局地戦で勝利する」（2008年『中国の国防』）とした軍事力強化の目標達成に近づくことができる。これに対抗するには、米国は東アジアに戦域核以下の「地域的抑止」を別途確保する方策の検討を迫られ、同時に、わが国もそのための独自の努力が求められる。

以上の「エアーシー・バトル構想」に対する日本の立場からの疑問や懸念は、同構想に内在する論点とともに、あらゆるレベルの日米協議の場を通じて確認し、解決を図らなければならない重要な課題である。

第5章

米国および中国周辺主要国の対中関係の力学と基本戦略

1　中国周辺主要国の対中認識

東西冷戦における西側陣営の対東側戦略は、「封じ込め」政策（次頁のコラム参照）を基本とした。今また、かつて東側陣営の盟主であったロシアとアジアの冷戦で大きな役割を果たした中国が、ユーラシア大陸の東西で西側諸国との緊張を高めている。東側では、対米アクセス阻止を戦略とする中国による東シナ海、南シナ海での海洋侵出の先鋭化である。西側では、旧ソ連圏の再結集を狙うロシアによるクリミア半島（クリミア自治共和国）併合と東部ウクライナに対する軍事介入である。これらはともに、侵略政策あるいは侵略行動として厳しい批難の対象となっている。

column

「封じ込め」(Containment) 政策

1947年3月、アメリカのトルーマン大統領が米国議会に向けて出した宣言。第2次世界大戦後、ソ連の影響によって諸国が共産化し、その脅威がギリシアやトルコに及んだことに脅威を感じた米国が、ソ連邦を中心とした共産圏を明確に敵視し、その圏内に封じ込めようとしてとった世界政策で、「トルーマン・ドクトリン」ともいわれる。

ヨーロッパ正面では、NATOおよびEUとロシアの対立の長期化が憂慮され、東西冷戦の再現も囁《ささや》かれている。他方、アジア正面では、米中が競争から対立へ向かい、米中冷戦に突入するのではないか、いや、すでに始まっているとの観測も出始めている。

そこで、米中冷戦論争が生起しつつあるアジア太平洋・インド地域に焦点を当て、中国周辺主要国の対中認識を分析し、この地域がこれからどのような対中行動に向かうのかを考察した上で、対中戦略のあり方を模索することとする。

第1章第3項「海洋国家グループと大陸国家グループとの基本的対立構造」では、第一に、この地域は、国家的特性の上で、中露の大陸国家グループと日米豪印の海洋国家グループに大別され、それが異質性として基本的対立軸を形成していることを指摘した。第二に、グループの如何を問わず、いずれの国も中国との経済面での協調・関与関係を維持すべきという認識と、中国の覇権的拡張の動きに対して安全保障上、警戒・ヘッジすべきという認識の両面を持っており、協調要因と対立要因との間で揺れ動く葛藤ないしはジレンマが、共通の課題となっていることを述べた。

２０１１年頃から目立ち始めた中国経済の減速基調は、ここ1〜2年で一段とその傾向が鮮明になり、中国は経済的に困難な現実に直面しており、これまで指摘されてきたように、中国は「未富先老」（未だ富むことがないまま、先に老いる）あるいは「中進国の罠」に陥るのは避けられないと見られている。

他方、「中華民族の偉大な復興」を国家目標として「富国強兵」と「海洋強国」の建設に邁進する中国は、習近平国家主席が「新常態（ニューノーマル）」と呼ぶ中程度の成長経済への政策転換を打ち出しているが、次頁の図の通り、実質GDP成長率より高い伸び率で国防費を増加させている。このように、中国は引き続き軍備強化に高い優先順位を与えており、強大な軍事力を背景にして、国内問題から国民の目をそらし、安定統治を図るためにも対外的な強硬姿勢を強めていくものと見られる。

そこで、このような中国の動向を背景として、中国を取り巻く主要諸国ごとに対中認識を改めて分析し、アジア太平洋・インド地域として対中行動に一定の方向性があるのか否かを探ってみることとする。

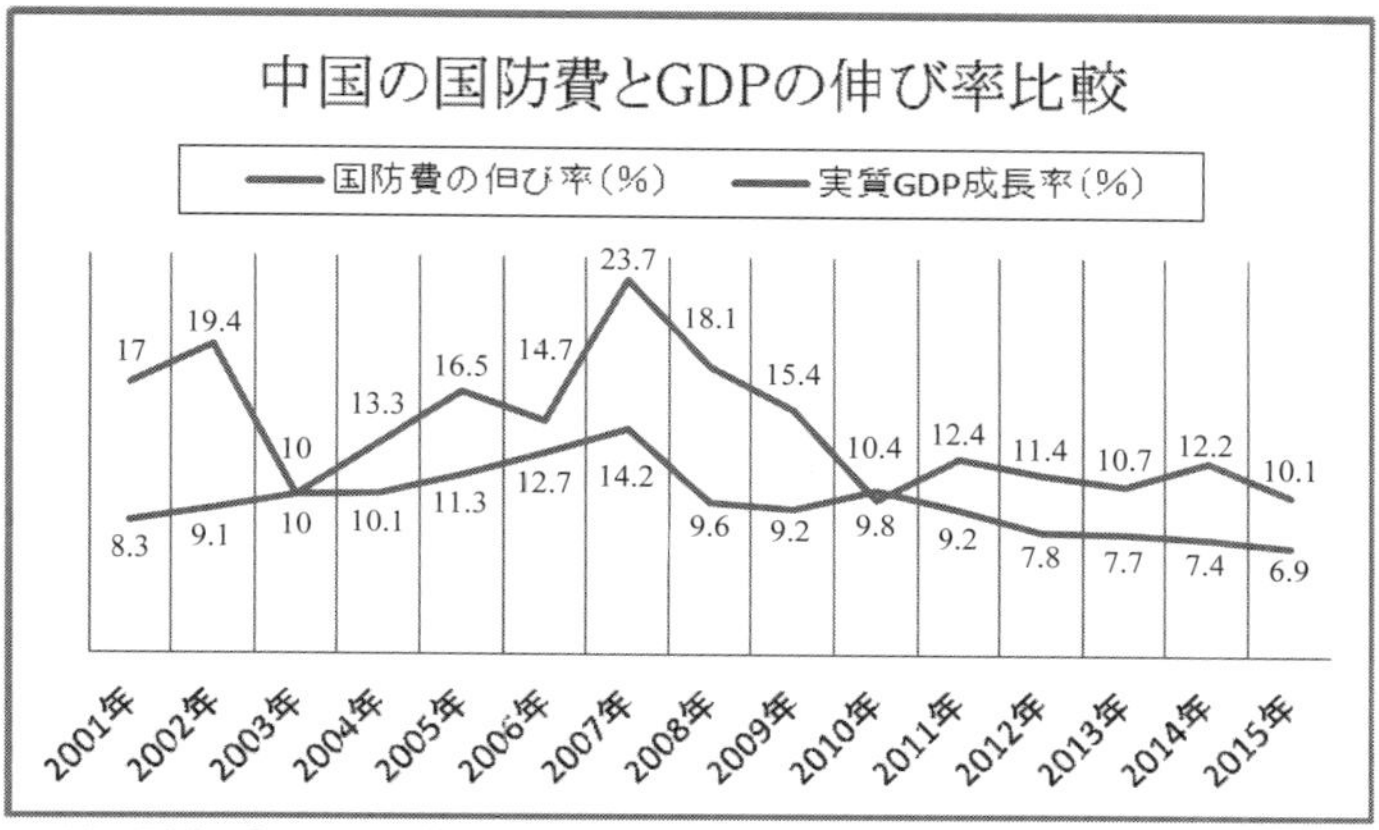

＜出典＞国防費は、「日本の防衛」の「各国国防費の推移」
GDPは、日本貿易振興機構の中国・基本的経済指標

（1）米国

米国の「中国市場にかける夢」は、西部開拓のフロンティアが西へ西へと進んだ19世紀半ば頃から始まったといわれる。戦争に至る日米両国の対立も、その側面が大きな要因であった。１９４５年8月14日付のニューヨーク・タイムズ紙は「我々は初めてペリー以来の願望を達成した。もはや太平洋に邪魔者（日本）はいない。これで中国大陸のマーケットは我々のものになるのだ」（カッコ内の国名は引用者）との記事を掲載したが、この記事は、米国の歴史的対中認識を雄弁に物語るとともに、マーケットとしての中国に対する大きな期待が対中政策の基本底流となっていることを示している。

戦後、米国の対中外交は、いわゆる「チャイナ・ロスト（中国の喪失）」に始まる。１９４９年10月、国共内戦に勝利して中華人民共和国が誕生したが、中国共産党は、国民党を一貫して支援した米国との関係樹立

を拒んで「向ソ（連）一辺倒政策」を採ったからである。

米中両国は安全保障の面では、アジア冷戦中の朝鮮戦争、第1次〜第2次の台湾海峡危機、ベトナム戦争あるいは天安門事件などで激しく対立した。

1971年にはじまった米中国交回復の動きによって、約20年間にわたって敵対関係にあった両国は、基本的立場の相違による諸問題を残しながら「和解への道」を選択し、平和協調ないしは戦略的協力の関係に転じた。その後の米国の対中政策は、一貫して、中国との友好的な関係を築き、その発展を助け、経済的な利益を共有するとの路線が維持されてきた。

米国にとって、中国はカナダ、メキシコに次いで第3位の輸出国（中国にとって米国は第1位の輸出先）であり、米国の貿易全体に占める割合が増え続けている「主要な貿易相手国」である。また、中国は有望な投資先（日本、香港に次いで第3位）であり、中国進出企業数は日本に次いで二番目と多く、経済の安定成長にとって欠かせない存在となっている。一方、米国は、対中貿易赤字や中国による世界最大の米国債保有、人民元の為替操作などの問題を抱えるとともに、シルクロード経済ベルト構想／「一帯一路」と表裏一体をなす「アジアインフラ投資銀行（ＡＩＩＢ）」の創設など、米国が主導した国際秩序への挑戦に直面するようになっており、顕在化しつつある競争相手として警戒心を強めている。

他方、鄧小平以来の「改革開放」政策によって奇跡的な経済発展を遂げた中国は、1980年代から急激な軍事力増強を進めている。そして、「近海防衛戦略」の下に米軍のアクセス（接近）を阻止するために、東シナ海や南シナ海への海洋侵出が顕著となっており、米国は「台頭する中国」の覇権的拡張の動きとして脅威認識を強めている。同時に、米国は、海洋でのプレゼンスを拡大する中国軍との偶発的衝突のリスクによって軍事的緊張が一気に高まることを回避するため、閣僚レベルの「米中戦略経済対話」や軍の最高レベルによる軍事交流、国防当局間のホットラインの開設などを通じて、緊張緩和策を併行的に講じている。

このように、現在の米国の対中認識は、経済面における協調要因と安全保障面における対立要因を併有し、協調要因のなかにも対立要因が、また、対立要因の中にも協調要因が混在する複雑な状況の中で均衡の維持に努めている。米中関係の抗争的側面に内在する危険性については、終章で言及する。

（2）オーストラリアと「インド太平洋地域」

本書の視点は、広くアジア太平洋・インド洋地域を俯瞰している。近年、「インド太平洋地域」という用語が、特にオーストラリアでよく使われている。オーストラリアから見れば、東南アジアは、地理的に東アジアと南アジアの十字路にあり、オーストラリアのすぐ北に位置するインド太平洋地域の中心部である。オーストラリアは長年に亘って、東南アジアの南東端という安全な位置にあって、「頭上の存在（北方の中国）」をほとんど意識することなく自国の安全保障だけを求めてきた。しかし、オーストラリアは今や、域内にあって安全保障を求める必要に迫られている。

「インド太平洋地域」という地理的概念において中心に位置する東南アジアは、特に中国との領有権紛争を抱えるフィリピンやベトナムは伝統的な安全保障上の脅威に晒されている。また、中国の南シナ海における領有権主張の論拠である「9段線」は南シナ海仲裁裁判所の裁定で法的根拠なしとされたが、「9段線」の南端は南シナ海のインドネシア領、ナトゥナ諸島の排他的経済水域（EEZ）と一部重複しており、両国間の漁業紛争の要因となっている。オーストラリアはその繁栄を海上貿易に依存している島国であり、オーストラリアの海上貿易路はその生命線であり、その大部分が南シナ海を経由する。したがって、オーストラリアは、南シナ海の領有権紛争の平和的解決に利害を有している。

オーストラリアにとって、中国は最大の貿易相手国であり、中国の経済成長はオーストラリアの鉄鉱石や石炭などの資源輸出を促し、莫大な利益をもたらしてきた。他方で、最近の中国の積極的な対オーストラリア直接投資、とりわけ鉱山部門や港湾部門に対する投資に対しては国内に警戒感が強まっている。

2016年2月に公表された「国防白書」は、オーストラリアの「戦略的な防衛上の関心領域」として、①オーストラリア北部領域と周辺の海上交通路の安全、②東南アジアと南太平洋に拡がる周辺地域の安全、③安定したインド太平洋地域と法に基づく世界秩序が挙げられている。白書は、「オーストラリアに対するあらゆる通常軍事力による脅威の通路」になると見られる、「海洋東南アジア」が常にオーストラリアの安全保障にとって特に重要であると強調している。南シナ海問題について、白書は「オーストラリアは、南シナ海における領有権紛争でいずれにも与しないが、我々は、領有権主張国による埋め立て活動、特に中国の先例のない速さと規模の埋め立て活動が域内の緊張を増大させていることを懸念している」と述べている。こうした認識が、南シナ海における中国の過剰な海洋権限主張に対する「航行の自由作戦」の実行を含むオーストラリアの強固な対応と、中国の大規模な軍事力増強に対する予防的措置としての包括的な長期防衛計画の実施に繋がっている。

オーストラリアの歴代政権は、対中政策の選択において、有望な輸出市場と自国への脅威との間で常に揺れ動き、そのバランスをとることに腐心してきた。このように、オーストラリアの対中認識は、経済に対する強い期待と安全保障面における警戒心とが入り混じっている。

(3) インド―インド洋を巡る中国との抗争

インドは、台頭するもう一つのアジアの巨人である。経済面から見れば、インドにとって中国は最大の貿易相手国（輸出は第4位、輸入は第1位）であり、最重要のビジネスパートナーである。また、インドは、2015年に中国が主導し、多極化の推進を目的とした「上海協力機構（SCO）」への加盟、アジアインフラ投資銀行（AIIB）への加盟、BRICS開発銀行の共同創設などを通じて、同じ新興国の立場から、既存の国際経済秩序に挑戦し、自国の経済発展に有利な国際秩序・ルール作りにおいて中国と協力しており、経済面では協調関係を維持強化している。

一方で、インドと中国は、両国の長年にわたる懸案である国境問題を抱えており、中国は２００9年頃から国境付近で挑発的な行動を繰り返している。また、中国は、Ａ２／ＡＤ戦略および「21世紀海上シルクロード」（一路）の一環と見られる「真珠の首飾り」を対インド軍事戦略の柱としている。インドにとって国境紛争以上に懸念すべきは、インドの裏庭であるインド洋への中国海軍の侵出である。２０１４年9月と10月のスリランカへの中国海軍潜水艦の寄港は、インドを警戒させた。中国海軍は、ソマリア沖海賊対処派遣艦隊の往復の途次、インド洋沿岸諸国の港湾への友好訪問を繰り返しており、インド洋における中国のプレゼンスは現実のものとなっている。インドにとって、インド洋域内での戦略的利益を確保しながら、中国の侵出にどう対応するかが今後の安全保障上の課題である。インド洋は常にインドの最重要関心領域であり、したがって、海洋強国を目指して増大する中国のプレゼンスは、インド洋地域のインドが主導する既存の安全保障秩序に対する挑戦を意味する。インドと中国は、長年にわたって陸上国境を巡って対立してきたが、今や、相互の戦略的利害が海洋領域において対立しつつある。台頭するアジアの大国同士の抗争は、インド洋における海洋安全保障に深刻な影響を及ぼすことになろう。

一方で、南シナ海の動向も、インド太平洋におけるインドの戦略的利益とその役割に重要な意味を持っている。モディ政権下のインドは、「ルック・イースト」政策から「アクト・イースト」政策へ転換し、南シナ海問題を解決する必要性について言及し、特に海洋における安全保障協力を推進するために日本、オーストラリアそして米国を含む域内の主要国と協力している。また、ベトナムとの間で、潜水艦要員の訓練を含む、軍事協力を進めている。インドは、貿易および戦略的な理由から南シナ海を東方諸国との関係における重要地域として認識しており、自らを域内の主要な安全保障アクターとして位置付けている。

このように、インドの対中認識は、経済面では協調しているが、安全保障面では抗争的側面が、特にインド洋と東アジアの海洋において次第に強まりつつある。

インドは、中国に対して安全保障面での強い不信感を抱いているからこそ、その一方で中国との関係維持の重要性を強く認識した外交に努めている。

(4) ロシア

冷戦時代にソ連と中国は、1969年の珍宝島（ダマンスキー島）での武力衝突に見られるように、同じ陣営内でも対立状態にあった。

冷戦後のロシアは、経済の立て直しが急務で、中国に対して戦略的対抗を挑む国力はなく、中国との対立要因を取り除くことが国益に適うと見て、1990年代以降、段階的に中国との関係を改善した。1996年には中露間で「戦略協力パートナーシップ」を締結し、経済面だけでなく安全保障面を含めた包括的な二国間関係を構築した。また、対米戦略を重視する観点から、「中露善隣友好協力条約」の締結（2001年7月）、上海協力機構（SCO）の設立（2001年6月）、「中国とロシアの21世紀の国際秩序に関する共同声明」（2005年7月）などを通じて、中国とは米国の一極支配体制に反対し、世界の多極化を推進する立場を共有しており、それを通じて中露の戦略的協力関係を維持している。

特に、ウクライナ紛争にともなってＮＡＴＯおよびＥＵとの対立が激化したため、アジア太平洋地域での海洋侵出によって周辺諸国の警戒心を高めている中国との連携・協力関係維持の相互利益を認めており、対中協調要因が増加している。

他方、もともと、中露間には「対立と相互不信」の長い歴史があり、近年の中露間の国力の非対称性が増大する中、台頭する中国に対する政府のみならず国民レベルの不信感および警戒感が高まっている。

経済の面では、ロシアにとって、中国は「最大の貿易相手国」であり、アジア重視へシフトを進めているロシアにとって、経済の発展的展望を期待できる重要な協調相手である。また、米国が主導した国際秩序に反対す立場から、ＡＩＩＢに加盟し、ＢＲＩＣＳ開発銀行の共同創設に参画している。

他方、中国には、ロシアへ割譲した沿海州の失地回復の意思が潜在しており、極東地域への中国の経済的浸透とそれに伴う中国人の流入にロシアは脅威を感じている。また、ロシアから中国への供給エネルギーの価格交渉など、いくつかの懸案事項を抱えるとともに、北極海航路の開発にともなって中国も同海域へ侵出する動きを見せていることに対し、ロシアは安全保障および経済の両面で警戒感を強めている。

ロシアの対中認識は、経済面および安全保障面とも、協調要因と対立要因を併有しているが、安全保障（戦略）面における協調要因が他の周辺国より強くなっている。

（5）日本

戦後の日本は、日中戦争にともなう贖罪意識を背負った対中認識から出発したといえよう。その象徴が、1979年に開始された対中政府開発援助（ODA）であり、日本が累積総額で最大の援助を行ったのは中国である。しかし、「中国は、日本からのODAの大半を軍事費へ転用して軍事力を増強している可能性があり、日本に対する軍事的脅威を高めている」などの批判を浴びたことから、無償資金協力と技術協力を残して、2008年度で事実上終了せざるを得なくなった。

次の大きな外交案件は、日中国交正常化であり、日本は日中関係の改善と日米安保を両立させ、断絶後の台湾とも民間交流を続けようとした。このような日中関係の争点が凝縮された交渉を通じて、両国間に潜在していた安全保障面における基本的立場の相違による対立要因が表面化した。

1972年に日中国交正常化を果たした日本は、中国との経済面における協調要因を強め、現在、日本にとって中国は輸出入とも第1位の「最大の貿易相手」（中国にとって日本は米国に次ぐ2番目の貿易相手国）となり、中国における日本の対中直接投資額は第2位、進出企業数は第1位である。

他方、1968年に国連アジア極東委員会（ECAFE）が東シナ海海域一帯の海洋調査を行い、同海域に大規模な石油・ガス田が存在する可能性があることが明らかになると、中国は積極的に石油・ガス田の開発に乗り出した。そして、２００３年8月、中国が日中中間線からわずか5キロほど中国寄りの白樺（春暁）石油ガス田の生産プラットフォーム建設工事に着手したことが引き金になって、東シナ海の資源開発が問題化した。その後、中国は、２０１３年6月以降に、東シナ海の日中中間線付近にガス田開発の海洋プラットフォームを増設している。新設したプラットフォームや土台は12基に上り、既設の4基を加えて16基となり、その中の5基はこの1年で増設されたものである。

また、日本固有の領土である尖閣諸島の国有地化（２０１２年9月11日）以来、中国公船などによる同諸島周辺の接続水域内入域および領海侵入が途切れることなく続いている。中国が尖閣問題などを利用し中国国内の反日感情を煽《あお》って愛国心を高揚するとともに、歴史戦を仕掛けたことが増幅作用を起こし、国民の間には安全保障面からの対中脅威論が高まって、対立要因がとみに強くなっている。

このように、日本の対中認識は、時代背景とともに、経済的利益に期待する協調要因と安全保障面での両国の基本的立場の違いや中国の脅威の増大にともなう対立要因が交錯し、「戦略的互恵関係」という曖昧な表現を用いてきたが、近年、前者に比し、後者の要因が次第に強くなりつつある。

この点で留意すべきは、日中関係の底流に潜む深層心理の危険性である。中国は、尖閣問題などを利用し中国国内の反日感情を煽って愛国心を高揚させ、さらに歴史戦を仕掛けることで、戦勝国である中国と敗戦国である日本を内外に印象付け、日本が特に安倍政権下で安保法制の制定や憲法改正論議に見られるように、再び軍国主義を復活させ、戦後秩序に挑戦しているとの批判を繰り返している。日中のGDP（国内総生産）は2009年に逆転し、中国がアジアのナンバーワンになった。アジアのナンバーワンの経済力と軍事力を背景に、「戦勝国」中国による「上から目線」の対日観は、日本国内における対中嫌悪感と安全保障面での対中脅威認識を高める要因となっている。したがって、尖閣周辺海域における中国の強引な振る舞いは、日中間の危険な火種を煽り立てかねないリスクを内包しているといえよう。

（6）中国と周辺主要国との二国間パートナーシップ関係

中国外交は、「二国間パートナーシップ関係の確立」を重視している。国立国会図書館調査および立法考査局の資料「諸外国と中国－政治、経済、社会・文化関係」（2010年）などによると、中国外交における「二国間パートナーシップ関係」の枠組みは、重要性の順に①戦略的パートナーシップ、②包括的パートナーシップ、③友好協力（善隣）パートナーシップ、④友好協力関係の概ね四つのレベルに区分されている。

中国とSCOの正式メンバーであるロシアおよびインドとの関係は、それぞれ「戦略協力パートナーシップ」および「戦略的パートナーシップ」として最重要の位置付にある。米国とは、オバマ政権前は「建設的な戦略的パートナーシップ」とされていたが、現在は「協力関係」にあり、オーストラリアとは「友好協力関係」にある。日中間は、前記の通り、「戦略的互恵関係」という用語で表現されており、それぞれ各国の対中認識や中国との二国間関係の友好度を推し量る一種のバロメーターの役割を果たしている。

2　中国周辺主要国の対中戦略の基本

これまで述べてきたように、中国は、「中華民族の偉大な復興」を国家目標として「富国強兵」と「海洋強国」の建設に邁進するため、引き続き軍備強化に高い優先順位を与え、強大な軍事力を整備している。それを背景とし、また国内の安定統治を維持する観点からも、中国は対外的な強硬姿勢を強め、覇権的拡張戦略を強引に展開していくものと見られる。

ゆえに、中国周辺主要国にとって、その波動をいかに受け止め、あるいは躱《かわ》すことで中国との二国間関係を維持していくかは当該国家にとって最大の安全保障課題といえよう。

同時に、中国周辺主要国はいずれも、経済的には中国と相互依存関係にあり、日本、オーストラリア、インドそしてロシアにとって中国は最大の貿易相手国であり、米国にとっては主要貿易相手国となっている。したがって、これら諸国は、経済面での協調、関与関係を維持しながら、一方で中国の覇権的拡張の波動に対するヘッジを単独で、あるいは共同して構築する必要に迫られている。

ひるがえって、現在の中国を巡る戦略環境を東西冷戦期と比べれば、一番の大きな違いは、グローバル化の進展によって経済的相互依存関係が深化したことである。もう一つの違いはイデオロギーの面で大きな対立がないことである。

中国周辺主要国はいずれも、人口13億の世界最大の市場としてのスケールメリットを持ち、「世界の工場」を自他ともに認める中国との経済関係なしには自国の経済発展が望めないことを熟知している。一方、中国としても、例えば、保有している膨大な米ドルを売り浴びせ、米国国債を一気に放出すれば、米国を屈服させることができるかもしれないが、引き換えに自らも同じ程度の苦痛を受けることになるであろう。つまり、冷戦期の東西対峙における「ゼロサム」的関係とは異なり、核戦略における「相互確証破壊」関係に擬《なぞら》えれば、中国周辺主要国にとっても、また中国にとっても、経済的には「相互確証破滅」ともでもいうべき関係にある。その限りでは、中国周辺主要国にとって、冷戦期の「対ソ封じ込め政策」を中国に援用することは不可能だし、あり得ない選択であろう。

さりながら、「中華民国の偉大な復興」を国家目標とする「中国の夢」は「百年マラソン」の射程をもって強引な領域拡大の動きを強めており、習近平国家主席自らが世界に向かって広言した国家目標の達成を安易に断念するとは考えられない。そうだとすれば、中国周辺主要国は、安全保障面あるいは戦略面での選択の幅・余地は大幅に狭められることになるが、はじめから軍事的衝突は不可避であると決めつけるのは早計に過ぎよう。民主主義や法の支配などの普遍的価値を共有する諸国が、「最悪に備えよ」の原則に従って、中国の軍事的拡張主義を警戒し、ヘッジすることで戦略や行動を一体化させれば、「紛争の抑止」という共通目標を目指すことができるからである。

結局、中国周辺主要国は、中国との貿易や投資関係の発展は望むところであるが、それを切望するあまり、安全保障に関する合理的な懸念を脇に押しやることはできないとの認識を共有しつつあり、これまでの「経済的な結びつきが強い中国とはコトを構えたくない」との意識は明らかに変化している。

これまで、中国との経済関係は「協調」を基本としてきたが、中国はＡＩＩＢ、ＢＲＩＣＳ開発銀行などを創設し、日米欧が長年協力して培ってきた国際金融秩序への対抗姿勢を鮮明にしている。加えて、中国経済には、様々な「チャイナリスク」が噴出しており、このため、中国周辺主要国では、そのリスクを他の国や地域へ分散・回避する動きとともに、中国との経済関係を「協調」から「競争」へ切り替えるべき大きな転機を迎えているとの認識が強まりつつある。

さらに今後は、対中関係が悪化した場合に備え、輸出入の制限や禁止、経済関係条約（通商条約など）の停止、在外資産の凍結、あるいは航空機や船舶の乗り入れ制限や禁止など、広範にわたる経済制裁や外交手段についても周到に計画準備しておくことが必要になろう。

一方、安全保障面において、アジア太平洋・インド地域の国々は、中国の軍事力を背景とした覇権的拡張の動きに対して対中ヘッジを強化しなければならないが、その連携はいま始まったばかりである。また、フィリピンのドゥテルテ大統領の「米国離れ・中国接近」に見られるように、各国の対中ヘッジ戦略は必ずしも「一枚岩」とは言い難い。このため、早急に関係各国の対中ヘッジ戦略を最大限に調和させ、軍事的に強固で信頼性のある広範な防衛網の構築に力を結集しなければならない。この際、特に日米豪印が果たすべき役割は極めて重大である。

本書のテーマの核心部分である第8章では、中国を警戒し、ヘッジする安全保障防衛戦略を中心に述べることとする。

第6章

東シナ海と中国の覇権的侵出

1　東シナ海にみる中国の侵出戦略

(1) 中国の尖閣諸島の領有権主張とその根拠

中国の東シナ海における明白な侵出は、先ず、1970年代に尖閣諸島の領有化を目指すことから開始された。中国は、後述する南シナ海の西沙群島や南沙群島の武力による奪取とは異なり、東シナ海では自衛隊や在日米軍の反撃に対して軍事的に対抗することが困難と判断したと思われるため、先ずは武力行使を伴わない法律戦、輿論戦、宣伝戦の「三戦」を駆使し、時間をかけて奪取する選択肢を採択したのであった。

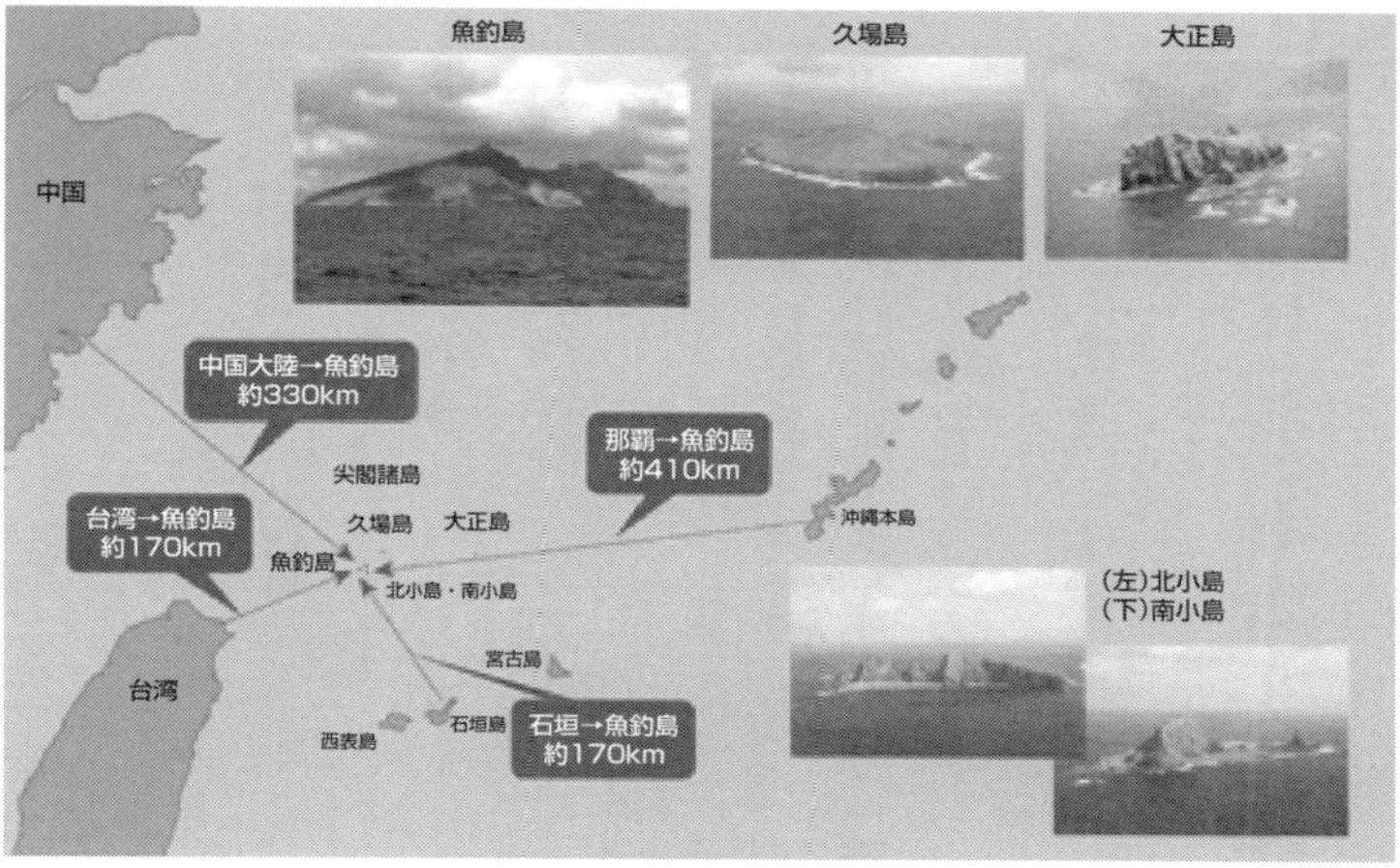

尖閣諸島の位置関係

＜出典＞海上保安庁

極東アジア経済委員会（ＥＣＡＦＥ）の海底資源調査委員会（ＣＯＯＰ）は、１９６８年10月から同年11月までに行った東シナ海と黄海における鉱物資源調査の結果として、これらの海域における石油埋蔵の可能性を報告した。その直後、中国が突如として尖閣諸島に対する領有権を主張し始めたのは周知のとおりである。国際法的な領有根拠に乏しい中国は、先ず尖閣諸島を自国領土とする法的措置をとり、続いて主権行使を名目に実効的な支配を目論んでいる。中国は、領土と主権に関わる問題として尖閣諸島の奪取を狙っている以上、決して妥協などありえないのである。

第２次世界大戦終了後の沖縄は、長期間にわたり米国により施政権が行使され、１９７１年６月17日の沖縄返還協定に基づいて、翌年５月14日に日本に返還された。沖縄とともに日本に返還された尖閣諸島は、今日まで日本が実効支配している。中国は、1971年12月30日、沖縄返還協定の中で魚釣島などの島嶼が「返還区域」に組み込まれているのは、「中国の主権に対する大っぴらな侵犯である」との抗議声明を発表した。すなわち、中国は①早くも明代に、これらの島嶼はすでに中国の海上防衛区域に含まれており、それは琉球、すなわち今の沖縄に属するものではなくて、中国台湾の付属諸島であること、②中国と琉球とのこの区域における境界線は、赤尾嶼と久米島との間にあること、および、③日本政府は日清戦争を通じて、これらの島嶼を搾取し、さらに、1895年4月、当時の清朝政府に圧力をかけて「台湾とそのすべての付属島嶼」および澎湖列島の割譲という不平等条約「馬関条約」に調印させたのであり、中国の領土を略奪した日本侵略者の行動を「主権を持っている」ことの根拠にしているのは、まったく「剝き出しの強盗の論理」であると日本に抗議してきたのであった。

中国の尖閣諸島に対する「忍び寄る侵略行動」は、例えば1978年には150隻の漁船を集結させ、魚釣島が中国領土であると主張して海上デモを行うなど、顕著なものがある。翌1979年には、海上保安庁のヘリポート建設に対し強硬に反対してこれを断念させ、その後中国は、日本に対して「法律戦」を仕掛けてきた。すなわち中国は、1992年2月、「中華人民共和国領海および接続水域法」を制定して尖閣諸島を中国領土と規定し、同年9月、同法に基づいて魚釣島とその付属島嶼の周辺領海に直線基線が適用される旨声明した。2010年には島嶼に対する主権行使を強化するための「海島保護法」を制定した。

また中国外交部は、２０１２年９月10日、日本政府が民間人から尖閣諸島を購入して国有地にしたことに対して、日本政府のいわゆる「島購入」は、完全に不法かつ無効であり、日本が中国の領土を侵略したという史実はいささかも変えられないし、中国の釣魚島およびその付属島嶼に対する領土主権もいささかも変えられないと言明した。さらに中国国務院新聞弁公室は、白書『釣魚島は中国固有の領土』を発表し、改めて尖閣諸島に対する中国の領有根拠を示した。すなわち①尖閣諸島の主島である釣魚島を最も早く発見命名して利用したのは中国であること、②明朝初期に東南沿岸の倭寇からの防衛のために釣魚島を防御地区に組み入れていたこと、③釣魚島は台湾の附属島嶼として中国に返還されるべきこと、④米国が釣魚島などの島嶼を琉球と共に日本へ返還したのは不法であることを根拠としたものであった。

尖閣諸島の領有権に関する中国の最大の弱点は、日本による尖閣諸島の領土編入措置以前はもとより、それ以後もＥＣＡＦＥの報告まで75年間に亘って何ら領有主張を行ってこなかった点にある。中国による尖閣諸島領有主張の狙いは、当該諸島周辺海域の海底における石油資源の独占、中国人民解放軍海軍の太平洋方面への侵出路の確保、上空飛行の制限という安全保障上の理由にあり、さらに将来の第１列島線内海域の軍事的聖域化にあることは言を俟《ま》たない。

（２）尖閣周辺海域における中国船の行動

中国は、その後も尖閣諸島の領有を目論み、２０１０年９月７日、中国漁船による衝突事件を発生させた。尖閣諸島付近をパトロール中の巡視船が中国籍の不審船を発見し日本領海からの退去を命じたが、同漁船はこれを無視して違法操業を続行し、逃走時に漁船を巡視船に衝突させた、いわゆる中国漁船衝突事件である。海上保安庁は、当該漁船と船長を公務執行妨害で拿捕《だほ》し、船長を除く船員も当該漁船にて石垣港へ回航して事情聴取を行ったが、日本の民主党政府は、中国の強硬な抗議に怯《おび》えて13日に船長を釈放した。このときの船長や中国政府の態度から、この事件は海上民兵による仕業だったといわれている。

さらに中国は、２０１２年9月11日に尖閣諸島の三島（魚釣島、北小島、南小島）の所有権を民間人から国に移したことを口実に、同月14日以降、荒天の日を除いて中国の公船がほぼ毎日のように接続水域に入域するのみならず、領海内への侵入を繰り返している。尖閣諸島周辺海域における中国政府公船の行動は、次頁の図に見られるように、日本が尖閣諸島を国有地化した２０１２年から急増し、今日では常態化している。

中国外交部の華春瑩副報道局長は、２０１３年4月の記者会見で、「釣魚島（魚釣の中国名）は中国の領土主権に関する問題であり、当然、中国の核心的利益に属する」と述べた。中国が尖閣諸島を、妥協の余地のない国益を意味する「核心的利益」と公式に位置付けたのは初めてのことであった。

これ以降も中国は、自国領土であると主張する尖閣諸島の周辺海域に展開する日本漁船の取締りを理由に、政府公船を接続水域および領海内に侵入させ徘徊《はいかい》や漂泊を繰り返し、今日ではこれが常

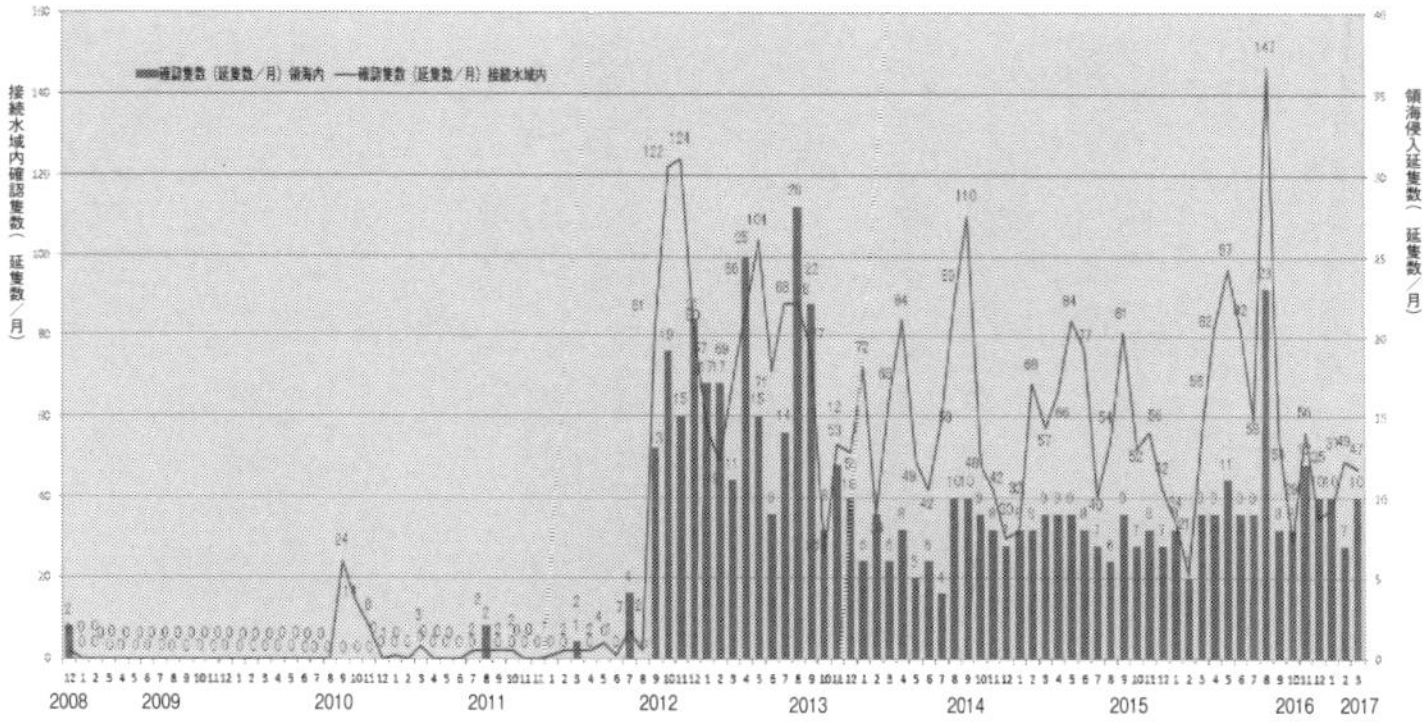

中国公船などによる尖閣諸島周辺の接続水域内入域および領海侵入隻数（月別）
＜出典＞海上保安庁

態化している。日本政府はこれに強く異議を申し立てているが、中国政府は、尖閣諸島が自国領土であり政府公船が自国領海内で外国漁船を取り締まることは当然である旨を繰り返し主張している。

２０１５年12月22日には、機関砲を搭載した中国公船が接続水域へ入ったことが初めて確認され、25日には領海内への侵入事態が発生している。日本は、既成事実をエスカレートさせる中国の行動を容認できないとして、侵入のつど現場において退去要求を行うとともに、直ちに外交ルートを通じて中国政府に対し厳重に抗議を行い、即時の退去と再発防止を強く求めているが、中国公船は依然として侵入を改めることはない。

尖閣諸島周辺海域に侵出する中国の政府公船は、近年、大型化が図られているのが特徴である。２０１４年8月以降、少なくとも1隻は３０００トン級の政府公船であり、２０１５年２月には、３０００

トン級以上の政府公船が初めて3隻同時に領海へ侵入している。さらに中国は、世界最大級の1万トン級の巡視船を建造中で、既に76ミリ砲を装備した2隻が試験航行を実施したとされており、中国公船による尖閣諸島周辺領海への侵入を企図した運用態勢は着実に強化されている。これらの政府公船は、2012年頃から中国海軍極東艦隊の艦艇と共同演習を行っており、中国海軍は、運用面と装備面で海上法執行機関を支援しているといえよう。

(3) 南西諸島周辺領海における中国海軍の行動

中国による尖閣諸島周辺海域における行動は、南シナ海のそれと比較すると徐々にエスカレートしており、中国海軍は、日本の法的整備が遅れていることを突いて、日本の南西諸島周辺の接続水域や海峡へ侵入するようになった。例えば中国海軍艦船は、2008年以降、毎年複数回、沖縄本島と宮古島間の海峡を通過しているほか、2012年以降、毎年、大隅海峡や与那国島と西表島近傍の仲ノ神島間の海峡を通過している。また2015年3月には奄美大島と横当島との間の海峡を西進している。

尖閣諸島を自国領土と主張する中国は、東シナ海におけるパトロールの実施は完全に正当かつ合法的であるとして、2013年1月には中国海軍艦艇が海上自衛隊護衛艦に対して火器管制レーダーを照射するという極めて危険な行動をとるなど、中国海軍の行動はエスカレートしつつある。2016年6月に、中国海軍ジャンカイI級フリゲートが1隻で尖閣諸島周辺接続水域に侵入した

わが国周辺海域における最近の主な中国の活動（航跡はイメージ）

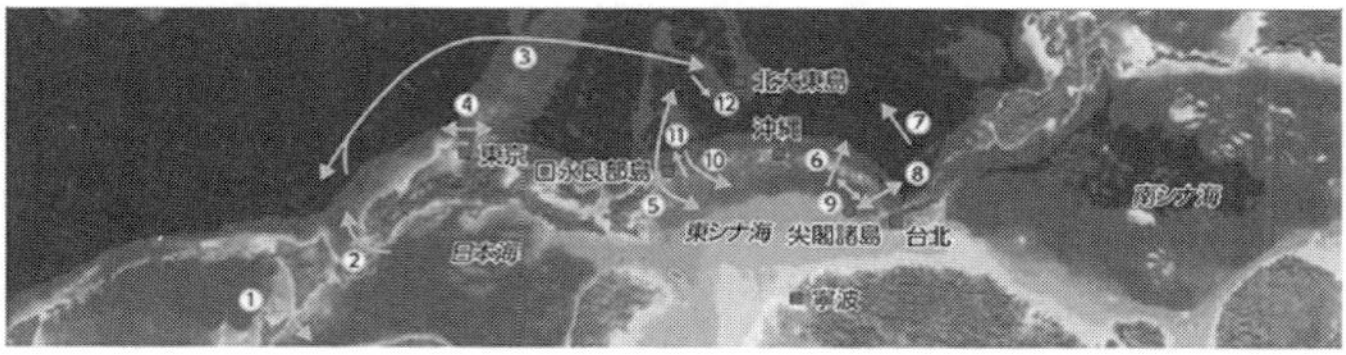

＜出典＞平成28年版『日本の防衛』

が、この事態は、中国海軍戦闘艦艇による初めての侵入事案であった。

このほか、中国海軍艦艇による情報収集活動も活発化しており、２０１５年11月には尖閣諸島周辺接続水域の外側でドンディアオ級情報収集艦１隻で往復航行を実施し、２０１６年６月には同型情報収集艦が口永良部島および屋久島周辺の領海を航行した後、北大東島北方の接続水域内を航行し、その後、尖閣諸島南方の接続水域の外側を東西に往復航行するなど、日本側の反応を試すような行動をとっている（上図参照）。

中国海軍のフリゲートや情報収集艦が領海内あるいは接続水域内を通航することは、厳密に言えば、国際法上の違法行為でもなく非難されるべきものではない。沿岸国は、国連海洋法条約（ＵＮＣＬＯＳ）においても、外国の政府公船あるいは海軍艦艇が領海における平和、安全、秩序を害する場合は、退去を要請することしかできない。しかし、東シナ海における中国海軍の行動が問題となるのは、尖閣諸島の領有権を主張し係争中の海域において、国際法上の権利とはいえ最も慎重であるべき海軍艦艇の活動を拡大するという中国の意図を斟酌する必要がある。

中国の海軍艦艇の行動は、Ａ２／ＡＤ戦略の一環としての太平洋への侵出路の確保に向けた情報収集活動であり、わが国の即応態勢を見極めようとするサラミスライス戦術であることは言を俟たないのである。

（4）中間線付近の石油ガス田開発と大陸棚延長申請

中国の尖閣諸島の領有主張は、前述したように、1969年にECAFEのCOOPが報告した調査結果がきっかけであったが、侵出の狙いの一つは、尖閣諸島周辺海底に埋蔵されていると思われる豊富な石油資源の独占にあった。それまでの中国の海洋石油ガス田は、比較的水深の浅い渤海湾沿岸域における開発が中心であったが、2003年に中国海洋石油公司（CNOOC）および中国石油化工業集団公司（SINOPEC）が、外国資本のロイヤルダッチシェル社（英蘭）およびユノカル社（米）と探鉱開発契約を締結し、日中中間線付近で「白樺（春暁）」石油ガス田などの探鉱開発に着手した。

中国が開発を開始した石油ガス田は、排他的経済水域（EEZ）境界が未画定の日中中間線付近にあるが、日本は、外国資本との契約鉱区および構造の一部が中間線の日本側にはみ出していることを懸念し、中国に対し情報の提供を要請した。日中両国は、2004年に実務者協議を開催したが、中国から十分な情報提供がなかったため、日本政府は開発中止を要請したところ、共同開発にあたった外国資本の2社は、2004年9月に契約を継続しない旨表明した。

しかし中国企業は、開発中止の要請を無視し、「白樺（春暁）」、「平湖」、「樫（天外天）」、「八角亭」の4基の海上プラットフォーム建設やパイプライン敷設などの開発を継続し、現在に至っている。石油ガス田開発の状況は、「平湖」のプラットフォームから天然ガスの放出炎こそ確認しうるが、石油が噴出した情報がないまま中間線付近の石油ガス田の開発問題は、今日まで日中間の紛争の種となっている。

その後外務省は、2015年3月、中国が日中間の中間線から中国寄りに新たな構造物を建設している事実を公表した。すなわち、従来の構造物の付近に、第1基から第10基までの構造物が既に建設され、第11基と第12基は土台のみが建設済みである。また、これら構造物のうち「平湖」と第9基および第7基と第10基は、二つの構造物が繋がって一体化している（次頁の写真参照）。これら構造物にはヘリポートなどの施設が設置され、軍事目的に利用されるのではないかとの憶測を呼んでいる。これらの構築物は、レーダーシステムや水中音波探知機が設置されることにより、軍事力による尖閣諸島奪取に向けた、東シナ海における航空優勢や海上優勢を確保するための重要な施設になるとみられている。

これに対して外務省は、東シナ海のEEZおよび大陸棚は境界が未画定であり、日本は日中中間線を基にした境界画定を行うべきであるとの立場から、日中中間線の中国側においてとはいえ、境界が未画定な状況において一方的な開発行為を進めていることは極めて遺憾であると抗議した。日本政府は、中国側に対して、一方的な開発行為を中止するとともに、東シナ海の資源開発に関する日中間の協力について一致した「2008年6月合意」の実施に関する交渉再開に早期に応じるよう、改めて強く求めている。このような日本の抗議にもかかわらず、中国外交部は、複数回にわ

「樫（天外天）」オイルリグに繋げられた新たな構造物

＜出典＞外務省

たって「いわゆる中間線というものは日本の一方的な主張であり、中国がこれを受け入れたことはなく、今後も決して受け入れない」と述べており、中間線を前提とした共同開発の話し合いには応じないとしている。

ＵＮＣＬＯＳに従うと、沿岸国は、自国のＥＥＺの生物資源と非生物資源に対して主権的権利を行使できる。そのＥＥＺの範囲は、沿岸国の領海基線から２００カイリまでの水中、海底およびその地下である。ＥＥＺは、海底およびその地下について大陸棚の範囲と重なるので、ＥＥＺと大陸棚の境界画定線は同じでなければ、法的地位が異なる箇所が生じるので、境界画定は重要な問題である。

中国は、日中中間線付近に石油ガス田掘削用の構築物を建設し、海洋資源の確保を目指している。しかし、中国の真のサラミスライス戦術の狙いは、日中間の大陸棚の境界線を沖縄トラフまで主張し、ＥＥＺの境界線をこれに合わせることを目論む法律戦にあった。またこれと並行して、現在の日中中間線付近に多くの構築物を建設し、海上優勢と航空優勢を確保できるレーダーシステムその他の軍事施設を設置して、軍事力による尖閣諸島さらには南西諸島全域の奪取をも狙いとしたものであった。

2　東シナ海空域に見る中国の侵出

（1）中国による東シナ海防空識別圏の設定

中国の侵出は島嶼や海洋のみならず、中国空軍による尖閣諸島上方の空域にも及んでいる。すなわち、２００７年９月に複数のＨ－６爆撃機、２０１０年３月にＹ－８哨戒機が東シナ海上空における日本の防空識別圏（ＡＤＩＺ）内に侵入し、日中中間線付近で飛行を行ったほか、２０１１年３月にＹ－８哨戒機およびＹ－８情報収集機が日中中間線を越えて日本の領空約50キロまで接近したのであった。

また２０１２年になると戦闘機を含む中国軍機の活動も活発化し、２０１３年１月になり中国国防部が、東シナ海における中国空軍機による定期的な警戒監視および戦闘機による空中警戒待機（ＣＡＰ）と見られる活動実態について公表した。２０１３年の国防白書では、中国空軍による海上空域における警戒パトロールに関する記述が追加されたのであった。

このような東シナ海空域における中国空軍の行動を踏まえ、中国は、２０１３年11月23日、尖閣諸島の上空をカバーする「東中国海防空識別圏」を設定したことを発表し、これと併せて「東中国海防空識別圏航空機識別規則」を公告した。中国は、中国のＡＤＩＺ設定は、尖閣諸島を自国領域として内外に発信するとともに、「領域拒否」ゾーンである第1列島線内海域の航空優勢を確保し、「接近阻止」の準備段階に入ったと見られている。同日、Ｔｕ－１５４情報収集機とＹ－８情報収集機を東シナ海上空へ飛行させ、パトロール飛行を実施した旨を公表した。

ＡＤＩＺは、一般に、軍用機の飛行速度の高速化に伴って、安全保障の観点から設定される一定範囲の空域である。すなわちＡＤＩＺは、国内法に基づいて領海の外側の公海あるいはＥＥＺの上空に設定され、なるべく早期に国籍識別、位置決定、管制を実施するために、領空に侵入する恐れのある外国航空機に対して経路、目的地、速度に関する情報の提供を要求する空域である。

ＵＮＣＬＯＳによれば、ＡＤＩＺ設定国が公海やＥＥＺ上空における他国航空機の上空飛行の自由に「妥当な考慮」を払わない場合は、上空飛行の自由の侵害となり国際法上の違法行為となる（第87条1項および第58条1項）。ＡＤＩＺ設定国が外国航空機の飛行の安全を危険にさらし、必要以上に飛行を妨害するような識別行動を実施することは、「妥当な考慮」を払ったものとはいえず、上空飛行の自由の侵害を構成することになる。

（2）日本の防空識別圏

日本は、1958年に国籍不明機に対する対領空侵犯対処を米軍から引き継いだ。すなわち米軍が作成したADIZを引き継ぐ形でこれを導入し、1969年に「防空識別圏における飛行要領に関する訓令」（防衛省訓令第36号）の第2条に基づいてその範囲を確定した。日本のADIZは、与那国島の上空域で台湾ADIZとの境界が画定されていたため、2010年にADIZの範囲を変更する防衛省訓令が出され、従来のものから同島領空の外側へ2カイリ、すなわち同島の領海基線から14カイリ拡張した。

外国航空機が日本のADIZに侵入した場合、先ず、当該航空機に対して飛行計画の提示が要請される。これに応じない国籍不明機があれば、スクランブル発進した自衛隊機が目標を識別してその動静を監視する。スクランブル機は、目標が進路を変更して領空を侵犯する恐れがないことを確認して、発進基地へ戻るだけである。日本のADIZに侵入した外国航空機に対して、飛行計画の提供を要請するが、この要請に対する対応は侵入航空機の任意であり、識別にあたっては何らの強制措置を伴っていない。

民間航空機が公海や外国のEEZ上空を飛行する場合、いずれも計器飛行で指定された航空路を飛行するため、飛行計画の提出が要請される。かかる飛行計画の提出先は、国際民間航空機関（ICAO）が設定した通過飛行計画区域（FIR）を管理する当局が指定する機関であり、日本の空域は福岡FIRが管轄している。したがって、日本のADIZへの侵入機は、ADIZ内であっても公海やＥＥＺ上空における飛行の自由は維持されている。

このような中で、中国は、防空識別区設定後の1か月間で偵察機、早期警戒機、戦闘機を51回、延べ87機を関係空域へ出動させている。２０１２年12月には、中国国家海洋局所属の固定翼機が初めて日本の領空を侵犯する事案が発生し、その後も２０１４年3月までに同型機の領空侵犯事案がたびたび確認されている。

その後、２０１６年11月にはＳｕ－30戦闘機およびＨ－６爆撃機、情報収集機が2機ずつ沖縄本島と宮古島間の公海上空を通過し、航空自衛隊戦闘機がスクランブル発進した。同機は、東シナ海から南東に飛行し宮古海峡を通過して太平洋に抜けた後、戦闘機2機は反転し東シナ海に引き返したが、残り4機は南西に針路を変え、台湾とフィリピンの間のバシー海峡の方角へ向かったという。２０１６年12月にも同型機が2機ずつ同じ空域を飛行している。

さらに２０１７年1月9日、中国軍の爆撃機など8機が対馬海峡の公海上空を往復し、航空自衛隊の戦闘機がスクランブル発進したと発表したが、領空侵犯はなかった。統合幕僚監部によると、飛行したのは中国軍のＨ－６爆撃機6機とＹ－８早期警戒機、Ｙ－９情報収集機の計8機で、9日午前から午後にかけて数時間にわたり、東シナ海から長崎県の対馬と壱岐島の間を通過して日本海を飛行し、反転して同じルートで東シナ海に戻ったという。空自は西部航空方面隊と中部航空方面隊から戦闘機をスクランブル発進して対応している（次頁の図参照）。

このように中国は、航空作戦能力の向上に伴ってその飛行範囲を格段に拡大させているのみなら

日本周辺空域における最近の中国の行動

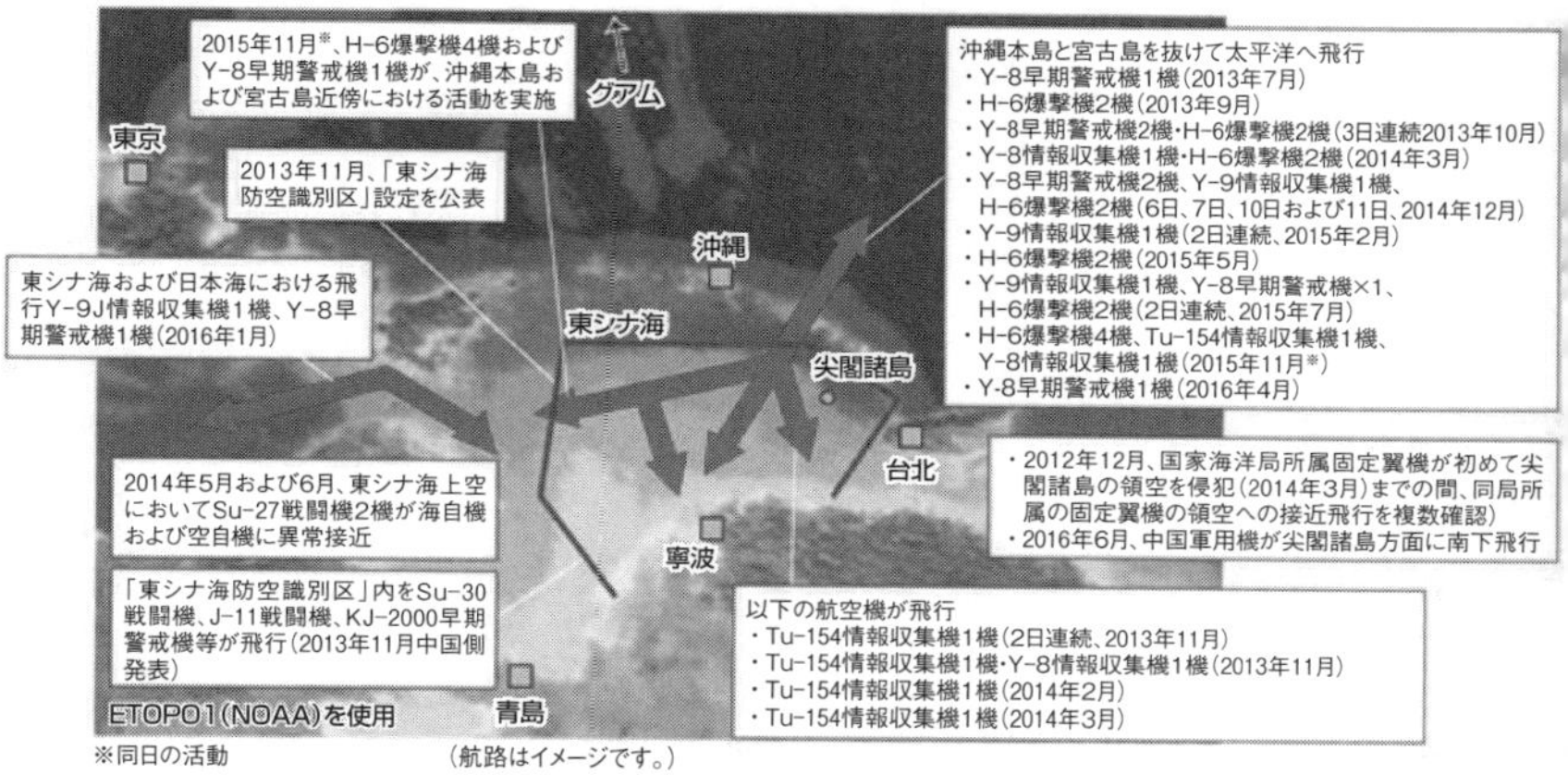

※同日の活動　（航路はイメージです。）

＜出典＞平成28年版『日本の防衛』

中国機※1に対する緊急発進回数

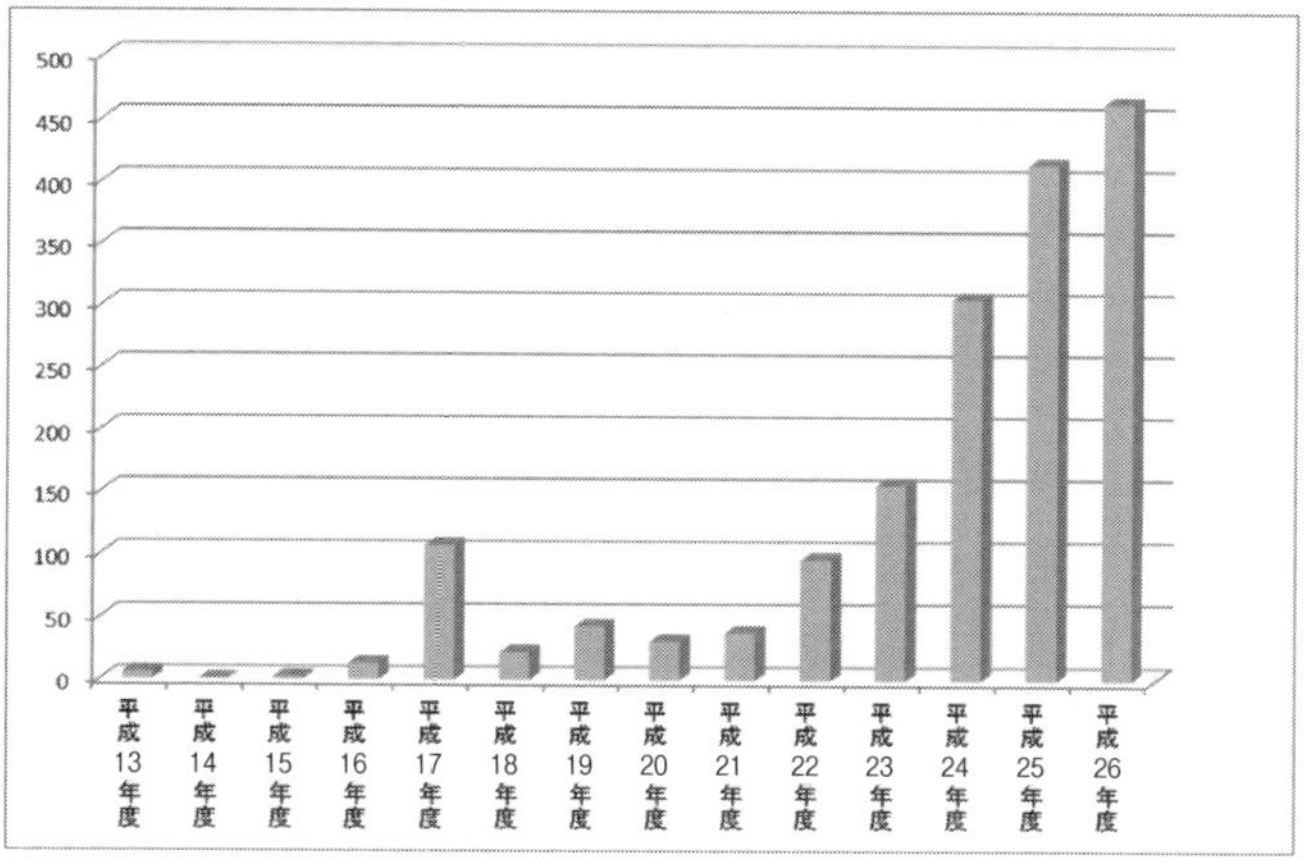

※1 推定を含む。

＜出典＞平成28年版『日本の防衛』

ず、日本のＡＤＩＺへの侵入回数を危険なまでに増加させており、Ａ２／ＡＤ戦略との関連で厳重な警戒が必要である。

（３）中国の防空識別圏の「航空識別規則」

中国は、前述したように、２０１３年11月23日に「東中国海防空識別圏」の設定を発表したが、中国が設定したＡＤＩＺの地理的範囲は、日本が領有する尖閣諸島の上空、および中韓間で領有権を争っている蘇岩礁（離於島）の上空に及んでいる。危機感を強めた韓国は、これに対応するためにＡＤＩＺの範囲を蘇岩礁周辺の上空へと拡大した。かくして、次々頁の図にあるように、東シナ海上空には日本、韓国、台湾、そして中国が設定した防空識別圏が複雑に交錯することとなった。

中国のＡＤＩＺは、他国が設定したＡＤＩＺと異なり、侵入する航空機に対し前述の「航空識別規則」を遵守する義務、および識別方式を提供する義務を負わせている。すなわち、中国が義務的に要求する識別方式は、①飛行計画識別、②無線識別、③応答システム（トランスポンダ）、④標識識別の４点である。

「飛行計画識別」は、飛行計画の報告先が日本のＡＤＩＺと異なり、空域を管轄するＦＩＲ機関ではなく、中国外交部あるいは中国民間航空局に報告する義務があり、「無線識別」は、侵入航空機に対し、双方向無線通信との連絡を保ち、「東中国海防空識別管理機構」あるいは授権部門の識別質問に迅速かつ性格に答える義務がある。「応答システム」は、２次レーダー応答システムを備えている侵入航空機が全飛行コースにおいてシステムをオープンにしておく義務があり、「標識識別」は、国際条約に基づいて国籍と登録識別標識を明らかにする義務があると規定されている。

また同規則は、中国のＡＤＩＺへの侵入航空機に対し「東中国海防空識別圏管理機構」または授権部門の指令に従う義務を課し、指令に協力しないか指令に従わない航空機については、中国軍が「防御的緊急措置」をとる旨を規定している（同規則第3条）。しかしこの規定は、公海やＥＥＺの上空における飛行の自由に反しており、それが適用された場合には国際法上の違法行為となる。

ＡＤＩＺ侵入機に対するこれら義務の遵守は、侵入航空機の種別を規定していないので、軍用機のみならず民間航空機に対しても要求されると思われる。加えて航空機識別規則の解釈は、中国国防部が責任をもって行う（同規則第5条）としているため、ＡＤＩＺ侵入機に対する中国軍の「防御的な措置」の具体的な内容は示されていないが、このような措置が民間航空機に対しても執られる可能性は十分ある。したがって同空域における民間航空機の安全は、中国国防部の恣意的な判断に委ねられることになる。

中国は、尖閣諸島の上空にＡＤＩＺを設定したのは、自国領の尖閣諸島の領空への外国航空機の侵犯を阻止する目的のためであると発信することで、輿論戦と心理戦を仕掛けるものである。しかし、尖閣諸島は紛れもなく日本領であり、これらの上空は日本のＡＤＩＺが設定されているので、軍用機同士による不測の事態が発生することが憂慮される。加えて、日本が久場島と大正島を射爆場として在日米軍に貸与していることから、中国軍機と米軍機との不測事態が発生する可能性も考

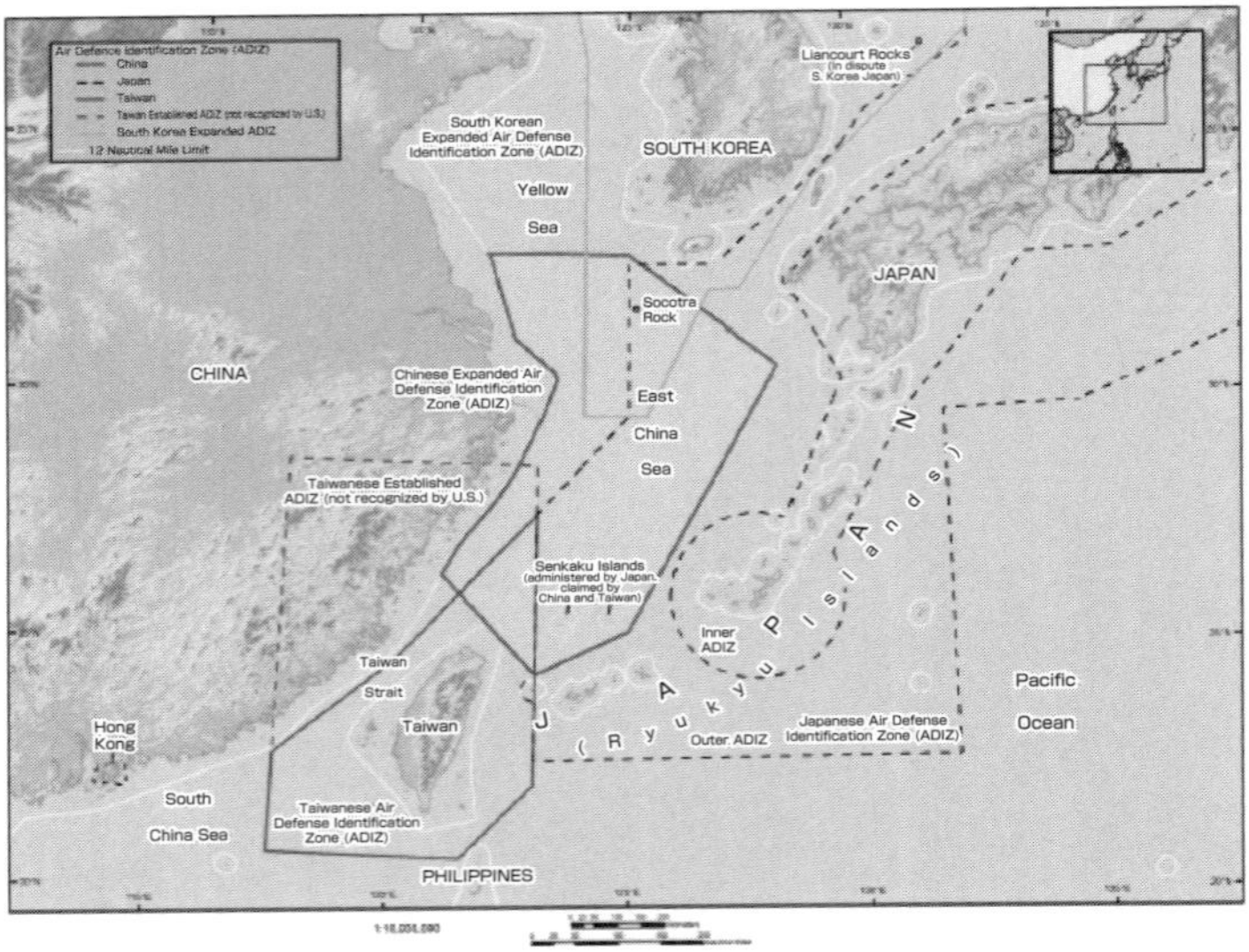

複雑に交錯する東シナ海上空のＡＤＩＺ

＜出典＞ US DoD. Annual Report to the Congress:Military and Security Development involving the People's Republic of China 2013

えられる。

この憂慮は決して過剰反応ではなく、日本と中国のＡＤＩＺが重複する空域において、既に自衛隊機と中国軍用機が異常接近する事態が２回も発生している。すなわち、２０１４年５月24日と６月12日の午前11時頃および12時頃、東シナ海の公海上空の両国の防空識別圏の重なる空域で、海上自衛隊のＰ－３Ｃおよび航空自衛隊のＹＳ－11ＥＢが、中国軍の戦闘機Ｓｕ－27（２機）によって異常な近接を受けたという。尖閣諸島周辺空域における中国軍用機の行動は、従来より拡大し極めて危険な近接距離にあった。

また、２０１６年６月には航空自

衛隊の戦闘機が尖閣諸島方面に南下して異常接近した中国空軍機に対して、挑発的行為ではなく、国際法および自衛隊法に基づいた対領空侵犯措置を執った。しかし、これに対し中国国防部は、「日本のF－15戦闘機2機が高速で接近し、挑発の上、火器管制レーダーをわが方に照射した。中国軍は果敢に対応し、戦術機動などの措置を講じたところ、日本側戦闘機は赤外線フレアを放射し、その場から逃げ帰った」と公式発表を行った。この発表は、事実を捻じ曲げて自己の正当性を主張する、中国の「輿論戦」の一端なのである。

3　中国の侵出に対する日本の対応策

(1)　その場しのぎの対応からの脱却—消極対応から積極対応へ—

日本政府は、尖閣諸島奪取を目指す中国に対抗して、尖閣諸島に対する実効支配を確実にするために、前述したように、ヘリポート建設を計画し調査団を派遣したこともあるが、中国の執拗な反対によりこれを断念した経緯がある。このときは領土主権問題よりも対中関係を重視した政府の対中弱腰外交に批判があったが、日本政府は、それ以降も日本人に対し尖閣諸島への上陸を認めていない。

中国が尖閣諸島を奪取すると決心した暁《あかつき》には、尖閣諸島の領有をめぐって日中間で軍事衝突が生起することは避けられない。多くの日本人は、突然そのような事態が生じたことに戸惑い、ジャーナリズムは混乱した報道を垂れ流し続け、日本政府は無為無策に終始しないとも限らない。これがサラミスライス戦術の狙いでもある。したがって、日本がとり得る最良の政策は、尖閣諸島や南西諸島の奪取という中国の野望を実現させないように抑え込む意思と能力の如何にかかわっているのである。

　中国の野望をくじく抑止の基本は、平素から南西諸島の主要な島嶼に陸自部隊を配備し、抑止に必要な機動展開ができる態勢を確立しておくことである。同時に海空自衛隊によるこれら地域の海上・航空優勢を獲得することが不可欠である。換言すると、わが国は独自で防衛を達成できる能力と態勢を整備すると同時に、必要があれば米軍の軍事力でこれを補完できるよう日米共同防衛態勢を深化させ、同盟の実効性と確実性を高める努力が求められるのである。

　また中国は、従来、住民が存在する島嶼に対する軍事的行動をとることはなかった顰《ひそみ》に倣《なら》い、尖閣諸島の魚釣島に灯台、ヘリポート、港湾施設などを建設し、維持するための要員、あるいは魚釣島のヤギ食害をはじめとする自然環境汚染を防止するための研究員の常住を推進し、魚釣島に対する実効的な統治事実を示すことが重要である。この場合、中国は執拗な抗議キャンペーンを繰り返し、政府公船による物理的な妨害も想定されるが、尖閣諸島における軍事的な衝突を回避するためには、決して怯《ひる》んではならない。

　中国による日中中間線付近の石油ガス田の開発に関して、日中両国は、2008年6月18日、両国間の境界が未画定の東シナ海を平和・協力・友好の海とするために、境界画定が実現するまでの過渡的期間、双方の法的立場を損なうことなく協力することで一致して、日中間の一定範囲の東シナ海における民間人による共同開発について合意した。中国は、日本法人が中国の海洋石油資源の対外協力開発に関する法律に従って、日本法人が白樺（中国名「春暁」）の現有の石油ガス田における開発に参加することを歓迎する旨を述べたが、まだ共同開発は開始されていない。ここでの問題は、日本法人が中国の法律に基づいて開発することになった点で、平和・友好を目的としたとはいえ中国に譲歩した感が否めない。

日本政府は、中国が「東中国海防空識別圏」の設立に関する「声明」と「公告」を公表して以来、日本政府は、中国のＡＤＩＺの設定を受け入れることを拒み、日本の民間航空会社に対して飛行計画を中国側に提出しないよう要請している。また日本政府は、中国のＡＤＩＺ内の外国航空機に要求する識別義務の遵守に疑義を呈し、「識別に協力せず又は指令に従わない航空機に対し、中国軍が防御的な措置をとる」とする規定を激しく批判している。

中国のＡＤＩＺは、日本からアジア諸国への重要な飛行ルート上に設定されていることから、中国の対処如何では民間航空機の安全に重大な支障が生じる可能性があるため、早急に日中事故防止協定の締結交渉を開始しなければならない。

日本は、不断に継続している中国の侵略的行動に対して、先ずは自力で有効に阻む抑止力の構築が重要であり、これに加えて米国をはじめ台湾やＡＳＥＡＮ諸国、ひいてはオーストラリアやインドとの間に緊密な協力関係を構築し、抑止可能な協同連携を強く求める戦略を構築するべきである。米国、オーストラリア、インドなどとの情報共有はもとより、ＡＳＥＡＮ諸国の能力構築支援を強化して、価値観を共有する諸国との結束を早期に図る必要があろう。

中国による東シナ海を事実上の「中国の海」にする行動計画は、すでに実行に移されている。日本は、すみやかに法的な防衛措置を講じてこれを阻止し、尖閣諸島に対する主権行使を鮮明にしなければならない。換言すると、中国の侵略的進出に対し断固対抗するためには、自衛隊あるいは海上保安庁に武力行使を含む具体的な権限を与え、わが国の意思を表明できるようにしなければならないのである。

（２）わが国の領域警備体制の強化策

領域警備法が制定されるまでの間、わが国の沿岸（領域）警備の強化策を考慮する場合、次のような三つのオプションがある。第一は、海上保安庁の組織規模や装備を強化し、準軍事組織に制度変更することである。しかし、同庁は、あくまで海面上、すなわち二次元の能力に限定され、今日の沿岸（領域）警備に求められる三次元の対応能力を保有していない。結局、空域は航空自衛隊に、海中は海上自衛隊に頼らざるを得ない。

第二は、自衛隊に領域（沿岸）警備の任務を付与することである。新しい任務を付与するからには自衛隊の増勢が必要になるが、自衛隊は固有の基本機能をもって三次元にわたり、一体的にその任務を遂行することができる。この際、警察機能は、あくまで海上保安庁が担任し、両者が密接に連携して活動する。また、自衛隊の任務遂行における武器の使用などについては、予め武器使用規定（Rules for Use of Weapons）あるいは交戦規定（Rules of Engagement: ROE）を明示して政府の対処方針を現場に徹底することが重要である。

第三は、前記二つのオプション、すなわち海上保安庁の強化と自衛隊に対する領域（沿岸）警備任務の付与を同時に行うものである。この際、海上保安庁と海上自衛隊の役割分担を明確にする必要があるが、平時・有事を通じて両組織の力を統合的に発揮させ、わが国の広大な管轄エリアを実効的にカバーするとともに、中国に対抗する能力を確保できる最も有力な対策となる。

わが国の自衛隊法は、防衛出動・治安出動時に、海上保安庁の全部または一部を防衛大臣の統制下に入れることができる（第80条）ことになっているが、海上保安庁法にはそのような規定はない。わが国は、早急に両方を整合させ連携強化体制の実効性を高めることを基本に、海上自衛隊と海上保安庁の合同訓練を行うなど、有機的かつ一体的に共同行動がとれる体制を整えることが必要である。その上で、例えば、韓国の「統合防衛法」に類似する法制を整備し、領域（沿岸）警備に関係する諸機関の連携を強化して、国を挙げた警備体制の確立が望まれる（次頁のコラム参照）。

column

韓国の「統合防衛法」

韓国は、対南工作の一環として1996年9月に発生した北朝鮮の潜水艦による武装ゲリラと潜水艦乗組員の領海・領土侵入事案（「江陵事案」）を契機に、1997年6月、「統合防衛法」を制定した。「統合防衛法」は、国家が保有する防衛・警察機能などを統合し、指揮体制を一元化して国家を守るための組織の設置、事態の区分、政府・自治体の権限などを規定している。同法令の下、①陸海空軍、②警察および海洋警察、③（軍と警察、海洋警察を除く）国家機関および地方自治体、④郷土予備軍、⑤民防衛隊、⑥統合防衛協議会を置いている職場の6国防関連諸組織をすべて動員し、外敵の挑発、侵入などに一体的に対処できる仕組みを整備している。

またわが国は、海上（沿岸）・航空から陸上まで隙のない警備体制を確立する必要がある。わが国に対する脅威は、「9・11」のような空からの脅威、また北朝鮮による日本人拉致のような海を経由する脅威、そしてオウム真理教による地下鉄サリン事件のような国内から発する脅威などが起こり得る。この場合、例えば、敵のゲリラ・コマンド部隊が、工作船舶（潜水艇を含む）などを利用してわが国の沿岸（領域）警備態勢をかい潜って上陸し、目標とする重要施設の破壊や民生の擾乱活動を行うなどの事態の生起を完全に食い止めることは困難である。また、これらの脅威は、「テロ」なのか「ゲリラ・コマンド攻撃」なのか、当初から判別することは難しく、近年、手段や方法などにおいて一般の警察力をもっては対処できない事態が多くなっている。

（3）領域警備法制定の必要性

航空機は、条約上の許可を得ないで外国の領空を飛行した場合は領空侵犯となる。しかしながら、前述したように、スクランブル機は、日本のＡＤＩＺへの侵入機に対して武力行使などの措置がとれない現状であり、中国は、軍事攻撃をも辞さない決意で行動をエスカレートさせている。このような中国軍用機の行動に対して、有効な対抗措置をとるためには、「対領空侵犯措置」（自衛隊法第84条）に基づいて、スクランブル機に対する武器使用を含めた権限規定を具体的に明記する必要がある。中国侵入機は、スクランブル機の権限を熟知しているとみられ、一層の異常な攻撃態度をとりかねないからである（コラム参照）。

column

領空侵犯機に対する国際社会の一般的対応

1　国際慣習法上の領空侵犯措置基準

（1）いかなる航空機も他国の領空を当該国の同意なしで飛行を継続できない。ただし、遭難に至るような窮迫した状態にある航空機は、この限りでない。
（2）領空侵犯機は退去、着陸の合理的命令に従わなければならない。
（3）被領空侵犯国は、領空侵犯機搭乗員を不必要かつ不合理な危険にさらしてはならない。ただし、①領空侵犯機の敵対行動に対しては、警告なしに攻撃が可能である。②敵対行動ではないが、敵性あるいは不法なものと判断できる理由があれば、退去・着陸させるための警告を与え従わない場合には攻撃が可能である。③領空侵犯機が民間航空機であり、その領空侵犯がその意図が明らかに無害であるとわかる場合には、警告に従わなくても攻撃してはならない。④領空侵犯機が軍用機でも、軍艦に認められているような無害通航権はない。

2　一般的な手順は次の通りである。

（1）領空に近づく航空機に対し、変針するように地上および緊急発進機が無線による警告を行う。
（2）針路変更を行わず領空侵入した場合には、機体信号により進路変更を指示する。
（3）次に信号射撃（実弾の中に曳光弾を一定の割合で搭載している。曳光弾を搭載していない国もあり、その場合は警告の信号射撃に気付かない可能性が高い）による警告を行い、退去させる。
（4）退去しない場合には強制着陸させる。

（5）これに従わない場合には撃墜する。

軍用機が警告を無視して領空侵犯した場合は撃墜可能であり、国の規定によって領空に入ったら直ちに撃墜する国もある。

しかしながら、日本の場合は撃墜の権限規定がなく、正当防衛と緊急避難が適用できる場合としているが、極めて不明確である。

他方、船舶の場合、自国の領海における外国船舶の無害通航権を認める国際法上の義務が沿岸国にあり、他国の領海を「平和・秩序・安全」を害さない限り通航できるので、領海侵犯という概念はない。しかし沿岸国は、外国船舶の無害でない通航を取り締まるため、法的措置を講じることができる。

日本の領海における無害ではない通航を規制する法律には、領海における外国漁船の操業を禁止する「外国人漁業規正法」（1967年）があり、前述の尖閣事案は、同法の違反容疑で法執行した結果である。また、停留、錨泊、係留、および徘徊などを行う外国船舶に対し、必要があると認めるときは立ち入り、書類そのほかの物件の検査、関係者への質問を行うことができる「外国船舶航行法」（2008年）があり、これは船舶通航の安全確保を目的として制定されたものである。これらの法律は、軍艦や漁業監視船などの政府公船には適用されないし、前者は漁船に適用されるため貨物船などには適用できない。

海上保安庁の巡視船は、「海上保安庁法」（1978年）に基づいて、領海における法執行を任務としているが、同法は、任意の立ち入り検査を求めるにとどまり、退去命令については、犯罪行為が明らかな場合などに限られる極めて制限的な規定となっている。1999年の能登半島沖領海で日本漁船を装った不審船事案では、「漁業法」（2007年改正）違反容疑で停船命令を発し威嚇射撃を行った。しかし逃走を許したため、2001年に「海上保安庁法」を改正して不審船の船体射撃を認め、領海内で不審船乗組員に危害を与えた場合、危害射撃として刑事責任を問わないとした。さらに2002年に政府の対応方針が決定され、武装工作船の可能性が高い不審船に対処する場合、海上自衛隊は「海上における警備行動」の準備行動として部隊を派遣することができ、巡視船と事実上の共同行動が執れるようになった。

日本は、外国漁船や不審船はともかく、主権や領土保全の侵害、情報収集、重大な汚染行為、軍事演習などの有害通航船舶を取り締まる法令が未整備である。このような有害通航を規制するためには、「領海法」または「外国船舶航行法」に有害通航を特定して、これを取り締まるための法的根拠を明確にする必要がある。あるいは、新たに「領域警備法」を制定し、軍艦を除く政府公船と有害通航船舶への対処について定め、とりわけ尖閣諸島周辺領海における主権行使を可能にしなければならない。

中国は、将来、漁船に偽装した工作船あるいはヘリコプターを使用して、軽武装または非武装の多数の中国人を尖閣諸島へ上陸させ、実効的支配を目論むことが考えられる。このような人海上陸作戦に対処する場合、海保はもとより自衛隊も「領海警備法」だけでは対処不能であり、さりとて「武力攻撃対処法」（2003年）が適用される武力攻撃予測事態と看做されるとも考えられない。また、非武装の中国人漁民が泳いで接岸する事態であれば、人道法上、救助し上陸させざるを得ない。上陸後は、「入管難民法」（1951年）に基づき不法入国者として取調べ後に本国へ送還するが、多数の中国人が帰国を拒否した場合は対応が極めて困難である。

多数の中国人が人海作戦により尖閣諸島を占拠することになれば、第二の竹島化が懸念される。かかる事態は断固として阻止する必要がある。「自衛隊法」（2007年改正）を改正し、主要任務として領域警備活動や警戒監視活動を追加すること、あるいは新たに「領域警備法」を制定して、従来の防衛と異なる武力攻撃ではない事態へ適用するための法的措置が必要である。

自衛隊と海上保安庁は、これらの事態を回避する物理的な実力は十分に備えているが、法的根拠がないと行動できない。政府は、中国の尖閣諸島領有化を阻止するために、主権行使を法的に根拠づける「領域警備法」をすみやかに制定しなければならない。同時に、コラムで紹介した「領空侵犯機に対する国際社会の一般的対応」に倣ってスクランブル機の武器使用権限を明確にするなど、法的防衛措置を確立する決断が求められるのである。

4　平和安全法制の制定

（1）平和安全法制の概要

このような状況の最中、中国の海洋侵出に伴う尖閣諸島の防衛、北朝鮮の核開発と戦略ミサイル開発など、日本の尖閣諸島周辺海域における安全保障上の急激な変化に対応し、かつ日本国および国際社会の平和と安全のための切れ目のない体制を整備するため、日本政府は２０１４年7月に閣議決定を行い、２０１５年9月に平和安全法制整備法および国際平和支援法を成立させ、２０１６年3月にこれが施行された。

平和安全法制整備法は、次頁の表の通り10本の既存法制の一部を改正した法律である。すなわち、「自衛隊法」の改正は、自衛隊に対して、在外邦人の保護措置や米軍などの部隊の武器などの防護の業務を新たに付与するとともに、平時における米軍に対する物品役務の提供の拡大、国外犯処罰規定などを盛り込んだ。「国際平和協力法」の改正は、国連ＰＫＯなどにおける実施可能業務を拡大し、安全確保や駆け付け警護業務を付与するとともに、業務遂行に必要な武器使用権限の見直し、国連が統括しない人道復興支援および非国連統括型の国際連携の平和安全活動を実施できるようにした。

「平和安全法制」の構成

整備法
（一部改正を束ねたもの）

平和安全法制整備法：我が国及び国際社会の平和及び安全の確保に資するための自衛隊法等の一部を改正する法律

1. 自衛隊法
2. 国際平和協力法
   国際連合平和維持活動等に対する協力に関する法律
3. 周辺事態安全確保法 → 重要影響事態安全確保法に変更
   重要影響事態に際して我が国の平和および安全を確保するための措置に関する法律
4. 船舶検査活動法
   重要影響事態等に関して実施する船舶検査活動に関する法律
5. 事態対処法
   武力攻撃事態等および存立危機事態における我が国の平和および独立並びに国および国民の安全の確保に関する法律
6. 米軍行動関連措置法 → 米軍等行動関連措置法に変更
   武力攻撃事態等および存立危機事態におけるアメリカ合衆国等の軍隊の行動に伴い我が国が実施する措置に関する法律
7. 特定公共施設利用法
   武力攻撃事態等における特定公共施設等の利用に関する法律
8. 海上輸送規制法
   武力攻撃事態および存立危機事態における外国軍用品等の海上輸送の規制に関する法律
9. 捕虜取扱い法
   武力攻撃事態および存立危機事態における捕虜等の取扱いに関する法律
10. 国家安全保証会議設置法

新規制定（1本）

国際平和支援法：国際平和共同対処事態に際して我が国が実施する諸外国の軍隊等に対する協力支援活動等に関する法律

＜出典＞内閣官房「平和安全法制の概要」

日本の周辺の事態に直接関わる「重要影響事態安全確保法」の改正は、従来の「周辺事態」を「重要影響事態」へ変更して目的規定を見直し、日本の平和および安全に重要な影響を与える事態における米軍などへの支援を実施できるようにし、日米安保条約の目的の達成に寄与する活動を行う米軍以外の外国軍隊への支援を可能とした。「船舶検査活動法」の改正は、周辺事態安全確保法の見直しに伴う改正であり、国際平和支援法に対応して国際社会の平和安全に必要な場合の船舶検査を実施するための措置であった。

また「米軍行動関連措置法」の改正は、武力攻撃事態などにおける米軍以外の外国軍隊に対する支援および存立危機事態における外国軍隊に対する支援を可能にするためであり、「海上輸送規正法」の改正は、存立危機事態においても適用する規定を追加するとともに、実施海域を自国領海のみならず、外国の同意がある場合はその領海および公海においても適用できるようにした。「捕虜取り扱い法」の改正は、存立危機事態における捕虜などを抑留し、取り扱いおよび国際人道法の的確な確保のためであった。

このほか「特定公共施設利用法」の改正は、武力攻撃事態などにおける米軍以外の外国軍隊の利用調整を追加し、「国民保護法」の改正は、直接攻撃や物理的被害から国民を守るのに必要な体制を整備するためであり、「国家安全保障会議設置法（NSC設置法）」の改正は、審議事項として存立危機事態、重要影響事態、国際平和共同対処事態への対処を追加し、審議必須事項として安全確保業務、国連PKOに参加の各国部隊の業務への自衛官の派遣、駆け付け警護、在外邦人の警護と救出などの保護措置の計画・変更に対応するための措置である。

「国際平和支援法」は、これらの既存法の一部改正と異なり新に制定された法律で、「国際平和共同対処事態に際して我が国が実施する諸外国の軍隊等に対する協力支援活動等に関する法律」が正式名称である。同法は、国際平和共同対処事態への貢献を実施できるようにするもので、国際平和共同対処事態を①国際社会の平和および安全を脅かす事態であって、②その脅威を除去する目的で国際社会が国連憲章に従い共同して対処する活動を行い、③わが国が国際社会の一員としてこれに主体的に寄与する必要があるものと定義した。

さらに国際平和共同対処事態への貢献活動を開始する要件として、①支援対象となる外国が国際社会の平和と安全を脅かす事態に対処するための活動を行うことを決定し、要請し、勧告し、または認める国連決議の存在、②当該事態が平和に対する脅威または平和の破壊であるとの認識を示すとともに、当該事態に関連して国連加盟国の取り組みを求める国連決議の存在、③国会による事前承認の存在が必要であるとした。当該事態の対応措置として、協力支援活動（物品や役務の提供）、捜索救援活動、船舶検査活動を挙げている。

（2）グレーゾーン事態への適用可能性

日本の防衛法制は、従来、平時または有事の二つの事態への対処を前提としてきた。しかし、南シナ海における中国の覇権的な海洋侵出は、中国海軍が沖合いで対峙している間に、海警あるいは海上民兵の出動で目的を達成する場合がほとんどであった。中国の東シナ海侵出においても、このような原則は維持されるであろうと見込まれている。すなわち、限りなく有事に近い段階ではあるが、中国の正規軍による行動ではないため、防衛出動が下令されるまでの間、すなわち防衛法制では平時であるグレーゾーン事態に、海警あるいは海上民兵による中国の海洋侵出に対処できるのかとの問題があった。平和安全法制は、このような事態における自衛隊の対処を可能とするべく制定されたと言えよう。

平和安全法制は、グレーゾーン事態を三つの段階に区分して、それぞれ適用される法律を特定している。すなわち、「重要影響事態」は「重要影響事態安全確保法」で規定され、「存立危機事態」

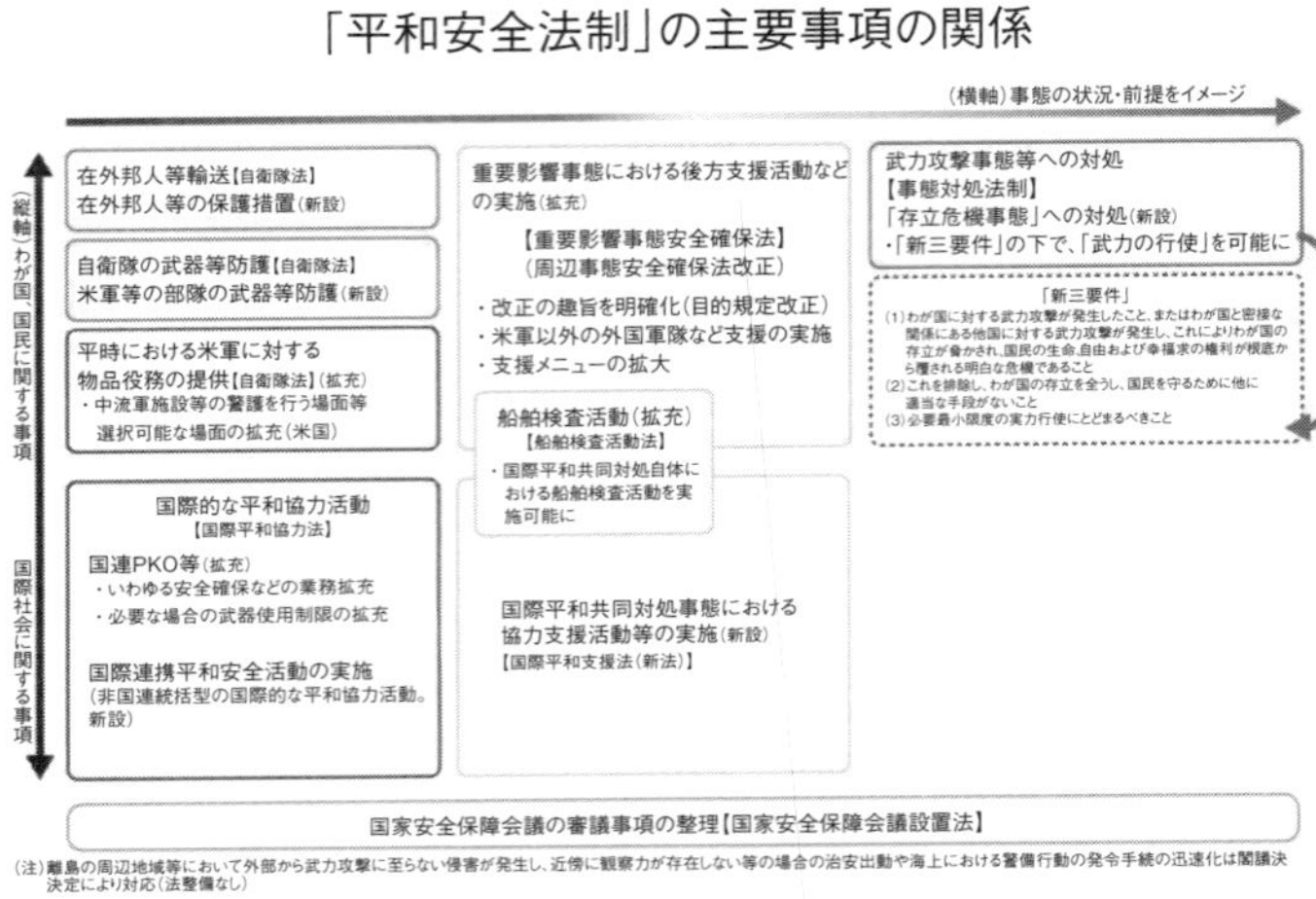

＜出典＞平成28年版『日本の防衛』

は「米国行動関連措置法」、「海上輸送規正法」、「捕虜取り扱い法」において適用され、「武力攻撃事態」は「米軍行動関連措置法」および「特定公共施設利用法」が適用されるのである。

「重要影響事態」は、まだ日本への直接の武力攻撃は発生していない事態であるが、日本の平和と安全に重大な影響を与える事態であり、日本への波及を防止するために、武力行使を伴わない範囲で米軍などへの後方支援を可能とした。「存立危機事態」は、日本と密接な関係のある国が攻撃され、そのまま放置すれば日本が直接攻撃された場合と同様、日本の存立や国民の生命などを守れない死活的かつ深刻な事態をいう。この事態においては、他に手段がない場合、必要最小限の武力行使、すなわち限定的な集団的自衛権の行使が可能となる。

「存立危機事態」への対処にともない、従来の武力行使の要件は、①わが国に対する武力攻撃が発生したこと、②これを排除し、わが国の存立を全うし、国民を守るためにほかに適当な手段がないこと、③必要最小限の武力行使にとどまるべきこと、の三要件であったが、①項に新たに「存立危機事態」における武力行使の要件が付け加えられ、「新三要件」となった。

「武力攻撃事態」は、事態の緊迫度から「武力攻撃予測事態」、「武力攻撃切迫事態」および「武力攻撃発生」と区分されており、それぞれの区分毎に自衛隊などは陣地構築などの準備権限を付与されるが、かかる自衛隊が武力行使を認められるのは、日本に対する武力攻撃が発生したとき以降となる。なお「存立危機事態」と「武力攻撃事態」との違いは、「武力攻撃事態」は、前述したように日本に対する緊迫度により「予測事態」、「切迫事態」、「攻撃発生」と特定されていることから、「存立危機事態」と評価軸が異なっている。

換言すると、「予測事態」の前、「予測事態」と「切迫事態」との間、あるいは「切迫事態」と「攻撃発生」の間でも、「存立危機事態」の認定はありうるのである。また、日本周辺で日本へ直接攻撃が波及する恐れがあるため『存立危機事態』と認定した場合は、「予測事態」または「切迫事態」とをあわせて認定することはありうるという。これらの区分は理論的には明確であっても、現実の事案に適用しようとすると複雑で、東シナ海における中国の海警あるいは海上民兵による武器使用に対して、果たして効果的に対処しうるのかとの問題を孕《はら》んでいる。以上の平和安全法制の主要事項の相関関係は、前頁の表の通りである。

（3）海上保安庁巡視船による対処

中国は、東シナ海への海洋侵出を行う場合、南シナ海で見るように、中国海軍が出動する前に、サラミスライス戦術を駆使することが十分予想される。すなわち、東シナ海における侵出に際して、先ず中国の海警などの公船あるいは海上民兵などが、尖閣周辺海域に侵入するのであり、これに対処するのは原則として海上保安庁の巡視船である。海警あるいは漁船に乗り組んだ海上民兵が武器使用を伴って侵入したとしても、原則として海上保安庁の巡視船がこれに対処せざるを得ない。

UNCLOS上、外国漁船は他国領海で操業することは禁止されており、一般に政府公船や軍艦が他国の領海内を無害通航することはできない。無害通航権は、全ての船舶が外国の領海における平和、秩序、安全を害さない限り通航が認められる権利であるが、軍艦の無害通航権については賛否両論がある。沿岸国は、無害通航ではない通航を行う軍艦を含む外国公船に対しては、領海外への立ち退きを要請できるのみである。したがって海上保安庁巡視船は、尖閣周辺領海で跋扈《ばっこ》する中国漁船を取り締まるための中国海警に対して、日本の領海外への立ち退きを要請するにとどまっている。

外国船舶が尖閣諸島周辺領海へ緊急に侵入した場合、あるいは退去を要請してもこれに従わない場合は、「外国船舶航行法」に定める任意の立ち入り検査を経た上で退去命令を発出する場合、あるいは「海上における公共の秩序が著しく乱される」恐れがある場合の強制措置（海上保安調法第18

条2項）の仕組みがある。しかし「外国船舶航行法」による場合は、前述したように、中国の政府公船には適用されないのである。

海上保安庁法第20条は、状況に応じて適切に武器が使用できる要件を規定している。換言すると、巡視船が武器を使用する場合、警察官職務執行法に基づいて、相手方の抵抗の度合いに応じて対応する警察比例原則に従うことになり、正当防衛あるいは緊急避難の場合を除き、相手に危害を与えてはならないことになっている。また、停船を繰り返し命じても乗組員などがこれに応じない場合、当該船舶を停船させるために他に手段がないと信ずるに足りる相当な理由のあるときには、その事態に応じ合理的に必要と判断される限度において、武器を使用することができる。

ちなみに、中国の公船あるいは海上民兵が乗り組む漁船がどのような武器を使用するかは不明であるが、巡視船は、武器以外に警告弾、着色弾、催涙弾、ゴム弾などの装備を既に有しており、放水銃やＬＲＡＤ（長距離音響発生装置）などの緩やかな物理的手段について使用することも考慮中であるという。

また、海上保安庁巡視船の対処能力を超えていると判断されたとき、海上における人命や財産の保護が必要な場合は、防衛大臣が内閣総理大臣の承認を得て、海上警備行動を発令することになる（自衛隊法第82条）。しかし海上警備行動に従事する海上自衛隊は、武器を使用するに際して、やはり警察官職務執行法や海上保安庁法が準用され、正当防衛や緊急避難の場合を除き、人に危害を与えることはできないのである。平和安全法制は、このような武器使用の間隙を埋める形で制定されたといえよう。

しかしながら、中国の海洋侵出の特徴として、先ず中国漁船が問題海域に出漁し、ついで中国公船が中国漁船を取り締まることを理由に問題海域に出動する。中国海軍は、後述する南シナ海で見られるように、中国漁船や公船を遠巻きにしてこれを支援するキャベツ戦術を多用してきた。したがって、尖閣諸島海域で中国の公船および漁船の退去あるいは停船を要請してもこれに従わない場合、しかも武器をもって要請に応えようとする場合、海上保安庁巡視船の武器使用との関連で、「その事態に応じ合理的に必要と判断される限度」の認定をあらかじめ具体的に決定しておく必要がある。

さらに、巡視船の能力を超えると判断して海上警備行動が発令されたとしても、護衛艦が現場に急行することについて慎重でなければならない。海上自衛隊が対処行動を行うことにより、中国は自衛権を根拠理由にして海軍を現場に急行させることが予想されるからである。平和安全法制は「重要影響事態」、「武力攻撃予測事態」、「武力攻撃切迫事態」および「武力攻撃発生」を規定しているが、尖閣諸島周辺における事態への適用について十分な対応ができるかについては再考の余地があるといえよう。

第7章 南シナ海に見る中国の覇権的拡張の現状

1 南シナ海の地政学的特徴

南シナ海を鳥瞰《ちょうかん》すれば、マレーシアとインドネシアが底になり、アジア大陸部とボルネオ島・フィリピン諸島に両側を囲まれ、上から台湾が蓋をした、ややくびれた壺のような形をした海域で、面積は約350万平方キロに及ぶ。南シナ海は沿岸国としての中国にとって最大の海域である。

南シナ海は、国連海洋法条約（UNCLOS）第122条に規定される「半閉鎖海」である。「半閉鎖海」とは、「その全部または大部分が二つ以上の沿岸国の領海もしくは排他的経済水域（EEZ）から成る」と規定されており、南シナ海がこれに当てはまるからである。この半閉鎖海的な地形から、出入り口としてのマラッカ・シンガポール海峡、スンダ海峡、ロンボク海峡、バシー海峡および台湾海峡といった諸海峡が重要な戦略上のチョークポイントとなっている。そしてこれらの諸海峡から南シナ海を経て日本や韓国に至る海上交通路が通っており、世界の原油タンカーのほぼ半分が通航するなど、南シナ海はグローバル経済を支える海上交通の要衝であり、海洋国家日本にとって、海上貿易の半分強そして原油輸入の大部分が通航する生命線ともいえる海域である。

南シナ海には、パラタス諸島（以下、東沙諸島）、パラセル諸島（以下、西沙諸島）、マクセルフィールド諸島（以下、中沙諸島）、スプラトリー諸島（以下、南沙諸島）などがある。西沙諸島と南沙諸島を中心に300近い大小様々な島嶼、岩、環礁などの自然に形成された海洋自然地形（maritime feature）が相互に近接して点在している。これら南シナ海の主な海洋自然地形の名称には、過去の領有権の変遷を象徴するかのように、沿岸国の中国語、ベトナム語、フィリピンのタガログ語そしてマレー語に加えて、欧米語の表記が混在しており、さらに一部の海洋自然地形には敗戦までの日本の占有を反映した日本語名をもつものもあり、今日の南シナ海を巡る領有権紛争の複雑さの遠因となっている。

2　日本敗戦後の沿岸各国による南シナ海の海洋自然地形の争奪

今日の南シナ海問題を巡る領有権紛争は、西沙諸島と南沙諸島（新南群島）を領有していた日本の敗戦に端を発する。1945年8月の日本の敗戦後、「力の空白」状態になった南シナ海は、沿岸各国による海洋自然地形の争奪の場となり、紆余曲折を経て今日に至っている。

現在、東沙諸島については日本の敗戦後の1947年から中華民国（台湾）が実効支配しており、台湾は2007年に「東沙環礁国家公園」に指定している。東沙島（パラタス島）には滑走路があり、海岸巡防署（沿岸警備隊）の要員が駐留している。

西沙諸島に対しては、中国、台湾およびベトナムが領有権を主張している。西沙諸島は西南のクレセント諸島（永楽群島）と東北のアンフィトリテ諸島（宣徳群島）に大別されるが、ベトナム戦争後に米軍が撤退した「力の空白」状況下で、中国は1974年1月、クレセント諸島を領有していた当時の南ベトナムとの「西沙海戦」の勝利によって、西沙諸島全域を奪取し実効支配を確立した。西沙諸島で最大の島、ウッディー島（中国名：永興島、以下各海洋自然地形の漢字表記は中国名を指す）は1956年以降、中国が占拠しており、2012年7月には、南沙諸島、西沙諸島および中沙諸島を含む南シナ海全域を管轄する「三沙市」と「軍警備区」が置かれた。同島は、中国の戦略的要衝である海南島から約370キロの位置にあり、長年に亘って軍事施設が存在する。2016年2月には、同島に射程約200キロのHQ－9地対空ミサイルやJ－11ジェット戦闘機が配備されたことが確認された。

中沙諸島に対しては、フィリピン、中国および台湾が領有権を主張している。中沙諸島はそのほとんどが干潮時でも海面下にある暗礁群だが、スカボロー礁（黄岩島、フィリピン名：パナタグ礁）は三角形の岩礁群で、内側がラグーン（潟）となっており、開口部が1か所に限られている。この岩礁は、フィリピンのルソン島の西方約230キロにあって、北方のバシー海峡を窺《うかが》う戦略的に重要な位置にある。中国とフィリピンは2012年4月、スカボロー礁のラグーンで操業する中国漁船を巡って両国の政府公船が対峙した。その後、台風接近を理由にフィリピンが巡視船を引き上げた後も、中国の政府公船や漁船が居座り、中国は、開口部をロープや漁網で封鎖した。そして、漁船や巡視船、さらには海軍艦艇を配備してこの岩礁を取り巻き、フィリピン漁民の接近を阻止し、現在に至るまで占拠を続けている。対峙から1年後の2013年5月のフィリピンの新聞報道によれば、中国海軍の張召忠少将（国防大学教授）は、スカボロー礁奪取の手口について、①スカボロー礁とその周辺海域を封鎖し、支配するために漁業監視船と海軍艦艇を周辺に配備して継続的に監視することで、フィリピンが領有を主張するスカボロー礁をキャベツのように包み込む、「キャベツ戦術」をとっている、②フィリピン側が環礁内に、あるいはその周辺海域に入ろうとすれば、まず中国海軍艦艇の、そして次には漁業監視船や海洋監視船の許可を得なければならない、と中国メディアに語ったという。スカボロー礁でのこうしたやり口は、多層的アクセス拒否態勢によって海洋自然地形を占拠する「キャベツ戦術」の嚆矢《こうし》とされる。フィリピンは、後述する南シナ海仲裁裁判所に中国を提訴した訴因の一つとして、スカボロー礁におけるこうした中国の不当行為を取り上げた。

南沙諸島に対しては、フィリピン、マレーシアそしてブルネイがその一部に対して、中国、台湾およびベトナムがその全部に対して領有権を主張している。南沙諸島には120を越える海洋自然地形があり、各領有権主張国の占拠する海洋自然地形の数は資料によって多少異なるが、概ねフィリピン8か所、マレーシア5か所、ベトナム29か所、中国7か所、台湾、ブルネイ各1か所と見られる。各領有権主張国は、自国が占拠する主な海洋自然地形に小規模な守備隊などを配備している。

3　南シナ海沿岸各国の領有権主張

日本は、1951年9月のサンフランシスコ条約で南海諸島（新南群島と西沙諸島）に対する請求権や権利、権原を放棄した。中国（中華人民共和国）も台湾（中華民国）も、条約には調印しなかったが、南海諸島に対する主権を主張した。そして当時の南ベトナムもこれら諸島に対する主権を主張した。以後、南沙諸島の海洋自然地形の占拠を巡る中国とベトナムの対立が激化した。その背景には、東シナ海と同様に、1960年代末に石油、天然ガス埋蔵の可能性が報告された、南シナ海の海底資源への着目があった。以下、関係各国の領有権主張を概観してみよう。

(1)　ベトナム

ベトナムは、1975年5月の南北統一後、南ベトナムが占拠していた海洋自然地形を引き継ぎ、その後、南沙諸島の幾つかの海洋自然地形を新たに占拠した。その内、スプラトリー島（ベトナム名：チュオンサ島）は、南シナ海の海洋自然地形では4番目の大きさだが、ベトナムが占拠する最大の自然地形で、５００メートルの滑走路を有する。ベトナムは、２０１２年6月に海洋法を制定し、西沙諸島と南沙諸島に対する主権を改めて確認した。これに先立って、ベトナムは、２００９年5月に単独で南シナ海中部での２００カイリのＥＥＺを越えて大陸棚外縁の延伸を、またマレーシアと合同で南部での大陸棚外縁の延伸を、国連大陸棚限界委員会に申請している。これに対しては、中国とフィリピンが抗議しており、未だ承認には至っていない。

（2）フィリピン

フィリピンは２００９年3月、領海基線法を制定し、パナタグ礁（スカボロー礁）とカラヤン諸島（南沙諸島の一部に対するタガログ語呼称）をフィリピン群島の領海基線に含めず、これらを基線の外側にある、ＵＮＣＬＯＳ第１２１条「島の制度」の適用領域とするとともに、領海基線法第2条でパナタグ礁とカラヤン諸島に対するフィリピンの主権を明記した。さらに、フィリピンは２０１１年6月、南シナ海のフィリピンの主権と主権的管轄下にある海域を「西フィリピン海」と改称し、２０１２年9月には、当時のアキノ大統領が改称を公式化する行政命令に署名した。行政命令文書は、「フィリピンは、ルソン海とその周辺海域、カラヤン諸島（南沙諸島）とスカボロー礁およびその周辺海域を含む海域を画定する固有の権限を有している。西フィリピン海の命名は、フィリピン共和国が主権と主権的権限を持つ領域に対する完全な支配を確定するものである」としている。フィリピンが実効支配する海洋自然地形ではパガサ（ティトゥ）島が最大で、南沙諸島では2番目に大きな海洋自然地形で、1000メートルの滑走路を有する。ここには市が置かれ、市長が任命されている。また、中国が1995年に占拠したミスチーフ礁に近い、アユンギン礁（セカンドトーマス礁）では、1999年に第2次大戦当時の揚陸艦、「シエラマドレ」を座礁させ、領有権主張のために小規模の海兵隊守備隊を駐留させいる。これに対して、中国は継続的にフィリピンによる同船守備隊への補給活動を妨害してきた。この妨害行為についても、フィリピンは後述する南シナ海仲裁裁判所に中国を提訴した訴因の一つとして取り上げた。

（3）台湾

台湾は、1956年6月に軍隊を派遣して、南沙諸島最大の海洋自然地形、太平島（イツアバ島）を占拠し、以後今日に至るまで実効支配している。台湾本島から南方約1600キロに位置する太平島では、3000トン級の艦船が接岸できる埠頭や1200メートルの滑走路を有する。後述する南シナ海仲裁裁判所に2016年3月に提出した台湾の資料によれば、太平島は真水が利用可能で、病院、郵便局、発電所などのインフラが整備され、灯台も設置されており、海岸巡防署の要員が駐留している。

（4）中国

ア　「9段線」主張と「歴史的権利」

では、南シナ海における中国の領有権主張は、どのようなものか。中国は、西沙諸島と南沙諸島のすべてに対して領有権を主張している。中国の主張の特徴は、9か所の「段線」を結ぶ「9段線」といわれるものである。「9段線」が示された地図は、1947年に当時の国民党政権が発行した地図が最初で、国民党政権の地図には「11段線」が描かれていた。その後、現中国に継承され、1953年以降に発行された中華人民共和国の地図では、当時の社会主義国北ベトナムとの関係に配慮して、トンキン湾の2か所の「段線」が消され、「9段線」に書き直されている（その後、中国は、ベトナムとの間では、2000年12月に「トンキン湾（北部湾）の領海、排他的経済水域、大陸棚の画定に関する協定」を締結し、この協定は2004年7月に発効した）。以後、中国は、「9段線」主張を裏付ける国内法の整備を進め、1958年9月に発表した「領海宣言」で、南シナ海の大部分を自国の領海と宣言した。そして中国は、1996年6月のUNCLOS加盟に先立つ1992年2月に、海洋主権に関する国内法として「領海および接続水域法」を制定し、領海を「中華人民共和国陸地領土の基線から12カイリ」と定めるとともに、第2条で陸地領土について、「中華人民共和国の大陸およびその沿海島嶼を含み、台湾および釣魚島を含む附属各島、澎湖列島、東沙群島、西沙群島、中沙群島、南沙群島および中華人民共和国に所属する一切の島嶼を包含する」と規定している。さらに、1998年6月には、「排他的経済水域（EEZ）および大陸棚法」を制定している。

中国は、マレーシアとベトナムが合同で２００９年５月に大陸棚限界委員会に大陸棚外縁の延長を申請したことに対する抗議の口上書で、「９段線」地図を論拠として提出した。中国が南シナ海の領有権を国際的に主張するために「９段線」地図を使ったのはこれが初めてとされる。この口上書で、中国は、「９段線」内の海域における海洋自然地形とその周辺海域に対して「議論の余地のない主権」を主張するとともに、「長い歴史の過程で形成されてきた南シナ海における中国の主権と関連する諸権利は、歴代の中国政府に受け継がれ、国内法によって何度も再確認され、ＵＮＣＬＯＳを含む国際法規によって護られてきた」と主張した。いわゆる「歴史的権利」と称するものである。

そして中国は、２０１４年６月25日、「９段線」を取り込んだ新たな公式地図を公表した（第３章参照）。この地図は、中国のパスポートにも記載されている。新たな公式地図の公表は、中国の「輿論戦、心理戦、法律戦からなる三戦」に倣えば、いわば四戦目の「地図戦」ともいえるものである。しかしながら、中国は、「９段線」地図が依って立つ法的根拠については一度も明確に言及したことはない。「９段線」についても、フィリピンは、ＵＮＣＬＯＳの下で中国に認められる海洋権限の地理的範囲を実質的に超える部分については法的効果を持たないとして、南シナ海仲裁裁判所へのフィリピンの訴因の一つとして取り上げた。

イ　南沙諸島に対する漸進的侵出

南沙諸島に対して、中国は、１９８７年６月に「適当な時期に島嶼を取り戻す権利を留保している」との声明を出し、1988年3月のベトナム海軍との「南沙海戦」で、南沙諸島の六つの海洋自然地形、すなわちクアルテロン礁（華陽礁）、ファイアリークロス礁（永暑礁）、ガベン礁（南薫礁）、ジョンソン南礁（赤瓜礁）、スービ礁（渚碧礁）およびヒューズ礁（東門礁）を占拠した。ミスチーフ礁（美済礁）については、中国は、米国が1992年に南シナ海に面したフィリピンのクラーク基地とスービック基地から撤退した後の空白を突いて、1995年に占拠した。南シナ海からの米軍の撤退は、ミスチーフ環礁に対する中国のこうした行動における心理的負担を軽減させたに違いない。ミスチーフ礁の占拠以降、中国が南沙諸島の海洋自然地形を新たに占拠したという情報はない。

以上の南シナ海沿岸各国の領有権主張に基づいて、海洋境界を地図に展開すれば、次頁のようになる。

4　南沙諸島における中国の人工島の造成と軍事化の促進

中国は、南沙諸島で占拠する7か所の海洋自然地形、すなわちクアルテロン礁、ファイアリークロス礁、ガベン礁、ジョンソン南礁、ミスチーフ礁、スービ礁、およびヒューズ礁で、2014年半ば以降、迅速かつ大規模な埋め立てを行い、これらすべての海洋自然地形を人工島に造り替えた。

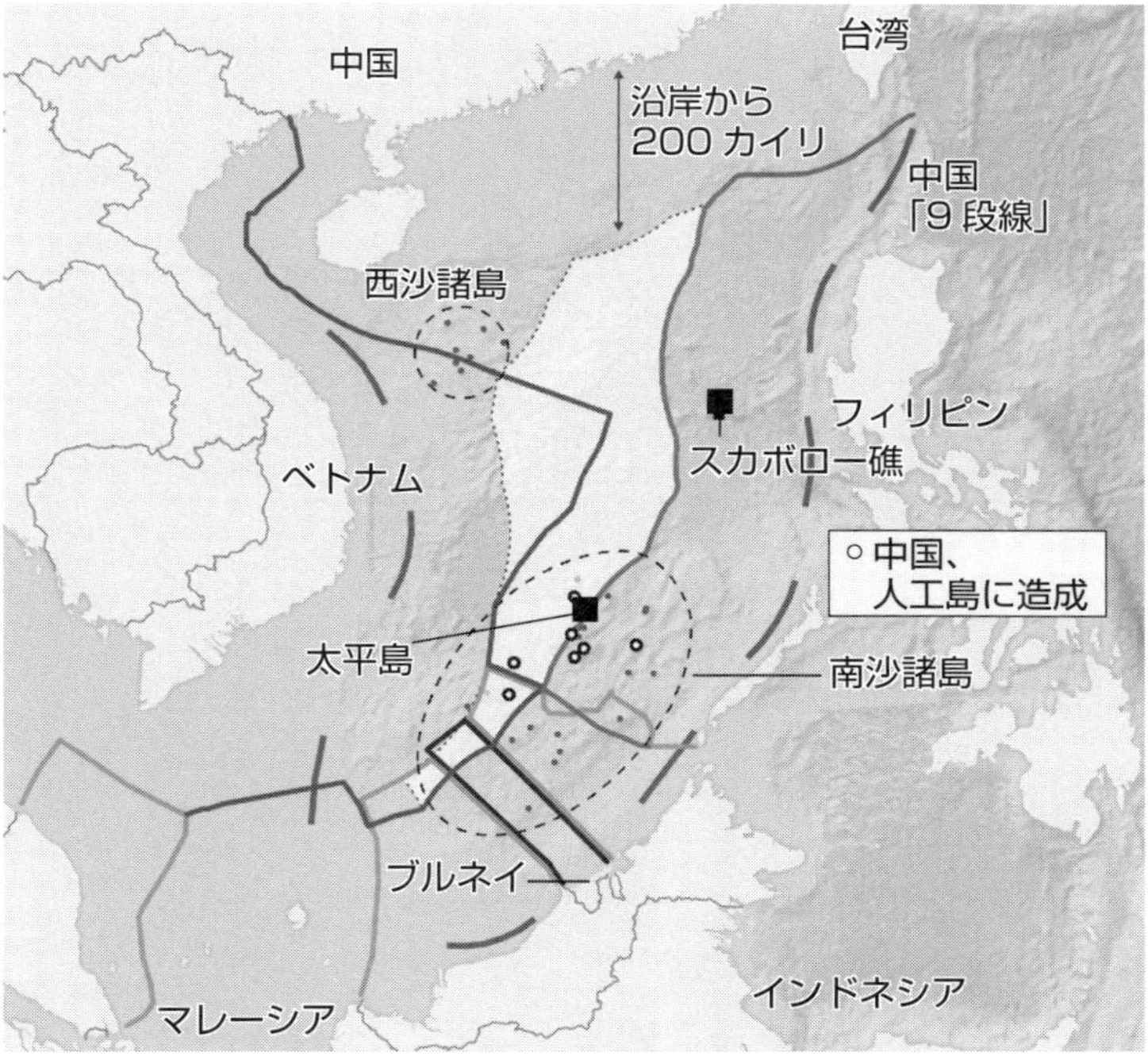

南シナ海における沿岸各国の海洋境界の主張（筆者作成）

備考：①この図の段線は中国の「９段線」主張を示したものである。②地図中央部の空白部分は、南シナ海の東沙、中沙、西沙、南沙諸島の存在を無視して各国が沿岸基線から200カイリ EEZ を主張した場合に生じるいずれの国の EEZ にも含まれない海域を示す。③この海域の中央部に張り出したベトナムの EEZ 境界線部分はベトナムによる北部大陸棚外縁部延伸申請（2009年）海域を示す。④大きな破線圏内の○印は中国が造成した７カ所の人工島を示す。⑤中国の「９段線」とフィリピンの EEZ 外縁との間の海域、すなわちフィリピンの EEZ 内には、スカボロー礁（■印）が含まれる。⑥■印は台湾占拠の太平島である。

これによって、南シナ海の戦略的景観が一変した。

海洋自然地形における埋め立て工事や人工島の造成は平和目的に限り、ＵＮＣＬＯＳに照らして違法ではないし、またベトナムやフィリピンも自国占拠の海洋自然地形の補強や補修などのために小規模な埋め立て工事を実施している。しかしながら、南シナ海の戦略的景観を一変させる程の規模とスピードで実施された中国による埋め立て工事とそれによる人工島の造成は、現在の形状からは当該海洋自然地形の原初形状を判断できないし、原初形状に戻すことも最早《もはや》不可能な明確な現状の変更である。

中国は、埋め立て工事による人工島の造成を、例えば灯台、漁民のための台風避難所、気象観測所や捜索救難施設などの公共財を提供することが目的であると主張している。事実、中国は２０１7年1月1日、南沙諸島の滑走路を持つ人工島のミスチーフ礁、スービ礁そしてファイアリークロス礁の３か所に加えて、西沙諸島のウッディー島と中沙諸島のスカボロー礁に設置された観測所から得た、波高、風向き、潮流、海表面温度、台風情報や海洋災害警報などの観測データの提供を開始した。中国国家海洋局は、気象観測や大気観測は南シナ海の海洋環境保護、海難防止、海洋科学調査および航行の安全に貢献するためである、と強調している。また灯台については、スービ礁に建設された灯台が２０１６年4月初めに運用を開始し、ヒューズ礁、クアルテロン礁とジョンソン南礁などでも灯台が建設されている。

しかし一方では、孫建国人民解放軍副総参謀長が２０１５年5月31日のシンガポールでの安全保障会議で、「埋め立ては中国の軍事、防衛上の所要を満たすためである」と主張したように、これら人工島の軍事化も急速に進められており、これら人工島が軍事目的に使用されることは明らかである。

例えばファイアリークロス礁には既に長さ3000メートル級の滑走路が完成しており、中国が保有するすべての軍用機が離着陸可能とされ、これによって海南島基地から飛来する航空機の補給支援が可能になり、その行動範囲が拡大される。また、ファイアリークロス礁に建設中の施設には、水上艦艇が係留できる大型港湾が含まれている。ファイアリークロス礁は、七つの人工島の中で三番目の大きさだが、中国が造成した人工島の中で最も重要な前進拠点になると見られる。中国は2016年1月2日、ファイアリークロス礁の滑走路で民間機の試験飛行を実施したことを認めた。また、1月6日には、中国政府がチャーターした民間旅客機2機が海南省の美蘭空港とファイアリークロス礁の間を日帰りで往復飛行した事実を新華社通信が画像付きで報じ、4月17日には、初めて軍輸送機を派遣し、負傷した建設作業員を後送する飛行を実施し、滑走路が既に運用可能状態であることを示している。さらに、中国国防部は4月初めに笵長龍中共中央軍事委員会副主席が南シナ海の南沙諸島にある中国が造成した人工島を視察したことを認めた。笵長龍上将はこれまで南沙諸島を訪問した最高位の軍人で、訪問した時期や場所は明らかにされていないが、米政府当局筋によれば、笵長龍上将は人工島に造成したファイアリークロス礁を視察したと見られ、4月8日と10日に、エアバス319とボンバルディア機による海南島からファイアリークロス礁への往復飛行があったという。

スービ礁は2番目に大きい人工島で、3000メートル級滑走路が完成しており、また港湾施設も整備されている。ミスチーフ礁は中国が人工島に作り替えた最大の環礁で、ここでも3000メートル級の滑走路が完成しており、また港湾施設も整備されている。スービ礁とミスチーフ礁の滑走路には、2016年7月12日に民間機が初めて着陸しており、これら2本の滑走路も既に運用可能状態にあるとみられる。また、他の人工島でも、レーダー施設やその他の軍事施設の建設が進められている。

米シンクタンクの戦略国際問題研究所（CSIS）が2017年3月27日に公表したところによれば、3000メートル級滑走路を持つファイアリークロス礁、ミスチーフ礁そしてスービ礁については、ファイアリークロス礁では、作戦機24機と大型機4機を格納可能な大型格納庫が完成している。ミスチーフ礁では、24機の作戦機を格納可能な格納庫が完成し、さらに5棟の大型格納庫が完成間近である。スービ礁でも24機の作戦機を格納可能な格納庫と4棟の大型格納庫が完成している。またこれら三つの人工島では、多くのレドームに加えて、長射程の地対空ミサイルを格納できる約20棟の開閉式屋根を持つ建屋も完成しているのが確認された。CSISによれば、三つの人工島では、何時でも作戦機や地対空ミサイルが配備できる状況になっているという。

米議会調査局が2015年6月に公表した報告書は、中国が造成した人工島の軍事価値について、主として以下の諸点を指摘している。

①平時には、漁船、海警局巡視船および海軍艦艇の補給や休養拠点となり、これら艦船のローテーション配備が可能になる。捜索・救難能力が強化される。

②接近阻止／領域拒否（A2／AD）システム（レーダー、電子傍聴システム、地対空ミサイル、対艦巡航ミサイル、有人・無人機など）の配備が可能になり、海洋情勢識別能力が強化される。

③南シナ海に防空識別圏（ADIZ）が設定されれば、3000メートル級の滑走路を持つ人工島からの早期警戒管制機や戦闘機による管制が可能になる。

④人工島に配備された各種施設や海軍艦艇や航空機は、米軍との戦闘では脆弱で、修復能力も限定的で、また再補給も困難と見られるが、米軍は人工島の施設や配備戦力に対処するために、緒戦段階で他から攻撃用戦力を引き抜いて展開させる必要があり、したがって、これら施設は米軍の戦闘計画立案にとって新たな課題となろう。

⑤人工島の地積から大規模部隊の駐留は不可能だが、小規模部隊の駐留によって限定的な水陸両用作戦能力が確保でき、他国が実効支配する海洋自然地形に対する中国の小規模な水陸両用作戦を支援することは可能である。但し、他の領有権紛争当事国にとっては、中国の人工島の施設や駐留戦力に対する攻撃は不可能ではないとしても、困難であろう。

中国が造成した人工島や、3か所に建設された滑走路や各種の施設が、その軍事的利用可能性とは別に、平時における南シナ海の厳しい海洋環境や台風などの自然災害に対してどの程度の抗堪性《こうたんせい》があるかどうかは不明だが、いずれにしても、西沙諸島のウッディー島への地対空ミサイルや戦闘機の配備に加えて、「半閉鎖海」でグローバルな海上交通路の要衝である南シナ海の東部中央部の南沙諸島に、3本の3000メートル級の滑走路を備えた中国の前進軍事拠点の出現は、地域全体の安全保障上重大な影響を及ぼすことは間違いないであろう。

次頁の表は、中国が七つの海洋自然地形に造成した人工島の軍事装備や施設などの配備、建設状況をまとめたものである。

5 フィリピンによる仲裁裁判所への提訴と裁定

(1) フィリピンによる仲裁裁判所への提訴

以上に見たような、中国の南シナ海における力による強引な現状変更に対して、フィリピンは2013年1月、西フィリピン海（南シナ海におけるフィリピン管轄海域の呼称）における領有権紛争の平和的かつ持続的な解決を実現するために、UNCLOS第287条および附属書VIIに基づいて、オランダの首都、ハーグにある仲裁裁判所に中国を提訴した。この仲裁裁判はフィリピンが仕掛けた「国際法律戦」ともいうべきものだが、UNCLOSの下、フィリピンは、一方的に仲裁手続きを開始する法的権利を有しており、フィリピンが主体的に取り得る唯一の平和的解決手段といって

中国が造成した人工島と原初形状	軍事装備や施設等の配備、建設状況
スービ礁（渚碧礁） 「低潮高地」	3000メートル級滑走路、格納庫、大型多層階軍事施設、衛星通信用と見られるアンテナ×7、レドーム型監視タワー、ヘリパッド、灯台、農園など
ガベン礁（南薫礁） 「岩」	無線通信用アンテナ、火砲用と見られる施設×8、対空砲、海軍砲、ヘリパッド×2、支援建屋など
ファイアリークロス礁（永暑礁） 「岩」	3000メートル級滑走路、格納庫、大型艦船受け入れ可能な港湾、対空砲、レーダータワー、火砲用と見られる施設×8、通信施設、灯台×2、衛星通信用と見られるアンテナ×10、支援建屋など
クアルテロン礁（華陽礁） 「岩」	通信用と見られるアンテナ×5、レーダー施設、レーダータワー×2建設中、ヘリパッド×2、大型多層階軍事施設、衛星通信用と見られるアンテナ、火砲用またはミサイル用と見られる施設×5、灯台、多用途支援建屋など
ミスチーフ礁（美済礁） 「低潮高地」	3000メートル級滑走路、格納庫、軍事施設×2、衛星通信用と見られるアンテナ×3、埠頭建設中など
ヒューズ礁（東門礁） 「岩」	多層階軍事施設、防衛用タワー×4、火砲用と見られる施設×8、レーダー施設建設中、ヘリパッド、灯台など
ジョンソン南礁（赤瓜礁） 「岩」	防衛用タワー、脱塩ポンプ、レーダー施設、農園、灯台、太陽発電施設、通信施設、ヘリパッド×2、大型多層階軍事施設、桟橋、衛星通信用と見られるアンテナ×3、レーダータワー建設中×2、発電用風車×2など

＜出典＞ Asia Maritime Transparency Initiative, CSIS の各人工島の建設状況を基に、その他の資料も加え、筆者作成。（2017年３月現在）

備考：各人工島の原初形状については、南シナ海仲裁裁判所の裁定による。「岩」は12カイリの領海のみを有するが、干潮時に水面上に現れ、満潮時には水没する「低潮高地」は領海を含め、如何なる海洋権限も有しない。

も過言ではない。

これに対して中国は、2014年12月7日付の南シナ海の管轄権問題の仲裁申し立てに対する中国政府の立場に関する口上書（ポジション・ペーパー）を仲裁裁判所に提出し、「提訴された問題の本質は、南シナ海の幾つかの海洋自然地形に対する領土主権であり、国連海洋法条約（UNCLOS）の対象外であり、したがって、条約の解釈や適用に関わる問題ではない」などの事由を挙げて、仲裁裁判所には本件に対する管轄権がないと主張した。そして、中国は以後、一貫して仲裁手続きを受け入れず、仲裁裁判にも参加しないとの姿勢を堅持した。

仲裁裁判のためにハーグに設置された「南シナ海仲裁裁判所」（コラム参照）は2015年10月、「仲裁裁判手続きへの中国の不参加は仲裁裁判所の管轄権を奪うものではない」とし、仲裁手続きを進めることを決定した。そして3年半後の2016年7月、南シナ海仲裁裁判所はフィリピンの提訴項目に対して裁定を下した。

column

仲裁裁判所とは

国連海洋法条約（UNCLOS）第287条は、「条約の解釈又は適用に関する紛争」を解決する手段として、①国際海洋法裁判所、②国際司法裁判所、③仲裁裁判所、④特別仲裁裁判所の四つの手段を規定している。その内、仲裁裁判所は、一方の当事国が参加を拒否しても仲裁手続きを進められるが、領有権や海洋境界の画定については管轄権がない。ハーグに所在する常設仲裁裁判所は1899年に設立された国際紛争を平和的に解決するための国家間組織で、事務局と仲裁人候補者リストによって構成され、紛争当事国はこのリストから仲裁人を選定する。裁判では通常、当事者が第三者を仲裁人に選ぶことになっており、仲裁裁判所は申し立ての都度設置される。今回の南シナ海仲裁裁判所はハーグに置かれたが、別の場所で行われることもある。南シナ海仲裁裁判所では、5人の仲裁人の内、各当事国が同数を選び、残りを相互に協議して決めるが、今回は中国が参加を拒否したため、フィリピンが選んだ1人を除いて、他の4人を当時の国際海洋法裁判所の柳井所長が任命した。中国側が裁定後、この任命を公正でないと日本を批判した所以である。

（2）南シナ海仲裁裁判所の裁定

フィリピンの提訴項目は、UNCLOSを判断基準として、条約の限度を超えた中国の主張や南沙諸島の海洋自然地形の法的地位（173頁のコラム参照）やその地理的位置など、15項目について判断を仰いだものである。

公表された裁定は500頁弱の膨大なものだが、以下は、四つの類別に従って、裁定内容の概要を示したものである（○で囲んだ数字はフィリピンの提訴項目番号を示す）。

A．中国の「9段線」で囲った海域に対する「歴史的権利」について

訴因①：中国の南シナ海における海洋権限は、フィリピンのそれと同様に、UNCLOSの規定の限度を超えて、拡大してはならない。

裁定：南シナ海における海洋権限はUNCLOSの規定の限度を超えてはならない。

訴因②：いわゆる「9段線」によって包摂《ほうせつ》される南シナ海の海域に対する主権的権利と管轄権、および「歴史的権利」に関する中国の主張は、UNCLOSに違反するものであり、UNCLOSで認められる海洋権限の地理的範囲を実質的に超える部分については法的効力を持たない。

裁定：「9段線」によって包摂される南シナ海の海域に対する「歴史的権利」、主権的権利または管轄権の主張はUNCLOSに反するものであり、UNCLOSの規定の限度を超えた如何なる「歴史的権利」、主権的権利または管轄権の主張も認められない。

B．南シナ海の海洋自然地形の法的地位について

訴因③：スカボロー礁はEEZや大陸棚を生成しない。

裁定：スカボロー礁は「岩」であり、12カイリ領海のみ有する。

訴因④：ミスチーフ礁、セカンドトーマス礁（仁愛礁）、スービ礁は領海、EEZまたは大陸棚を生成しない「低潮高地」であり、占拠やその他の手段によって領有できる対象ではない。

裁定：いずれも満潮時に海面下に沈む「低潮高地」で、如何なる海洋権限も有しない。スービ礁は、ティトゥ島（中業島、パガサ島、比占拠）西方の「高潮高地」サンディケイ（鉄線礁）の12カイリ以内に位置する。

訴因⑥：ガベン礁、マッケナン礁（西門礁、ヒューズ礁を含む）は「低潮高地」で何ら海洋権限を有しないが、これら環礁の低潮線は、ナムイエット島（鴻庥島、越占拠）とシンカウ島（景宏島、越占拠）のそれぞれの領海の幅を測定する場合の基線として用いることができる。

裁定：いずれも「低潮高地」ではなく、満潮時にも海面上にある「高潮高地」で、「岩」として12カイリの領海のみ有する。ガベン礁（北）はナムイエット島の12カイリ以内に位置し、またヒューズ礁はマッケナン礁とシンカウ島の12カイリ以内に位置し、それぞれの領海の幅を測定する場合の基線として用いることができる（訴因⑥海洋自然地形の法的地位に関するフィリピンの主張は認められなかった）。

訴因⑦：ジョンソン南礁、クアルテロン礁およびファイアリークロス礁はＥＥＺまたは大陸棚を生成しない。

裁定：いずれも「岩」で、12カイリの領海のみ有する。南沙諸島における自然に形成された「高潮高地」はいずれも、ＵＮＣＬＯＳ第１２１条3項に該当する、人間の居住または独自の経済的生活を維持できる海洋自然地形ではなく、ＥＥＺと大陸棚を生成しない。南沙諸島のすべての「高潮高地」は、例えばイツアバ島（太平島、台湾占拠）、ティトゥ島、ウエストヨーク島（西月島、リカス島、比占拠）、スプラトリー島（南威島、チュオンサ島、越占拠）、ノースイーストケイ（北子島、パロラケイ、比占拠）、サウスウエストケイ（南子島、越占拠）などを含め、人間の居住または独自の経済的生活維持できない「岩」である（南沙諸島の各国の実効支配の現状については、177頁の図参照）。

C. 中国の海洋環境を破壊する建設活動と漁業活動によるフィリピンの主権的権利と航行の自由の妨害について

訴因⑤：ミスチーフ礁、セカンドトーマス礁はフィリピンのEEZと大陸棚の一部である。
裁定：いずれもフィリピンのEEZと大陸棚の一部である。
訴因⑧：中国はフィリピンのEEZと大陸棚における生物資源と鉱物資源に対するフィリピンの主権的権利の享受とその執行を不法に妨害した。
裁定：中国はUNCLOS第58条3項（沿岸国の権利および義務に対する妥当な考慮）に違反した。
訴因⑨：中国はフィリピンのEEZ内における自国漁民と船舶による違法な操業を阻止しなかった。
裁定：中国はUNCLOS第192条、194条5項（海洋環境と生態系の保護、保全）に違反した。
訴因⑩：中国はスカボロー礁周辺でのフィリピン漁民の伝統的漁業活動を妨害することによって、フィリピン漁民の生計活動を不法に阻止した。

裁定：中国はスカボロー礁周辺でのフィリピンの伝統的漁業活動を妨害した。

訴因⑪：中国はスカボロー礁とセカンドトーマス礁においてＵＮＣＬＯＳの海洋環境の保護、保全義務に違反した。

裁定：中国はＵＮＣＬＯＳ第１２３条、１９４条５項（海洋環境と生態系の保護、保全）に違反し、スカボロー礁とセカンドトーマス礁で海洋環境を破壊する漁業や珊瑚の採取を行い、海洋環境保全義務に違反した。

訴因⑫：ミスチーフ礁に対する中国の占拠と建設活動

ａ．人工島、施設および構築物に関するＵＮＣＬＯＳの規定違反

ｂ．ＵＮＣＬＯＳの海洋環境の保護、保全に関する中国の義務違反

ｃ．ＵＮＣＬＯＳに違反した、不法な占拠行為の実行

裁定：ミスチーフ礁における中国の活動は海洋環境保全義務の違反である。同礁はフィリピンのＥＥＺ内にあり、人工島の建設はフィリピンの主権的権利の侵害である。同礁は「低潮高地」であり、故《ゆえ》に領有の対象ではない。

訴因⑬：中国によるスカボロー礁周辺海域を航行するフィリピン船舶に対する衝突のリスクも厭《いと》わない中国政府公船の危険な運用はＵＮＣＬＯＳに規定する義務に違反する。

裁定：中国は海洋の安全に関するＵＮＣＬＯＳやその他の義務に違反している。

D．中国の最近の活動は仲裁裁判中の自制を求めるＵＮＣＬＯＳの義務違反について

訴因⑭：中国は２０１３年１月の仲裁裁判への提訴以来、特に以下の行為によって、問題を不法に悪化させて、引き延ばしてきた。

ａ．セカンドトーマス礁内の水域とその周辺海域におけるフィリピンの「航行の自由」の権利に対する妨害

ｂ．セカンドトーマス礁内（座礁させた揚陸艦内）に駐留するフィリピン人要員の交替と再供給に対する妨害

ｃ．セカンドトーマス礁内に駐留するフィリピン要員の健康と生活を危険に晒《さら》したこと

ｄ．ミスチーフ礁、クアルテロン礁、ファイアリークロス礁、ガベン礁、ジョンソン南礁、ヒューズ礁およびスービ礁における浚渫、人工島造成そして建設活動の実施

裁定：セカンドトーマス礁周辺海域でのＵＮＣＬＯＳ第２９８条１（ｂ）の軍事活動に該当する行動については仲裁裁判所に管轄権がないが、フィリピンのＥＥＺ内における埋め立てや人工島の造成によって、紛争を悪化させ、拡大させた。

Ｅ．その他

訴因⑮：中国は、ＵＮＣＬＯＳの下でのフィリピンの諸権利と自由を尊重し、南シナ海の海洋環境の保護、保全を含むＵＮＣＬＯＳにおける義務を遵守し、フィリピンの諸権利と自由に妥当な考

慮を払いつつ、自らの諸権利と自由を行使すべきである。
裁定：仲裁裁判所は、この項目について、特に言及の必要を認めていない。

column

南シナ海の海洋自然地形の法的地位

南沙諸島を巡る領有権紛争では、以下の三つのタイプの海洋自然地形が関わっている。国連海洋法条約（UNCLOS）の規定によれば、各海洋自然地形の定義とそれが有する海洋権限は以下の通りである。

●「低潮高地」とは、低潮時には海面上にあるが満潮時には海面下に沈む自然に形成された陸地で、第13条1項の規定では、当該「低潮高地」の全部または一部が領海基線から領海の幅を超えない距離にあれば、その低潮高地は領海の幅を測定するための起点として用いることができる。しかし、同条2項の規定では、当該「低潮高地」の全部または一部が領海基線から領海の幅を超える距離にあれば、当該「低潮高地」は如何なる海洋権限も有しないし、領有の対象にもならない。

●「岩」とは、第121条3項の規定によれば、恒久的に海面上にある「高潮高地」であり、人間の居住または独自の経済生活を維持することができない海洋自然地形で、12カイリの領海と領空のみを有する。「岩」に造成された人工物の場合、領海起点は原初形状の岩から設定される。
●「島」とは、第121条1項、2項の規定によれば、人間の居住または独自の経済生活を維持することができる自然に形成された陸地であり、「島」は、領海、領空およびEEZを有する。

（3）南シナ海仲裁裁判所の裁定に見る特徴

ア　中国の「9段線」主張と「歴史的権利」に対する判断

最も注目されるのは、南シナ海の大部分を包摂する中国の「9段線」の主張と、「9段線」内の海域に対する中国の主権的権利、管轄権または「歴史的権利」に関する判断である。裁定は、①南シナ海の海洋資源に対する中国の「歴史的権利」の主張は、UNCLOSの規定の限度を超える部分については無効であり、②中国が南シナ海や海洋資源を歴史的に排他的に管轄してきた証拠はなく、③中国の「9段線」内の海域における「歴史的権利」の主張は如何なる法的根拠もない、とした。

この裁定は、南シナ海を「核心的利益」とし、「9段線」に囲まれた海域に対する「議論の余地のない主権」を主張して、「サラミスライス戦術」や「キャベツ戦術」を駆使した巧妙かつ強引な中国の南シナ海への侵出戦略に痛打を浴びせた形になった。中国は、「議論の余地のない主権」の範囲内として、南沙諸島での埋め立てとそれによる人工島の造成の正当性を主張してきたが、その根拠を全面的に否定された。

イ　提訴対象の海洋自然地形の法的性格に対する判断

南シナ海問題における最大の論点の一つは、対象となる海洋自然地形に対する主権とその法的性格（173頁のコラム参照）を巡って展開される。仲裁裁判では主権問題は管轄外だが、この裁定に従えば、中国が人工島に作り替えた7カ所の海洋自然地形の内、ジョンソン南礁、クアルテロン礁、ファイアリークロス礁、ガベン礁およびヒューズ礁の原初形状は「岩」で、したがって12カイリの領海のみを有する。また、中沙諸島で中国が実効支配するスカボロー礁も「岩」とされ、12カイリの領海のみを有する。一方、スービ礁とミスチーフ礁の原初形状は「低潮高地」で、領有の対象にはならない。さらにミスチーフ礁に近い、セカンドトーマス礁では、座礁させた揚陸艦「シエラマドレ」に駐留するフィリピンの守備隊に対して、中国は継続的にフィリピンによる同艦守備隊への補給活動を妨害してきたが（但し、裁定では、中国の妨害活動について、軍事行動に該当する行動については仲裁裁判所には管轄権なしとしている）、同礁も「低潮高地」とされた。したがって、中国が人工島の造成を本格化させたのはフィリピンが仲裁裁判所に提訴してから1年半以上も後の2014年半ば以降からだが、造成した人工島は、原初形状が「岩」とされた5か所が12カイリの領海のみを有することになり、他の2か所は如何なる海洋権限も有さず、領有の対象にもならないということになる。しかも、ミスチーフ礁とセカンドトーマス礁はフィリピンのEEZ内にあると認定され、したがって、これらの埋め立てや人工島の造成は、もはや原初形状に戻すことは不可能だが、フィリピンの主権的権利の侵害ということになった。同時に、裁定は、中国の南シナ海における海洋環境を破壊する建設活動と漁業活動によって、フィリピンの主権的権利と航行権が妨害されているとするフィリピンの主張も認め、こうした中国の活動による回復不能なまでの海洋環境の破壊を非難した。

ウ　南沙諸島に「島」はない

注目されるのは、南沙諸島の海洋自然地形の法的地位に関して、裁定は、UNCLOS第121条の「島の制度」に関する規定を、条文の文言毎に厳格に解釈し、南沙諸島には「岩」はあっても、「島」はないとの判断を示したことである。第121条の「島の制度」に関する条文を厳格に解釈して、領海、EEZそして大陸棚を有する「島」の要件を詳細に検討している。その結果、これまで「島」とされてきた、台湾占拠のイツアバ島(太平島)、フィリピン占拠のティトゥ島(パガサ島)、ベトナム占拠のスプラトリー島(チュオンサ島)などは「岩」と裁定された。これらの「島」はいずれも真水が出、人間も居住しているが、裁定は、政府要員の駐留を「人間の居住または独自の経済的生活」を維持する要件を満たすものではない、としている。

台湾はこの裁定に強く反発した。台湾は1956年6月以来、南沙諸島最大の海洋自然地形である太平島(イツアバ島)を今日に至るまで実効支配している。台湾が仲裁裁判所に2016年3月に提出した資料によれば、太平島は真水が利用可能で、病院、郵便局、発電所などのインフラが整備され、灯台も設置されており、海岸巡防署(沿岸警備隊)の要員が駐留している。当時の台湾の馬英

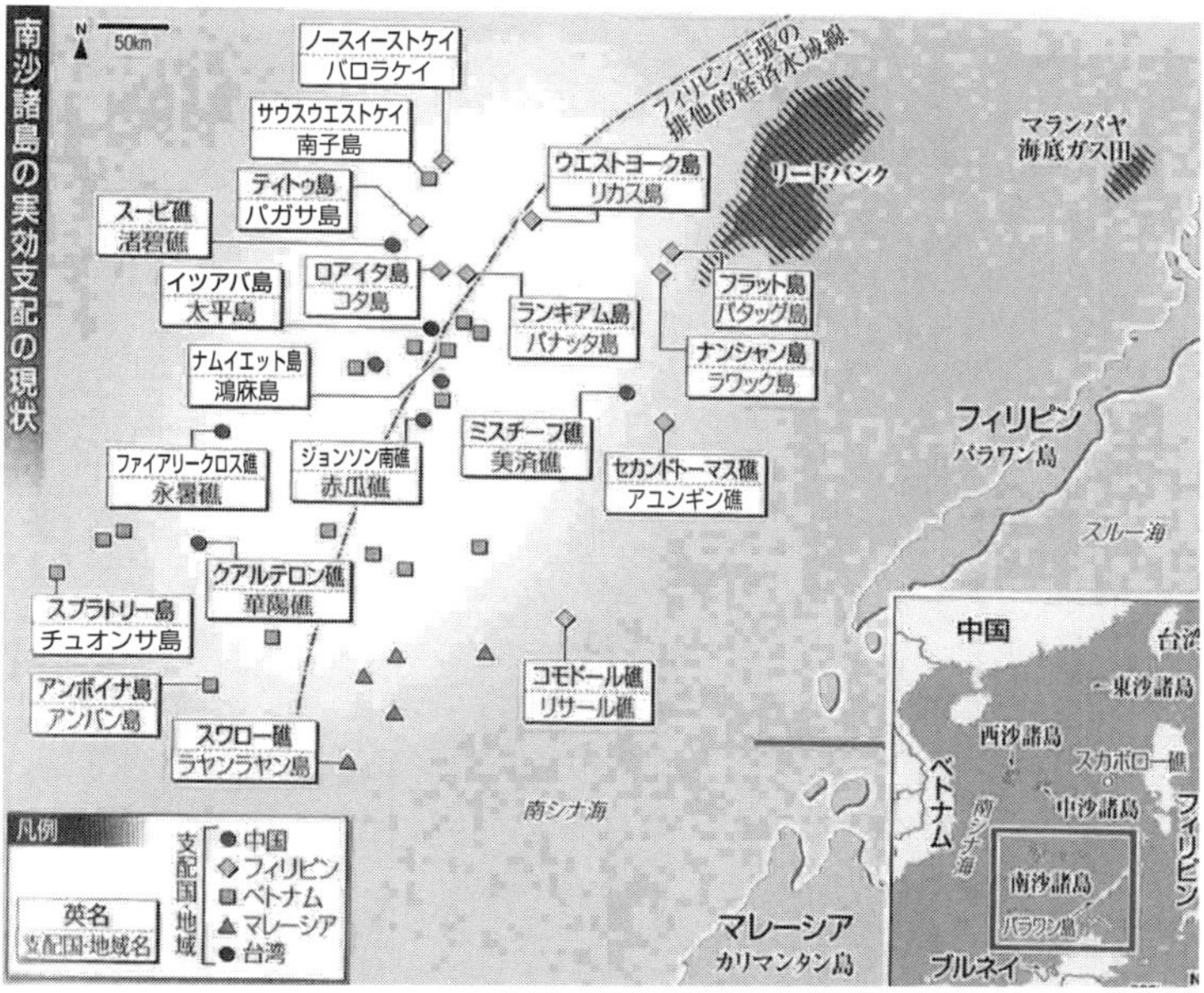

南沙諸島の主要海洋自然地形の各国の実効支配の現状

（出典）各種資料をもとに筆者作成

九総統は２０１６年１月28日、軍のＣ－１３０輸送機で太平島を日帰りで訪問し、太平島がＵＮＣＬＯＳ第１２１条の規定に合致する島であることを強調した。裁定に対する７月12日の台湾外交部の声明は、「台湾はこの仲裁裁判に参加していないし（オブザーバーとしての傍聴も認められなかった）、台湾の見解も反映されていないが故に、この裁定に拘束されない」と言明している。また、台湾は、裁定文書における台湾の表記が「Taiwan Authority of China（中国の台湾当局）」となっていることに対して、「主権国家としての中華民国の法的地位を汚す不適切な表現である」と批判し、太平島を「岩」とされたことに対して、「中華民国が主権を行使し、それに伴う海洋権限を施行している南沙諸島の法的地位を危うくするものである」と主張した。

いずれにしても、この裁定は、「9段線」を法的根拠なしとしたことに加え、南沙諸島に「島」の存在を認定しなかったことによって、中国と領有権を争う他の紛争当事国の対応も含め、南シナ海の領有権紛争の今後の展開に大きな影響を及ぼすことは必至であろう。「低潮高地」は何の海洋権限も有しないが、領海を有する「岩」の12カイリ以内に位置しておれば、当該「岩」の領海の幅を決める起点として用いることができる。もし太平島などが「島」であれば、当該「島」は12カイリの領海に加えて、200カイリのEEZや大陸棚をも有することになり、南シナ海の海洋自然地形が近接して点在している特性から見て、これらの「島」を巡る海洋境界の画定は極めて複雑で、困難なものになったであろう。その意味で、この裁定は、南シナ海の領有権紛争に少なからぬ影響を及ぼして行くであろう。

6　裁定に対する中国の対応

(1)　反発と完全無視

南シナ海仲裁裁判所の裁定は最終的なもので、UNCLOS加盟国としての中比両国に対して法的拘束力を持つ。この裁定は、ほぼすべての提訴項目でフィリピンの主張を受け入れたもので、中国の完敗ともいえるものであった。南シナ海における中国の強引な力による現状変更の試みは、UNCLOSからも断罪される結果となった。しかしながら、この裁定は、フィリピンと中国の南シナ海における領有権紛争の直接的な解決をもたらすものではないし、中国に裁定の遵守を強要するメカニズムもない。

では、中国の対応はどうか。中国外交部は2016年7月13日に発表した声明で、「裁定は無効であり、拘束力を持たず、中国は受け入れず、認めないことを厳粛に声明する」、「南海における中国の領土主権と海洋権益はいかなる状況下でも裁定の影響を受けず、中国は裁定に基づくいかなる主張と行動にも反対し、受け入れないものである」と宣言するとともに、仲裁裁判の裁定に対する中国政府の白書を公表した。中国政府白書は、裁定に真っ向から反対して、①中国は東沙群島、西沙群島、中沙群島、南沙群島を含む南海諸島に対して主権を有する、②中国の南海諸島は内水、領海、接続水域を有する、③中国の南海諸島はEEZと大陸棚を有する、④中国は南海において歴史的権利を有する、⑤中国の上述の立場は関係する国際法と国際慣行に合致している、と主張した。

裁定公表後の2016年7月から8月にかけては、ASEAN関連の一連の会議などで、「南シナ海」や「裁定」に言及し、中国の名指しこそ避けたが、裁定の受け入れを中国に求める共同声明などが発出された。中国は、特にASEAN関連の一連の会議では、中国に近いカンボジアやラオスに対して経済力を背景に影響力を駆使して、「全会一致」を原則とするASEANの切り崩しを図り、ASEANが共同声明で裁定受け入れを中国に迫る事態を阻止することに成功した。中国の王毅外相は、会議後、「著しく合法性を欠いた裁定のページはめくられた」、「裁定を巡る熱気は下がっていくであろう」と述べたと報じられた。裁定から8か月経った2017年4月現在、事態は王毅外相の予想通り、裁定を巡る熱気は事実上雲散霧消したといえる状況である。

(2) 中国の軍事的選択肢

中国は、裁定後も、南シナ海における威圧的行動や人工島の軍事化を推し進め、南シナ海支配を目指す姿勢を変えていない。実際、中国海軍は、仲裁裁判所の裁定を控えた2016年7月初め、南シナ海の西沙諸島周辺海域で、約100隻の艦艇や数十機の航空機が参加した大規模演習を行った。裁定後の7月中旬にも、南シナ海で海軍陸戦隊（海兵隊）による島嶼上陸演習や実弾射撃演習を行った。また、中国空軍は7月18日、スカボロー礁上空で爆撃機による哨戒飛行を実施したと発表し、今後、南シナ海での哨戒飛行を常態化させるとしている。9月には南シナ海でロシア海軍との合同演習を実施した。さらに、中国海軍が運用する唯一の空母「遼寧」は、その随伴艦とともに2016年12月25日に第1列島線を越えて初めて西太平洋に出、台湾の東側を通過して12月26日に台湾とフィリピンの間のバシー海峡を通過して南シナ海に入り、12月30日までに海南島三亜の基地に到着した。「遼寧」打撃群は、三亜の基地に短期間停泊した後、2017年1月1日から、南シナ海で「遼寧」艦載機、J-15（殲15）の発着艦訓練を実施した。その後、1月11日に台湾海峡を抜け、1月13日に本来の母港である山東省青島に帰港した。この航海は、台湾を一周するとともに、南シナ海で他の沿岸国を圧する軍事プレゼンスを誇示した、「遼寧」の初めての遠洋航海として注目された。

中国が今後、取り得る具体的な選択肢としては、造成済みの人工島におけるほぼ完成に近いとされる軍事施設の建設に加えて、部隊の配備や、スカボロー礁の埋め立てによる人工島の造成とその軍事化、そして南シナ海空域への防空識別圏（ＡＤＩＺ）の設定などが考えられよう。ここでは、これら二つの選択肢が実行された場合の南シナ海の安全保障上の影響について考えてみよう。

ア　スカボロー礁の埋め立てによる人工島の造成と軍事化

スカボロー礁はフィリピンのルソン島の西方約２３０キロにあって、北方のバシー海峡を窺《うかが》う戦略的に重要な位置にあり、中国は２０１２年4月の中比両国の政府公船同士の対峙を経て、現在に至るまで同礁の実効支配を続けていることは、既述した通りである。仲裁裁判所の裁定では、同礁は12カイリの領海のみを有する「岩」と認定され、同礁周辺での中国の活動がフィリピンの主権的権利の侵害と断定された。フィリピンのドゥテルテ大統領の２０１６年10月の訪中を契機に、フィリピン漁民はこの環礁周辺の豊かな漁場で操業ができるようになっていると報道されている。しかしながら、スカボロー礁に対する中国の実効支配の状況には変化がないようである。そうだとすれば、同礁周辺海域でのフィリピン漁民の操業容認は、フィリピンの対応如何によっては何時でも接近阻止ができる、ドゥテルテ大統領に対する北京の一種の切り札といえなくもない。

スカボロー礁を巡る今後の焦点は、中国が同礁の埋め立てに着手し、滑走路を建設し、軍事化するかどうかである。２０１７年4月現在、中国はスカボロー礁の埋め立てに着手してはいないが、同礁が滑走路を持つ人工島に作り替えられれば、中国の弾道ミサイル搭載原子力潜水艦（ＳＳＢＮ）が海南島三亜の海軍基地から太平洋へ侵出する重要なルートと見られるバシー海峡を扼《やく》する位置に前進軍事拠点を持つことになる。さらに、次頁の図に見るように、同礁と、ウッディー島および南沙諸島の中央部で３０００メートル級の滑走路を持つ3か所の人工島（ファイアリークロス礁、スービ礁、ミスチーフ礁）を結ぶ「戦略的小三角形」とで構成される「戦略的大三角形」が完成する。この「戦略的大三角形」は南シナ海支配上、極めて重要な意味を持つことになり、大小二つの「戦略的三角形」の構築は、中国による南シナ海の軍事拠点化の総仕上げといっても過言ではなかろう。

イ　南シナ海空域への防空識別圏（ＡＤＩＺ）の設定とその戦略的意味

もう一つの懸念は、南シナ海空域への防空識別圏（ＡＤＩＺ）の設定である。中国が２０１３年11月に尖閣諸島を包摂する東シナ海上空に設定したＡＤＩＺの性格や安全保障上の懸念などについては第6章2項で詳述したが、このＡＤＩＺは、領空の外側に隣接して設定され、当該国の領空に至る航空機を対象とし、領空侵犯に対して警告する通常のＡＤＩＺに比べて、極めて排他的で、軍事色の強いものである。

中国の劉振民外務次官は裁定後の２０１６年7月13日、「安全が脅かされれば、防空識別圏を設定する権利がある」と述べたように、もし中国が「9段線」に沿ってその上空に東シナ海と同様の

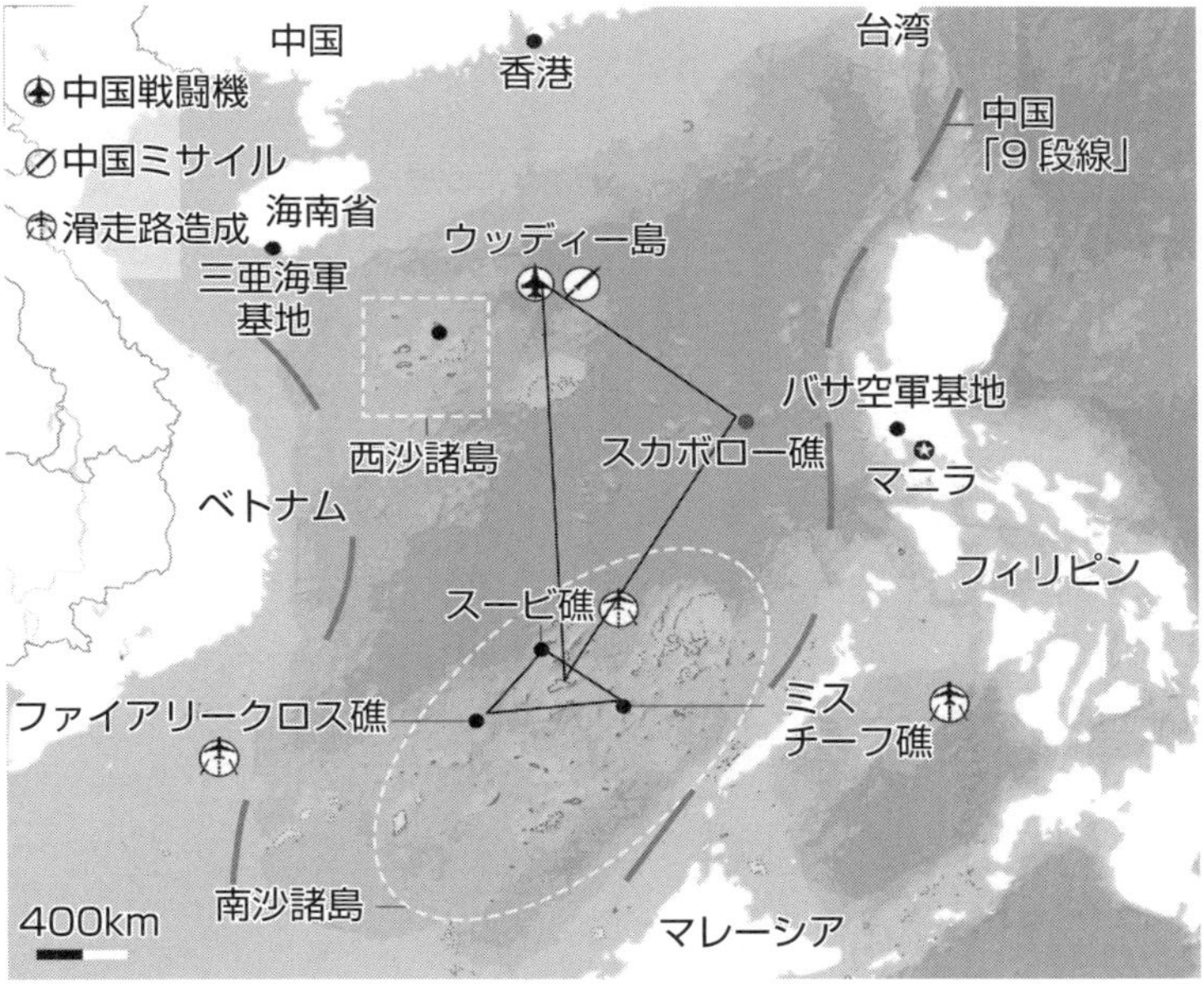

南シナ海における中国の「戦略的大三角形」と「戦略的小三角形」（筆者作成）

軍事色の強いＡＤＩＺを設定すれば、「９段線」内の海域とそれに対する中国の「議論の余地のない主権」は、前述の二つの「戦略的三角形」に配備された早期警戒管制機（ＡＷＡＣＳ）や戦闘機による管制能力を備えた前進航空拠点によって機能強化され、公式地図に描かれた単なる「段線」に替わって、軍事力に裏打ちされた領海、領空と実質的に変わらない中国の戦域空間に様変わりしよう。

中国にとって、東シナ海と南シナ海における領域支配の確立は、中国の「接近阻止・領域拒否（Ａ２／ＡＤ）」にとって必須の要件である。したがって、南シナ海における前進航空拠点を結ぶ二つの「戦略的三角形」と、その上空におけるADIZは、中国の近海防衛戦略の要となる第1列島線の内側の海域を、文字通り「中国の海」としよう。

7　中国の覇権的拡張戦略を抑止、阻止するための対応策

(1)「コスト強要戦略」による対中抑止

これまで見てきたように、中国は、強大化する力を背景にした威嚇的手段を通じて、東アジアの海洋における現状変更を推し進めてきている。さらに、中国の行動を断罪した南シナ海仲裁裁判所の裁定も完全に無視しており、それを受け入れる可能性は今のところ皆無に近い。では、中国の覇権的拡張戦略を如何に抑止し、阻止するためには、どうすればよいか。東シナ海における日本の対応については第6章で言及した。そして東アジアの海洋における「障壁」と「防壁」を巡る日本の中長期的な防衛戦略の在り方については、第8章で考察する。したがって、ここでは、「コスト強要戦略」概念をキーワードに、主として軍事的手段による南シナ海における対応策を検討していく。

米シンクタンクの新アメリカ安全保障センター（CNAS）のパトリック・クローニンは2014年9月に発表した、中国の威嚇的な海洋侵出に対応する政策課題について論じたレポートで、「軍事衝突へとエスカレートさせる極端な対応策や、何もしない不作為は論外として、米国と同盟

国は、中国の威嚇的海洋侵出に対応するための対抗措置を検討する必要がある」として、「コスト強要戦略」を提唱し、その内容を軍事的対応と非軍事的対応の二つのカテゴリーに分け、具体的な対応策を提唱している。クローニンによれば、こうした軍事的、非軍事的対応による「コスト強要戦略」の狙いは、中国に対して自らの行動が高い代償を強いられることになることを認識させ、そうすることで費用対効果の観点から自らの行動を自制する方向に導くことにある。中国に強いる高い代償として、①中国の国際的な評判を貶める、②中国に経済的な損失を強いる、③ルールと規範を遵守させる、④中国国内に政治的摩擦を強いる、⑤米国の抑止力と関与の信頼性を強化する、⑥中国の軍事的脆弱性を暴く、などを挙げている。そのための軍事的対応策として、①米国の軍事プレゼンスの強化（米軍の前方展開戦力の強化と、新たなローテーション展開拠点の確保）、②同盟国、パートナー諸国との軍事演習や共同軍事行動の実施、③相手の弱点や脆弱性を突く軍事力の整備（ハイテク軍事技術の開発、対潜能力の強化、多弾頭弾道ミサイル配備など）、④同盟国、パートナー諸国の能力構築支援（武器移転、合同訓練、情報・監視・偵察（ＩＳＲ）能力のネットワーク化など）などが挙げられている。一方、非軍事的対応策には、①情報（中国の現状変更の実態を暴く、共同軍事行動のための情報の共有体制の構築）、②外交（国際法や国際司法制度の活用と米国や同盟国の支持、ＡＳＥＡＮの一体性の強化、中国の主権主張に対する挑戦）、③経済（貿易投資の多角化や経済制裁）などが含まれる。

軍事衝突へのエスカレーション回避を至上命題としながら、上記二つのカテゴリーに示された具体的な対応策が中国に対して自らの行動の代価を強い、それによって中国が自制するかどうかは判断し難いし、ましてその因果関係を検証することは恐らく不可能であろう。また状況の推移によって対応策も変化していくことになると見られるが、いずれにしても、以下、クローニンの提唱に準拠して軍事的対応策について検討してみよう。

(2) 軍事的対応策の展開とその効果

ここでの至上命題は、中国との軍事紛争へのエスカレーションを回避しながら、中国の拡張主義的侵出を抑止し、阻止し得る、対中軍事ヘッジ態勢を構築できるかということである。その具体的な対応策は、以下の通りである。なお、クローニンの提唱の内、③相手の弱点や脆弱性を突く軍事力の整備については第8章で詳述するので、ここでは触れない。

ア　米国の軍事プレゼンスの強化

当然ながら、中国に対して自らの行動が高い代償を強いられることになることを認識させ、自らの行動を自制する方向に導き得るのは、米国の明確な意志とその軍事態勢に優るものはない。

米国は、2013年6月に当時のヘーゲル国防長官が米海空軍力の6割をアジア太平洋地域に再配備し、ローテーション展開を押し進め、最新装備を配備する方針を明らかにし、中国の軍事力とその到達範囲の増大を睨んで、アジア太平洋地域を重視する「リバランス」戦略を進め、アジア太平洋地域における軍事プレゼンスの強化と同盟国やパートナー諸国に対するコミットメントを改めて確認してきた。

２０１７年1月に発足したトランプ新政権は4月に就任１００日を経過したが、アジア太平洋地域に対する本格的な政策を未だ展開するに至っていないが、第9章で見るように、トランプ政権の安全保障・軍事ブレーンは、いずれも実戦あるいは現場経験豊富なリアリストによって固められており、その戦略・政策の基本方向は、オバマ前政権に比べてより現実主義路線を指向することは確実である。すなわち、アジアの海洋正面に対する中国の拡張主義的侵出を、米国の最前線に対する脅威として、アジア太平洋地域における米軍のプレゼンスの強化を含め、より有効な安全保障戦略を打ち出していくと見られる。また、トランプ大統領は、就任直後に軍再建を命じる大統領令に署名しており、今後、国防予算の増額も含め大幅な軍事力強化に踏み出すのは間違いなかろう。当然ながら、その過程で、日本などに対する負担増を求めてくると見られる。

米国はこの地域に、日本、オーストラリア、韓国などの同盟国を持っており、これらのアジアの同盟国は台湾とともに、米国にとって地政戦略的に重要な存在である。なかでも、米国の最前線であるユーラシア大陸の東部で米国の軍事プレゼンスを担保しているのは日米同盟である。日本は、米国が軍事プレゼンスを維持していくために、不可欠の高度な技術的、人的資源を持つ安定した支援基盤となっている。またアジア太平洋地域でこうした先進的安全保障能力を持つ国は他になく、日本はユーラシア大陸の東側に位置するアンカーとして、西の英国とともに、グローバルな海洋パワーとしての米国にとって不可欠の存在となっている。

したがって、中国の動向を視野に入れた日米同盟の強化は、東アジアにおける平和と安定を維持するためにも、また当然ながら日米同盟下の日本の防衛のためにも、極めて重要であり、中国に対する「コスト強要戦略」の核心をなすものである。中国との関係は、米国や日本、また域内のどの国にとっても、抗争と協調の両面を併せ持った関係である。日本を含め、域内各国は、対中関係における抗争的側面に目を背けることなく、正面から向き合って備えを怠るべきではない。そうすることは、中国との軍事紛争へのエスカレーションを不可避とするのではなく、むしろそれを回避し得る有効な措置であることを銘記すべきである。

イ　新たなローテーション展開拠点の確保

新たなローテーション展開拠点の確保についてみれば、2012年半ばに米海兵隊のオーストラリア北部ダーウィンへのローテーション展開が始まり、最終的に最大約2500人の海兵隊が展開することになっている。また米空軍機もローテーション展開しており、装備品や補給品の事前集積も進められている。オーストラリアは、グアムや日本などの米軍基地とは異なり、増強されつつある中国のミサイル戦力の覆域外にある。オーストラリア北部ダーウィンへの海兵隊の展開は、米軍の前方展開を受け入れている日本や韓国の主要基地に代わるものではないが、オーストラリアは、インド洋（ペルシャ湾も含む）への、そしてインド洋と西太平洋を結ぶ極めて重要なシーレーンへのアクセスを可能にする、政治的に安定し、信頼できる拠点を提供することになろう。

また、シンガポールは2013年に4隻の米海軍沿岸域戦闘艦（LCS）のローテーション展開を受け入れることに合意し、同年4月に1隻目が、2014年12月に2隻目が展開し、2017年末までに4隻が展開することになっている。また、2015年12月には、米シンガポール防衛協力強化協定が締結され、P－8対潜哨戒機のローテーション展開も始まった。

そして、中国の南シナ海における拡張主義的侵出の直接的な対象国である、フィリピンにおける米国の軍事プレゼンスも強化されることになった。フィリピンは、南シナ海問題の直接当事国の中で、唯一の米国の同盟国である。フィリピンには、苦い歴史的教訓がある。前述した通り、1992年末に南シナ海を望むマニラ北方のスービック海軍基地とクラーク空軍基地から米軍を撤退させた3年後の1995年2月に、中国によって、フィリピンが領有権を主張するミスチーフ礁が占拠されたからである。その後、フィリピンは1998年2月に米国と地位協定を結び、米比軍事協力を正式に復活させた。以来、米軍はフィリピン軍との間で、各種の年次演習を実施してきた。米国は2014年4月に、フィリピンとの間で新たな軍事協力協定（EDCA）に調印し、フィリピン国内基地へのローテーションによるアクセスに合意した。フィリピン最高裁判所が2016年1月に、EDCAを合憲と判断したことで、フィリピンにおける米軍事力再展開の道が開けた。そして両国は、3月にフィリピン国内5か所の空軍基地を米軍拠点にすることに合意した。191頁の図に示すように、五か所の空軍基地の内、アントニオ・バウチスタ空軍基地は、南シナ海中央部の南沙諸島に近いパラワン島のプエルトプリンセサにある。また、バサ空軍基地とフォート・マグサイサイ基地は、中国が実効支配しているスカボロー礁を睨《にら》むルソン島にある。米軍は、これらの基地にローテーションによるアクセスが可能になり、アジア太平洋地域への「リバランス」戦略を進める上で、これまで以上に多くの部隊、艦船および航空機のより頻繁な展開が可能になる。

しかしながら、2016年7月に就任したドゥテルテ大統領は、同年10月の訪中で中国からの経済援助と引き替えに南シナ海仲裁裁判所裁定の棚上げに合意するなど、親中的対応が見られ、一方で米国との軍事協力には消極的である。トランプ政権との間で、米比関係がどのような展開を見せるか、スカボロー礁に対する今後の対応も含め、中国に対する「コスト強要戦略」の効果を左右するものとして注目される。

さらに、米国のアクセス拠点として注目されるのは、ベトナムのカムラン湾である。カムラン湾はベトナム中南部にあって、南シナ海に面した深水港である。また、近傍に大型輸送機や戦略爆撃機が着陸可能な飛行場があり、アクセス拠点としての戦略的価値は高い。ベトナムは2016年3月に、カムラン湾を国際港として開放し、外国の軍艦や民間船を受け入れることになった。米海軍駆逐艦と潜水艦母艦は2016年10月2日、ベトナム戦争後初めてカムラン湾に寄港し、4日に出港した。2012年に当時のパネッタ米国防長官は、ベトナムを訪問した海上輸送コマンドの輸送艦の艦上で、将来の米越関係深化のカギとして、空母も寄港できる深水港であるカムラン湾へのアクセス拡大に期待を表明していた。今のところ、ベトナムが米国との間で正式の軍事協力協定を締結する動きはないが、もし米国がカムラン湾に定期的にアクセスすることが可能になれば、次頁の図に示すように、米国は、南シナ海を挟んで西側にカムラン湾、東側にフィリピンのアクセス拠点、そして南端のシンガポールのアクセス拠点を加えて、南シナ海における対中軍事バランスを維持す

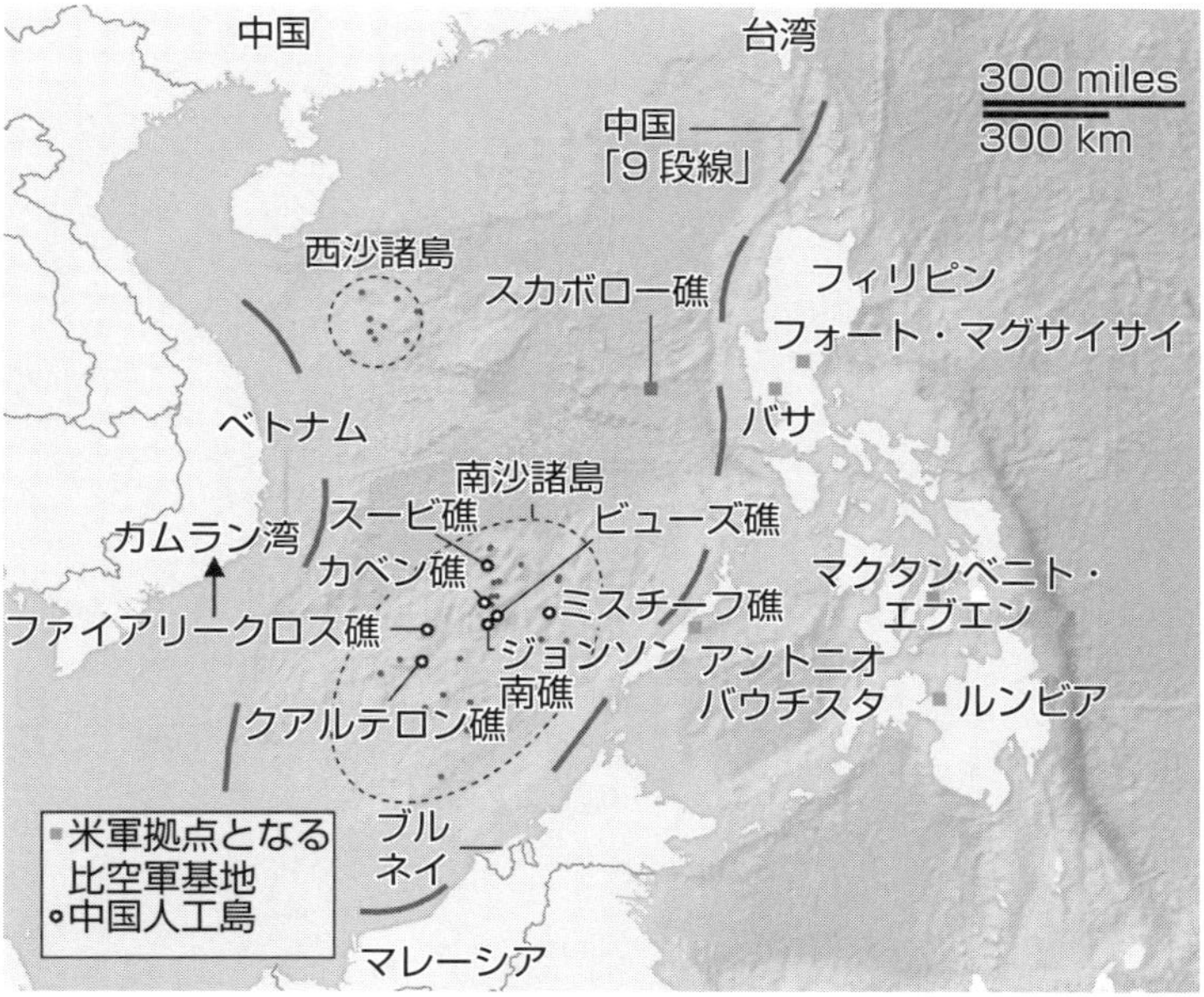

中国の人工島とフィリピン国内における米軍のローテーション展開基地
（筆者作成）

地図備考：■印は米軍の拠点となるフィリピン国内の５カ所の空軍基地。その内、アントニオバウチスタ空軍基地は南シナ海中央部の南沙諸島に近いパラワン島のプエルトプリンセサにあり、バサ空軍基地とフォート・マグサイサイ基地は中国が実効支配するスカボロー礁を睨むルソン島にある。

る上で優位な戦略態勢を構築することができよう。1992年末のフィリピンからの米軍撤退が中国の心理的負担を軽減したのとは逆に、こうした戦略態勢は、中国にとって心理的に重圧となろう。これに日本と韓国における米軍基地が加われば、米国は、インド洋から太平洋に跨って連なる作戦行動のためのアクセス拠点を持つことになり、東アジアの海域に常続的な軍事プレゼンスを維持することが可能になる。

なお、海上自衛隊の護衛艦「ありあけ」と「せとぎり」は2016年4月12日、カムラン湾に寄港した。日本の艦船のカムラン湾寄港は戦後初めてで、南シナ海で実効支配を強める中国を念頭に、ベトナムとの防衛協力の強化を印象づけることになった。これに先立って、これら2隻の護衛艦は、フィリピン北部のスービック港にも寄港し、またフィリピンでは「最近の周辺国の状況に対応するため」とし、15年ぶりに潜水艦も同港に寄港した。日本は、中国を念頭に、フィリピンやベトナムに巡視船の供与を進めているほか、P－3C哨戒機をフィリピンに頻繁に訪問させるなど、徐々に南シナ海での存在感を高めている。

ウ　同盟国、パートナー諸国の能力構築支援

南シナ海問題において中国の拡張主義的侵出の主たる対象国となっている、フィリピンとベトナムは、その軍事力や海上警備能力が不十分で、脅威対象国である中国とは圧倒的な力の差がある。通常、小国が大国に対抗するには、国防力の強化を図る内的バランシングに加えて、他の大国との連携を強化する外的バランシングによって対抗するか、あるいは当該大国に従属するバンドワゴニ

ングを選択する道がある。フィリピンやベトナムが中国とのバンドワゴニングを選択することは、米国がアジアから手を引き、中国の地域的覇権が確立される状況以外には考えられない。そうだとすれば、フィリピンやベトナムが中国の威嚇的で強引な行動に対する牽制力を構築する上で、自らの防衛力強化努力とともに、米国や日本、あるいはオーストラリアなどの域外大国による能力構築支援や、これら域外大国などとの合同軍事演習や合同軍事行動の実施などが、中国に代償を強いる軍事的対応手段として重要になる。日本は、フィリピンに対して10隻、ベトナムに対して6隻の巡視船を供与することになっており、海上保安庁による海上警備要員の教育、訓練支援とともに、両国の海上警備能力の強化に貢献することになろう。

フィリピンの防衛力はアジア最弱である。2015年8月に公表された米国防省の報告書によれば、フィリピン海軍の戦闘艦艇は大型戦闘艦4隻と小型戦闘艦9隻に過ぎず、また海上警備能力についても小型哨戒艇4隻を保有しているだけである。そのため、フィリピンは、中国の西フィリピン海（南シナ海のフィリピン管轄海域）への侵出を視野に入れて、近年全般的な海上警備能力と海上監視能力の強化に力を入れている。スウェーデンのストックホルム国際平和研究所（SIPRI）が公表した2015年の世界の軍事支出に関する報告書によれば、フィリピンの軍事支出は38億7000万ドルで、2014年比で実質25・5％増となっており、米国からの装備購入や、南シナ海に面したパラワン島での新たな基地建設も計画しているといわれる。オバマ前政権は、フィリピンに対して、沿岸警備隊の巡視船やC－130輸送機の供与などに加えて、沿岸監視能力の強化を支援してきたが、今後のフィリピンの防衛努力の成否は、前述したように、トランプ政権下で米比軍事関係がどう展開するかにかかっていよう。

ベトナムは、特に海軍力や海上警備能力の強化に力を入れている。ベトナムは、冷戦期には旧ソ連が最大の支援国であったが、現在もその装備の多くはロシア製である。ベトナムはまた、ロシアとの間で2013年3月に、カムラン湾の艦船補給施設などの共同建設に合意するとともに、イスラエルから早期警戒監視レーダー、ロシアから最新のS－300地対空ミサイルをそれぞれ購入し、防空能力も強化している。

ベトナムの軍事力強化で注目されるのは、潜水艦戦力である。ベトナムは、ロシアからキロ級通常推進型潜水艦6隻を購入し、最後の6隻目が2017年1月20日、カムラン湾基地に到着した。既にキロ級潜水艦の1番艦が南シナ海での哨戒活動を開始したと報じられており、6隻のキロ級潜水艦が全面的に運用されるようになれば、その搭載する対艦および対地攻撃巡航ミサイルとともに、北東部の中越国境から中部のダナン周辺までのベトナム沿岸から200～300カイリ以内のベトナムのEEZでの作戦行動は中国にとって極めて危険なものになろう。したがって、ベトナムのキロ級潜水艦は、一定海域における強力な対中拒否能力を持ち、北京に対する侵略の代価を吊り上げる手段といえよう。

ベトナムは米国との間で、近年、米海軍との合同訓練や米海軍艦艇のベトナム寄港など、軍事面において関係を強化しているが、2015年6月には、訪越したカーター米国防長官とタイン越国防相との間で、海洋安全保障協力の強化を目指す共同声明が発表された。また同年7月にベトナム共産党書記長として初めて訪米したチョン書記長とオバマ大統領との首脳会談で、海洋安全保障協力、防衛装備品の取引、防衛科学技術の移転などの協力を継続することが確認された。そして、2016年6月に訪越したオバマ大統領はベトナムに対する武器禁輸を完全に解除すると言明した。ベトナムにとって、ロシア装備から米装備への転換は困難な選択肢とみられるが、これによって、ベトナムが本格的に米軍装備を導入する道が開けることになった。

（3）米国は南シナ海問題に介入するか

ア　米国の国益と「航行の自由（FON）作戦」の実施

南シナ海問題に対する米国の立場は、7年前の当時のクリントン米国務長官の2010年7月のハノイでの発言に集約されている。それによれば、

①航行の自由、アジアの海洋コモンズ（国際公共財）に対する自由なアクセス、そして南シナ海における国際法規の遵守は、米国の国益である。

②米国は、領土紛争を解決するため、全関係国による協調的な外交プロセスを支持し、どの関係国による武力の使用あるいは威嚇にも反対する。

③米国は、南シナ海における領土主権を巡る紛争に対してはいずれの側にも与しないが、いずれの当事国もUNCLOSを遵守して、領土主権と海洋スペースに対する権利を追求すべきである。

以後、米国は、南シナ海問題に対しては、クリントン発言の論旨を繰り返し表明してきているが、中国による人工島の造成とそれを拠点とした南シナ海の軍事化の進展が明白になってきたことから、FON作戦の実施に見られるように、次第に踏み込んだ対応を取るようになっている。

米国は2015年10月、中国が2014年後半頃から南沙諸島における人工島造成を加速して以来、初めてのFON作戦を実施した。カーター米国防長官がマケイン米議会上院軍事委員長宛の書簡（2015年12月21日付）で明らかにしたところによれば、この最初のFON作戦は、どの領有権主張当事国にも事前通知しないで、FON作戦の通常の手順と国際法に従って南沙諸島の五つの海洋自然地形の12カイリ以内の海域を通過することによって実施した。また、同書簡は、FON作戦の狙いについて、「米国は、南沙諸島の海洋自然地形の主権に関しては、いずれの国にも与しない。したがって、FON作戦は、これらの海洋自然地形に対するいずれの国の主権主張にも対抗するものではない。FON作戦は、領海内通航に事前許可を求める一部の国の政策を含め、領有権主張国による当該領有地形周辺海域における『航行の自由』の権利を規制しようとする試みに対抗するものである」と述べている。以後、米海軍は、2016年1月、5月そして10月にFON作戦を実施した。しかしながら、それ以降、トランプ政権就任100日を過ぎた2017年4月末時点でも、FON作戦は実施されていない。

「航行の自由」は、米国の基本的な国益である。米国のFON作戦は、国際法に違反する海洋に関する過剰な権限要求には同意しないという意思表示である。しかしながら、問題は、米国と中国では、沿岸国の主権が及ぶ12カイリまでの「領海」と、沿岸から200カイリまでのEEZの二つの海域においてUNCLOSが規定する「航行の自由」について、見解が異なっていることである。すなわち、米国は、すべての船舶は、事前の許可を得ることなく、当該沿岸国の200カイリのEEZと12カイリの領海を通航することでき、また、軍艦は、EEZ内では軍事演習と監視活動を含む如何なる活動も実施できる、という立場である。米国は、あからさまな軍事活動が禁止される「無害通航」の原則に反しない限り、軍艦も領海を通航できるという立場であり、その原則に基づき世界中でFON作戦を実施している。他方、中国は、軍艦はEEZ内で軍事演習や監視活動を実施できず、基本的にEEZ内での如何なる船舶の通航も「無害通航」でなければならない、としている。さらに、中国は、「無害通航」の原則を遵守する場合でも、軍艦は沿岸国の領海に入る時には事前許可を必要とするとの立場である。

こうした見解の相違は、米中両国の軍事戦略に直接関連するものであるが故に、その解決は容易ではない。米国にとって、南シナ海の国際海域に対する妨害のない軍事的アクセスを維持することは、経済的に重要な戦略的海上交通路を護るとともに、アジアの有事における米国の介入を可能にする上でも不可欠である。他方、中国にとって、この海域はいわゆる第1列島線内にあって、A2／AD戦略における「領域拒否」海域、すなわち軍事的聖域化を図る、「核心的利益」とする海域である。

トランプ政権のティラーソン米国務長官は2017年1月の上院での承認公聴会で、南シナ海の中国の人工島へのアクセス拒否を示唆して物議を醸したが、今後、トランプ政権が、特に中国が造成した人工島周辺海域やスカボロー礁の周辺海域で、断続的なＦＯＮ作戦を実施していくかどうか、もしそうするようになれば、中国がどう対応するか。

２０１３年の米海軍巡洋艦（カウペンス）と中国海軍フリゲートの近接遭遇事案のように、哨戒活動中の米海軍艦船を妨害するような対応は、軍事衝突へエスカレートするリスクが大きい。それを回避するため、中国は、２００９年のトロール漁船による米海軍調査船（インペカブル）に対する妨害事案のように、トロール漁船や海警局の巡視船を使って、非軍事手段による妨害行為に出る可能性もある。中国が多用するこうした戦術に対しては、米国としても武力を持って排除できず、その対応に難儀しよう。

「航行の自由、アジアの海洋コモンズ（国際公共財）に対する自由なアクセス、そして南シナ海における国際法規の遵守」は、米国の国益のみならず、広く国際社会が共有すべき利益である。その利益を擁護するには、米国のみにＦＯＮ作戦を委ねることなく、日本やオーストラリアをはじめ関係主要国が積極的に協力し、国際的取組みとして中国の独善的行動を自制に導く真剣な努力を継続することの重要性が増している。中国は、日豪などが米国のＦＯＮ作戦に共同するか否かに重大な関心を持っており、これに対して、中国がどのように対応していくかは、今後の南シナ海情勢を左右する大きな要因の一つとなろう。

イ　スカボロー礁における動向―米国の本気度を問う試金石

フィリピンは、南シナ海問題の直接当事国の中で唯一、米国の同盟国である。1951年8月に締結された米比相互防衛条約は、第4条で両国の何れかが第三国に攻撃された場合の相互支援を規定している。オバマ政権は、フィリピンに対する同盟条約のコミットメントを再確認しているが、同盟条約上の義務がスカボロー礁などの南シナ海における海洋自然地形を巡る紛争に適用されるかどうかは公には明確にしていない。実際、「キャベツ戦術」の嚆矢とされる、前述の2012年4月のスカボロー礁に対する中国の実効支配に至る過程では、米国は介入しなかった。

既に述べたように、中国が南シナ海仲裁裁判所の裁定後の軍事的対応の選択肢として、スカボロー礁における人工島の造成やその軍事化、さらには南シナ海へのADIZの設定に踏み切った場合、中国の近海防衛戦略の要となる第1列島線の内側の海域が文字通り「中国の海」になると予想されるが、こうした新たな事態に対して、トランプ政権はどう対応するのか。今後の南シナ海情勢を左右するもう一つの大きな要因といえよう。

米国はこれまで、中国の人工島造成とその軍事化に対して、本格的な対応策をとってこなかった。FON作戦は、前述したその本来の目的からすれば、軍事的対応策ではあり得ない。スカボロー礁に対する米国の対応如何は、仲裁裁判裁定後の中国の動向に対する米国の明確な意志を発信する絶好の機会になるとみられる。

スカボロー礁周辺海域において、中国は現在のところ、海軍戦闘艦が前面に出ないで、政府公船による低レベルの圧力をかけることで膠着状態を継続的に作為し、相手に戦略的消耗を強いる戦術をとっている。もし中国が２０１４年５月にベトナムとの紛争海域に石油掘削リグを設置し、中国の巡視船や軍艦がベトナムの巡視船との間で小競り合い演じ、中国の大型で軽武装の巡視船が小型で脆弱なベトナムの巡視船に意図的に衝突して沈没させた時のように、中国が人工島造成とその軍事化に向けてスカボロー礁周辺海域で同じような戦術をとった場合、フィリピンは、米比相互防衛条約による支援を期待することになろう。

トランプ政権は２０１７年４月末現在、未だ明確な南シナ海政策を明らかにしておらず、またFON作戦の実施にも踏み切っていない。スカボロー礁に対する今後の対応は、トランプ政権の、そして米国の南シナ海問題に対する本気度を問う試金石となろう。そして、その対応如何は、日米安保条約第５条の尖閣諸島への適用に対するトランプ政権のコミットメントの信憑性《しんぴょうせい》や、日本の南西諸島防衛ひいてはアジア太平洋地域の防衛に重大な影響を及ぼすことになろう。

他方、中国にとっても、たとえ中国が南シナ海の領有権紛争当事国との作用と反作用の連鎖という、一種の「チキン・ゲーム」における主導権を握っているとしても、米国の介入の敷居の高さを見極めることは難しい判断であろう。

第8章 アジア太平洋・インド地域と連携した日本の対中防衛戦略

1 はじめに

アジア太平洋・インド地域の国々と連携した日本の対中防衛戦略の目的は、当該地域で基本的価値を共有する国々の力を結集した抑止力により、中国の軍事的冒険の意図を断念させることにある。その中核となるものは日米による対中共同抑止態勢であり、このため、両国は連携強化を図る関係国に対して具体的で、説得力のある戦略指針とその枠組み（「戦略モデル」）を提示する責任がある。

その際、日本は、米国と一体となって第1列島線を守り抜く作戦・戦略の考え方を示すだけではなく、日本自身がその考え方を具現化するためのソフトとハード面における諸施策並びにそれにともなう財政上の裏付けが求められる。つまり、従来の外交・防衛政策から脱却し、積極的平和主義の理念のもとで新たに策定された「国家安全保障戦略」の目標を達成するためには、外交力、防衛力などが期待される機能を十分発揮できるよう、抜本的な改革・強化に取り組まなければならない。結論から言うと、わが国はもはや従来の外交・防衛努力や従来規模の防衛予算の延長で国防の目的を全うするという甘い考えは通用しない。

地理的に広域に点在する脆弱な南西諸島を守り、併せて中国・北朝鮮からの大量のミサイル部隊や特殊部隊・快速反応部隊などからの攻撃から国土全般を防衛するには、陸海空自衛隊のいずれも、人員、装備、弾薬などの深刻な不足が憂慮される。また、中国の第1列島線を目標とした局地戦の「短期高烈度決戦」が1か月から2か月弱の期間続くとなれば、日本がその期間を耐え抜く、継戦能力や強靭性・抗堪性を保持しているとは到底考えられない。ましてや、アジア太平洋地域の安全保障に積極的に寄与する力はないに等しい。わが国では、このような防衛力の実態を国民や政治家、マスコミなども十分に認識しているのか、中国に対する危機意識があるかについても、はなはだ疑わしい。

今、日本に突きつけられている課題は、戦後、その大半を米国の軍事力に依存してきたわが国の防衛を、少なくとも通常戦力に関しては「自らの国は自ら守る」という体制に転換することである。中国の軍事的な挑戦に立ち向かい、相対的に国力が低下している米国の作戦・戦略の変化に対応するためには、日本はこれまで踏襲してきた進路の根本的な軌道修正を図るしか道はないのである。

2 日本の対中防衛戦略の骨格

これから提示する日本の対中防衛戦略は、他国の領域を侵略し、国際公共財(グローバルコモンズ)としての海洋や空域における自由なアクセスを拒否する中国の軍事的な海洋侵出を阻止することを目標としている。そのためには、第1列島線に位置する国々の領域防衛を連接した「阻止の壁」(内壁)とその外周に設定した海上交通路の要所を遮断する「海上封鎖網」(外壁)の二重の壁からなる戦略態勢を構築することにより、中国の軍事的な海洋侵出の野望を断念させることが当該戦略の柱である。また、万一抑止に失敗した場合は、中国の海洋侵出を主導する中国海軍を極力「阻止の壁」の内側に拘束し、これを撃破しようとするものである。

したがって、当該戦略は、自由、民主主義、人権、法の支配などの基本的価値の下、中国の軍事的な海洋侵出に対する共通した脅威認識を持ち、これを阻止する戦略目標を共有する、日米を中心としたアジア太平洋・インド地域における同盟国および友好国の共同防衛を基本としている。

また、当該戦略は、以上のような戦略態勢をとることによって中国の覇権的拡張戦略の遂行を断念させる「抑止」を重視しており、決して中国本土を占領して国家崩壊を目指すものではない。あくまで、強引な力の行使によって他国の領域を侵略し、独りよがりな中華的秩序を押し付けて地域覇権を確立しようとする軍事的冒険主義を挫《くじ》き国土防衛を全うするとともに、自由なアクセスを確保するための戦いに目的を限定した、いわゆる制限戦争に基礎を置いている。

（1）抑止態勢の確立――第1列島線の「阻止の壁」（内壁）とその外周の「海上封鎖網」（外壁）の構築――

第3章の「中国の覇権的拡張戦略」で述べたように、中国は第1列島線に囲まれた東シナ海と南シナ海の「領域拒否（AD）」ゾーンを軍事的支配下に置くことを前提に、主として米国の軍事的影響力を西太平洋から排除し、やがては世界的な覇権を確立するため、平和的台頭の名の下に、太平洋の東に向けて「接近阻止（A2）」エリアを拡大しようと目論んでいる。

中国のこの「東へ押し出す軍事力」を抑え込むためには、まず第一に米国を中心として第1列島線の国々が協力・連携し、中国の軍事的な海洋侵出に対する「阻止の壁」（内壁）を構築することが肝要である。すなわち、東アジアにおいて圧倒的な中国の軍事力を封じ込めるためには、「拒否的抑止力」として、わが国の「南西諸島防衛の壁」に連接した第1列島線に「阻止の壁」を構築することが必須の要件である。もちろん、このことは米国の作戦構想との一体化を図るという以上に、第1列島線上の国々にとっては、それぞれの国の価値観などを中華のそれによって侵蝕されることを拒否し、また、中国の侵略から国土・国民・主権を守り抜く国土防衛（領域防衛）そのものを意味する。

他方、中国が目指す「短期高烈度決戦」の「短期」という期間について、米国は1か月から2か月弱と見積もっているが、米海空軍主力が中国のミサイルなどの攻撃を避けて第2列島線以遠に後退すると見込まれるこの間、第1列島線の国々が中国の高烈度の攻撃に独力で耐え抜くことができるかという大きな問題がある。このため、第1列島線の「阻止の壁」にかかる強大な中国の軍事的圧力を緩和する上で、中国の作戦の混乱や攻撃力の低下を狙いとし、中国の軍事力を支える経済力や継戦能力に同時並行的に打撃を与え、弱体化させることが必要となる。

すなわち、第二には、中国の経済力や継戦能力を支える海上交通路を遮断することが重要となる。このため、広くインド、オーストラリアあるいはインドネシアなどの国々とも協力・連携し、「阻止の壁」の外周に「懲罰的抑止力」としての「海上封鎖網」(外壁)を構築することが必要である。特にインドネシアが関係するマラッカ海峡、スンダ海峡、ロンボク海峡の封鎖は大きな効果を発揮することになるであろう。

この二重の壁の内壁である「阻止の壁」は、中国海空軍による第1列島線の内から西太平洋への侵出を阻止するとともに、逆に米国や同盟国・友好国の戦力を、安全に第1列島線の外から東シナ海、南シナ海へ送り込む「逆浸透性の壁」の役割を果たすものである。

他方、「外壁」はインド洋、太平洋から中国に至る海上輸送の流れを止めて中国の経済力および継戦能力を弱体化する一方、米国や同盟国・友好国のチョークポイントにおけるアクセスの安全を保障し、関係各国の経済力および継戦能力を維持するための役割を果たすことになる(図1参照)。

図1　阻止の壁（内壁）と海上封鎖網（外壁）による防衛（筆者作成）

このように、当該戦略は、第1列島線に位置する各国の領域防衛を連接した「阻止の壁」（内壁）をもって中国軍による第1列島線から太平洋やインド洋への侵出を阻止するとともに、東シナ海と南シナ海における自由な海域使用を拒否する態勢を構築する。さらに、その外側に、「海上封鎖網」（外壁）を構築して中国の海上交通路を遮断する態勢を作ることにより、中国の軍事的な海洋侵出の野望を未然に挫く「抑止」の目標を達成しようとするものである。

これを別の視点から見ると、中国のA２／ADに対抗するため、これを逆手にとった米国と第1列島線上の国々の力の結集による対中A２／ADネットワークの構築による抑止ということになるであろう。

（2）防勢作戦から攻勢作戦へ——中国海軍の拘束と撃破——

中国がA２／AD戦略に基づいて武力攻撃を発動

した場合は、まず、前記の二重の壁によって、中国の海洋侵出の中核たる海空軍主力を極力「阻止の壁」の内側に拘束しつつ、第1列島線上の各国は相互に協力・連携して領域防衛を全うする。一方、前方展開中の米海空軍主力は、中国のミサイル攻撃などによる損害を回避するため、一時、第2列島線以遠へ後退し、攻勢に転移するための態勢を整える。この際、中国軍の減殺や混乱を図りつつ、日米が主導権を確保する、敵のC4ISRやミサイルを無効化する盲目化作戦（サイバー・電子戦）に加えて、水中の支配作戦は開戦当初から継続的に実施されることになるであろう。

そして、速やかに攻勢転移の態勢を整え、東は日米、南は米豪、西は米印のそれぞれの海軍を主体として構成された外壁である「海上封鎖網」を東シナ海、南シナ海に向けて求心的に絞り込みつつ、堅守されてきた第1列島線を攻勢の起点に、日米の海空軍力を主体とした水中・水上打撃力を最大限に発揮して、最終的に中国海軍の撃破を追求することになる。中国海軍の主力を粉砕することができれば、少なくとも数十年単位で中国の海洋侵出の野望を挫くことができ、アジア太平洋・インド地域の平和と安全を維持する確かな道が拓《ひら》けることになるであろう。

このように、中国周辺諸国の強固な対中結束力を見せつけ、二重の壁の包囲網と米軍の圧倒的な水中戦力や長距離打撃力を組み合わせることにより、中国に軍事力をもって第1列島線の国々や米国を打ち負かすことはできないことを悟らせ、その覇権的拡張戦略を断念させることが、力を信奉し、軍事的冒険主義に走る中国に対する最良の対応策となるであろう。

（3）第1列島線の国々の防衛力の現状

第1列島線の国々は、中国の圧倒的な軍事力をまともに受けることから、その防衛力は対中抑止の鍵となるものだが、各国の中国との政治・経済関係や軍事力は国ごとに格差が大きく、残念ながら共同防衛として一体化するには相当な困難が伴うであろう。これを国毎に見ていくと、まず台湾は南西諸島と同じく第1列島線の防衛の要であるが、長年、中国に気づかう米国の政策により台湾の軍事力は近代戦を戦うには十分とはいえない。また、軍人は伝統的に親中派の国民党寄りであり、経済的には中国の大きな影響力の下にあることも不安材料の一つである。一方、２０１６年の台湾総選挙で民進党が勝利し、民進党の蔡英文氏が総統になったことは台湾の将来にとって極めて大きな変化であり、日米台の共同防衛体制を構築する千載一遇の機会といえるであろう。この際、米国の「台湾関係法」に倣って、日本も台湾への広範な支援を明記した「日台関係基本法」の実現を図るとともに、台湾の世界保健機関（ＷＨＯ）などの国際機構への参加を米国とともに強力に推し進めることが肝要である。

フィリピンの軍事力は極めて脆弱である一方、中国の南シナ海における軍事拠点化の矛先が向けられていることから、日米との共同防衛態勢の確立は急務であり、日米はフィリピンとの共同訓練の実施、装備品の提供、教育訓練の支援などの幅広い支援が必要である。一方、２０１６年のフィリピンの大統領選挙の結果、フィリピンが中国に対して政治的妥協を強要されることもあり得ることから、日米は今後、さらにフィリピンを取り込む努力が必要となるであろう。

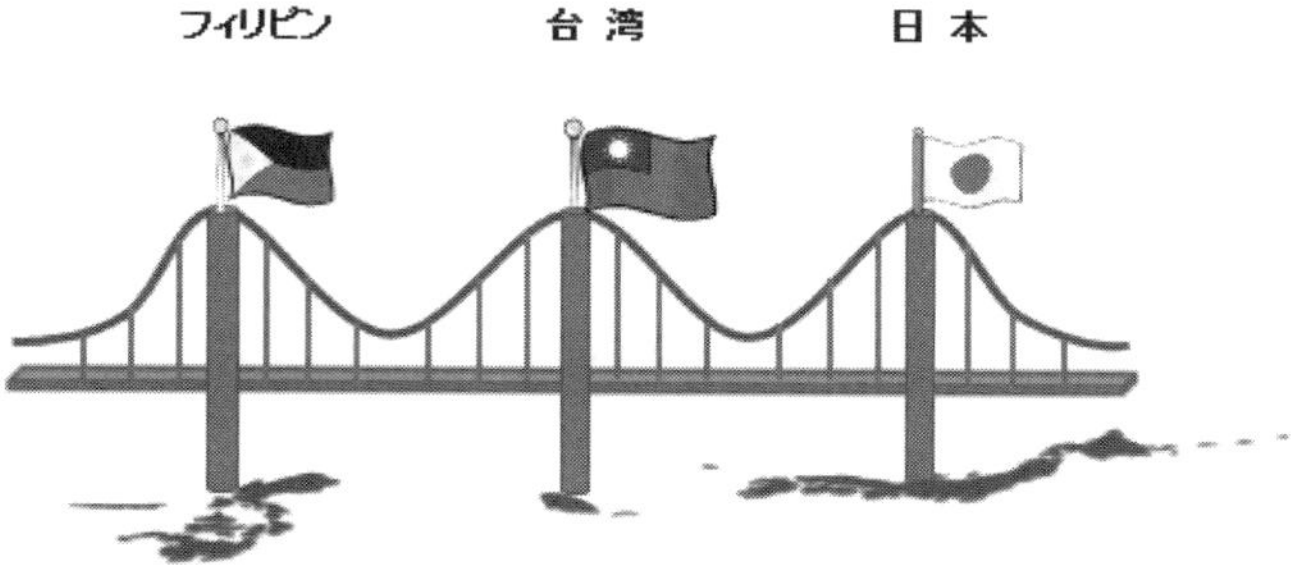

図２　日本、台湾、フィリピンは運命共同体

台湾とフィリピンの間には、南シナ海と西太平洋をつなぐ極めて重要なバシー海峡が存在することから、日米と台湾、フィリピンの軍事的連携は喫緊の課題であると同時に、日台比は運命共同体であると言っても過言ではないだろう（図２は、日台比運命共同体のイメージ図である）。

ベトナムは共産主義国家とはいえ、中国に対する脅威認識は高いことから日米との軍事的連携は可能である。今後はベトナムの海軍力の強化が喫緊の課題といえよう。また、インドネシアは南シナ海の南端に位置するナトゥナ諸島を巡り中国と対立しており、中国を脅威と感じるようになってきている。同じようにマレーシア、タイについても中国に対する脅威認識は高まってきていることから、今後このような国々との軍事的な連携も可能になってくるであろう。

日本は米国の同盟ネットワークの要であるにもかかわらず、必要な防衛力が備わっているとはいい難い。地理的に脆弱な南西諸島を守り、併せて中国・北朝鮮からの大量のミサイル攻撃や特殊部隊からの攻撃などから国土全般を防衛するには、陸海空自衛隊のいずれも、人員、装備、弾薬などが圧倒的に不足している。ましてや中国の第1列島線を目標とした局地戦の「短期・高烈度決戦」が1か月から2か月弱の期間続くとなれば、日本がその期間を耐え抜き、戦える戦力を保持しているとは考えられない。日本ではこのような認識を国民も政治家やマスコミなども共有していないどころか、中国に対する危機意識自体も希薄である。その上、マスコミによる防衛に関する情緒的反戦報道などもあって、日本国民の国を守る気概は極めて低い。その意味で中国の「三戦」は日本において効果を発揮しつつあるといえよう。日本の防衛政策は、致命的欠陥を有しながら改善のスピードは極めて遅い。

韓国は、軍事的な米韓同盟を結んではいるものの、経済的、政治的に中国の影響が強く、ただちに中国を対象とした共同防衛態勢に組み込むことには困難が伴うであろう。しかしながら、北朝鮮に対する軍事的な防壁として日本の防衛に直接影響することから、日韓の軍事的な繋がりは米国を中心として維持しなければならない。

このように見てくると第1列島線の国々の現状は一枚岩だとは言えないばかりか防衛力は極めて脆弱であり、共同防衛への道のりは険しいと言わざるを得ない。それぞれの国は、自国の防衛力の向上に努めるとともに、共同防衛の前提となる中国に対する脅威認識を共有し、第1列島線の共同防衛は、「自由」を基調とする国々の価値観を守り、自由の下に繁栄していくために必須であることを再認識して、戦略目標を合致させていくことが重要である。

（4）第1列島線の国々をつなぐ危機感と価値観

第1列島線の国々をつなぎ、米国の関与を確実にするためには、単に「自由」、「民主主義」、「法の支配」、「人権」というだけではなく、さらに掘り下げて生存と繁栄の基礎としての中国に対する脅威認識を再確認し、国益に基づいた第1列島線の価値を共有することが必要である。

中国に対する脅威認識の原点は、中国の価値観が明瞭でないことである。中国のソフトパワーとは何なのかということが議論になったものの、はっきりしないまま短期間のうちに議論が終わってしまったことがあった。自由や人権、国民の幸福の追求などが俎上に載ったこともない。一方、中国は「統一」、「安定」、「発展」を理念としているが、国境線は中国の力が及ぶ範囲が自らの領土であるとの認識の下、「統一」の理念を掲げてチベットや新疆ウイグルを軍事力で支配して、これを核心的利益と称している。他国からの非難や人権報道などもシャットアウトし、悲惨を極める「統治」をしているだけでなく、南シナ海を核心的利益と宣言し、自己中心的な主張に基づき着々とその支配を強めていることは、中国の力による覇権の拡大であり危険な行動である。さらに尖閣諸島についても核心的利益と称し、その奪取を目指して着々と行動している。これらの事実は、中国が武力を背景にして領域を拡大し続けているということである。やがて中国が、南シナ海と同様、東シナ海の軍事的聖域化の拠点として、尖閣諸島を直接支配することを狙って行動に移す日は近いと考えられる。中国のいう「安定」とは、軍隊よりも大きな予算を持つといわれている「武装警察」が武力を使ってでも国内の反体制派や少数民族を弾圧し黙らせることによって初めて実現できる。その上、２０１４年以降、国防動員法、反スパイ法、国家安全法、反テロ法、外国ＮＧＯ国内活動管理法などを相次ぎ成立させ、国内における締め付けを徹底して強化する傾向にある。国外においては、他国の資源を中国式の収奪法で獲得する一方、経済的影響力を行使して中国の覇権を容認させ、自らに都合の良い国際社会を作り上げようとしている。また「発展」は、中国の経済を発展させ、国民生活を向上させているのは中国共産党であるとして、その存在意義を国民に認めさせ、体制の維持を図ることにその本質がある。国民の幸福の追求が根本にあるのではなく、あくまで、中国共産党の生き残りこそが「発展」追究の主因となっているのである。

米国に替わって中国がアジア覇権を握るということは、強大な軍事力を背景に、周辺諸国を力ずくで従わせる中国中心の「新たな国際秩序」を作り上げるということであり、中国が中華として周辺諸国を朝貢させた、かつての華夷秩序と何ら変わるところではない。そこでは、「自由」、「民主主義」、「基本的人権の尊重」、「法の支配」などは大幅に制限されよう。その姿は、一国二制度を50年間約束されながら、無残にも反故にされ、一国（中国）化のみが強化されつつある香港の現状を見れば一目瞭然である。台湾国民は、その政治的詐術がもたらす現実に危機を感じて立ち上がり、総統も政党も民進党を選択したのである。

しかし、この台湾に対する日米両国民の反応は至って冷やかで、鈍重と言わざるを得ない。日本や米国も、そして第１列島線の国々も現在共有している普遍的価値を長く享受したいと望むならば、中国の真の脅威に目を背けることなく、広く連帯して脅威に対抗できる態勢を構築しなければなるまい。

（5）第1列島線の価値の再認識

日米をはじめ、同盟国、友好国の国々が連携するためには、第1列島線の価値とその重要性について共通の認識を持つことが極めて重要である。なぜなら、それが関係国の戦略を融合させる第一歩であるからだ。逆に、その共通認識が欠けていれば、米国では「中国と一戦交えずに、尖閣諸島を防衛することは不可能であり、米中戦争を引き起こしてまで、東シナ海の無人島を防衛する価値はない」という議論が起こり得る。また、日本をはじめ同盟国や友好国の争いに「巻き込まれて」米中が本格的な戦争をすることは、両大国にとっても、また、世界にとっても大きな損失であり、米中にとって意味のないことだという「中国の三戦の罠」に嵌まってしまうからである。

改めていうが、中国は第1列島線に関して、海洋強国として発展し太平洋に侵出して将来米国と覇権を分かち合うためには、大きな障害、すなわち列島線バリアーであると認識している。また、中国の政治経済の中枢や海軍の根拠地が存在する中国沿岸部の安全は、沿岸海域が中国の支配下に置かれなければ、常に脅かされると認識している。すなわち、中国にとって第1列島線を支配することは、海洋強国として今後覇権を拡大して行く必須の要件なのである。一方、米国にとって、同盟国などと一体となって第1列島線を確保することは、米国の作戦の中核であるエアシーバトル（ASB）を成功させ、中国に対する拒否的抑止力を発揮するための大前提である。米国が中国の覇権を認めたくなければ、第1列島線の確保は米国にとって死活的に重要であることを強く認識する必要があろう。また、日本などの第1列島線上の諸国には米国に対してその価値の認識を新たにさせる努力が求められる。

一方、米国にとって、日本は地政学的な価値と同時に、アジア太平洋地域において唯一、米国を支援し得る高度な技術や補給修理能力を提供しており、このため日本を喪失することは、米国が西太平洋から撤退することに等しい痛手を被《こうむ》ることになる。

もちろん、日本にとって南西諸島防衛は、国土防衛そのものであり、一歩も中国に譲ることはあり得ない。さらに、南西諸島の喪失は、単に日本の一部地域の喪失ではなく、日本の政経中枢である太平洋ベルト地帯が中国の軍事的影響下に置かれ、その勢力圏に入ることを意味している。日本も米国もたかだか尖閣諸島、たかだか南西諸島とは決して考えている訳ではないだろうが、その損失の代償は限りなく大きいことを銘記しておくべきであろう。

3　阻止の壁（内壁）の共同防衛

以上述べてきたように、対中防衛戦略は、阻止の壁（内壁）と海上封鎖網（外壁）の二重の壁によって中国の軍事的冒険主義による拡大を抑止しようとするものであるが、戦略策定の前提となった中国が勝利を目指す短期高烈度決戦とは何なのか、そのために中国はどのような準備をし、どこに勝利を求めているかをより具体的に説明する必要がある。また、これに対抗する米国の作戦構想の核心とは何なのか、そしてその問題点は何なのかを明らかにする必要があろう。

陸海空自衛隊の将官OBのグループは、2015年3月、ワシントンに所在する米国戦略予算評価センター（CSBA）、米国国防大学国家戦略研究所（INSS／NDU）、米国海軍大学（NWC）を訪問し、米国の作戦思想と日本の防衛について率直な意見交換を行った。なかでもCSBAは、国防省と密接な関係がある民間のシンクタンクであり、エアシーバトルを提唱し、その後、これを包含する「第3次相殺戦略」を提言するなど、現在の米国の戦略と作戦思想の両方を牽引している中心的な民間機関であり、国防省に最も影響力を持つ研究所であることを確認した。このため、本章では、CSBAから使用承認を得た資料を参照しながら説明して行きたい。

国防省は、今後エアシーバトル（ASB）の名称を使用せず、「グローバル・コモンズにおけるアクセスと機動のための統合コンセプト」（JAM－GC）と呼称することとし、従来ASBを検討してきたASB室は、統合参謀本部J－7統合戦力開発課に統合されることになった。今後、国防省ではASBコンセプトと「第3次相殺戦略（OS）」を核心にして具体化されていくものとみられる。すでに米国の2017年度の国防予算案では、これらに基づく具体的な装備の取得が計上されている（米国では、すでにASBの名称は公式には使われなくなったが、本書ではわが国で比較的認知されているこの名称を引き続き用いることとする）。

なお、米国の有力な研究所であるランド研究所が、2015年に発表した「米中軍事スコアカード」（台湾、南沙諸島有事シナリオに基づき、細部にわたって米中いずれが有利かを明らかにしたもの）でもASBを基本としており、今後投資すべき勝利のための装備などについても、ASBおよびOSが提言したものと同じであることから、両者は米国の作戦・戦略の向かうべき方向であるといって間違いないであろう。

(1) 注目すべき短期高烈度決戦の戦い方

本項では、中国の作戦の特色および日本に対する具体的な侵攻様相について理解を深めることから始めたい。端的にいえば、中国軍は様々な弱点を有しているものの、情報の優越を前提とした「近代化された人海戦術」による局地戦での勝利を追求している。

ア　中国の作戦の特色

前記の通り、中国は、2021年の中国共産党創立100周年記念を中間目標として、2020年までに総合的な作戦が可能な軍事力の構築や統合運用の体制を整えようとしている。このような流れの中で、日米の専門家の間では、中国との本格的な紛争の可能性が高まる時期は2020年から2030年の間との見方がある。

そこで、これから起こり得る中国軍の作戦の特色について述べることとする。

第一は、米中はお互いを主敵としており、それぞれの戦略は米中戦争を前提とした大きな枠組みの中で策定されると考えられるが、中国が目指す第一段階の作戦は、米軍の介入を西太平洋から排除した中で、第1列島線上の国々を「短期高烈度決戦」によって占領することである。中国がいう「情報化条件下の局地戦に勝利する」とはこのことを意味し、局地戦とはいってもその広がりは南西諸島全域から、台湾、フィリピンそしてベトナムなどにまで及ぶ広範な作戦である。

もちろん、南西諸島の全域を必ず占領するということではないが、中国は南西諸島全域を作戦地域と捉え、どの島々へ侵攻するかは中国の判断にかかっている。また、台湾を奪取し確保するには、中国は南西諸島まで侵出する軍事的必然性があり、否応なく日本は台湾有事に巻き込まれることになる。したがって、日本が、わが国独自の視点で中国の侵略を沖縄や宮古島以西の先島諸島に限定したり、あるいは尖閣諸島に限定したりすることは誤りである。中国の目標は、あくまで第1列島線を占領して西太平洋へ侵出することである。このため、中国の侵出のチョークポイントを形成し、中国が占領すれば侵出の拠点となる南西諸島への攻撃は、不可避と理解しなければならない（次頁の図3参照）。そして、南西諸島は中国本土から約800〜1000キロの距離に位置しており、南西諸島のどの島へも約1日で到達できることを忘れてはいけない。この点、陸上自衛隊が対中防衛のため、沖縄に加え、奄美大島をはじめ与那国島、宮古島、石垣島などの先島諸島へ部隊を配置するのは極めて適切な判断と言えよう。

そして中国は、第1列島線の日本に対して徹底した日米分断工作を仕掛けるとともに、国際社会

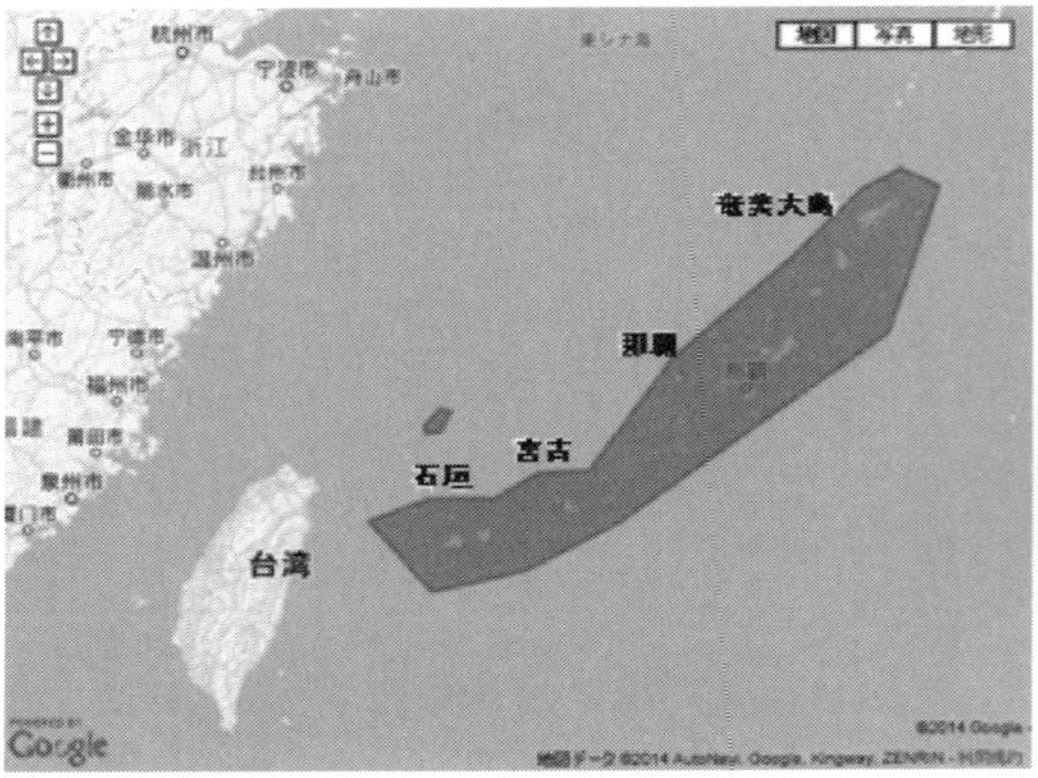

【参考】
米国防省「中国に関する年次報告書2014」(2014.6.5)

「中国は短期間で高列度の地域紛争を戦い勝利する能力を高めるための包括的な軍の近代化計画を継続」

図3　中国の短期高烈度決戦の目標

＜　出　典　＞“Navy Official：China Training for‘Short Sharp War’with Japan/China’s Training Plan”, USNI News（Feb.18.2014）

トランプ政権において、国家通商会議議長であるピーター・ナバロ氏の著書『米中もし戦わば』では、上図を公式の場で発表し退職に追い込まれたジェームズ・E・ファネル元大佐のことを、わざわざ「はじめに」の前書きに「ファネル大佐に捧ぐ」と記述してある。つまり、この内容は真実であり、トランプ政権ではこのような認識を持つであろうことを表している。（引用者）

における孤立化を策するであろう。歴史戦はそのための有力な手段であり、強力な対日カードとして執拗に行使されることになるであろう。

中国が対日戦を仕掛ける場合は、米国に対して「これは日中間の紛争であり、米国とは関係ない。日米同盟のために米中が争えば、世界の経済に計り知れない打撃を与える」と主張するであろう。また、日本の南西諸島だけが目標であり、在日米軍を攻撃しないというかもしれない。さらに、平時からの「三戦」の効果を最大限に発揮し、最終的に、国連の常任理事国の地位を活用して、「旧敵国条項」を日本攻撃の口実とするかもしれない。

また、日本に対して核兵器による恫喝を行うであろう。あるいは、高高度における核爆発による電磁波（ＥＭＰ）の効果を利用し（84頁コラム参照）、一挙に指揮・通信網などを停止させることも考慮に入れなければならない。いずれにしても、第1列島線の国々に対する「短期高烈度決戦」は、「米国との分断」を図り、あるいは、「米軍の戦力の投入を躊躇させること」を前提としている。また逆に、米中戦争は、常に全面戦争に発展する危険性が内在しており、したがって米国が自動的あるいは無条件に軍事介入すると考えるのは幻想である。むしろ、そこには米中間に交戦回避の妥協の余地が存在することを考慮に入れておかねばならない。

このため、日本は、中国の日米離間策に飲み込まれることのないよう、また、わが国にとって唯一の日米同盟を一段と深化させ、日本有事における米国の介入を担保するよう、常に努力を惜しんではならないのである。

第二は、中国は「空天一体」の戦い、すなわち、航空・宇宙空間とサイバー空間の支配により、敵に先んじる情報の優越を図り、航空と宇宙（航天）の運用を一体化させることにより米国やその同盟国などに対して軍事的優越を図ろうと考えている。このため、２０２０年を目標に宇宙軍を創設することを目指し、宇宙ステーションの建設もやがて完成するだろう。多種の衛星の打ち上げも続いており、アジア太平洋からインド洋にかけての中国による宇宙の優越は現実のものとなりつつある。

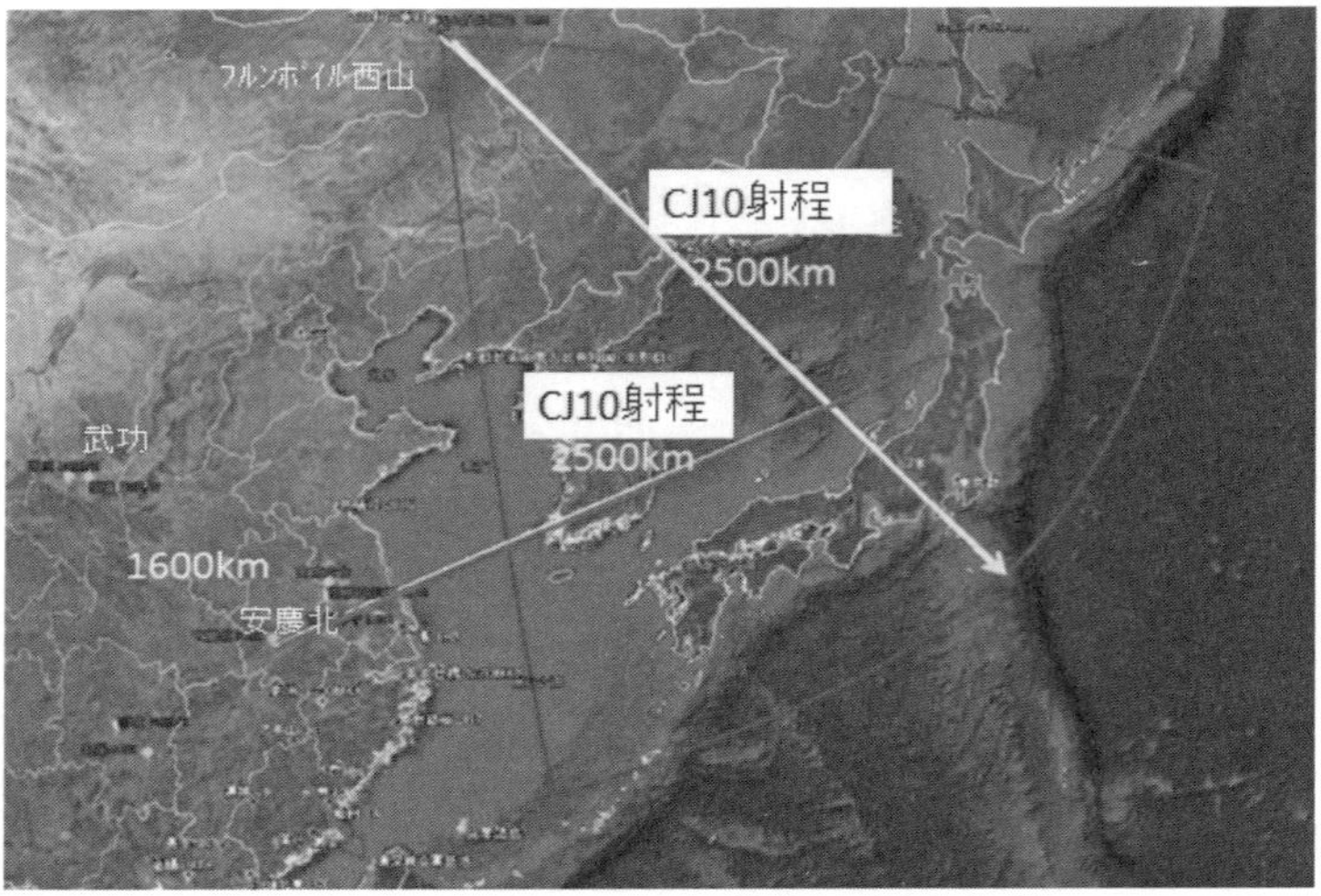

図４　CJ10巡航ミサイルの効力圏（筆者作成）

一方、空軍は、内陸部に分散配置され、核攻撃にも耐えうる掩体《えんたい》を構築して残存性を高めている。また、旧式の無人戦闘機を含む攻撃型無人機の増勢に力を入れており、開戦当初の航空優勢獲得においては大量の無人機を投入するであろう。

さらに、ＣＪ10巡航ミサイル（射程１５００〜２５００キロ）を搭載するＨ－６Ｋ爆撃機は、年14〜16機のペースで増強されており、図４に示したように、安徽省安慶北基地および内モンゴル自治区フルンボイル西山基地などに配備されたＨ－６Ｋは、基地上空から直ちに日本本土への奇襲的なミサイル攻撃が可能である。特に北部軍区に属する旧満洲、内モンゴル自治区などからの日本に対するミサイル攻撃は、日本全土を射程圏内に収めることができることから、今後その動向に注目しなければならない。さらに

2015年に発表されたランド研究所による「米中軍事スコアカード」では、すでに2017年において、米空軍による中国本土への進入も困難になる程、中国本土における防空能力は向上すると見積もっている。

第三に、中国海軍は、ロシアから輸入した超音速の対艦ミサイルを装備したソブレメンヌイ級駆逐艦に加え、中国版イージス艦といわれるルーヤン級駆逐艦を充実させつつ、それよりも小型のジャンカイ級フリゲート艦の新鋭艦（中枢艦）の増強も図っている。一方で、8発の対艦ミサイルを搭載したホウベイ級ミサイル艇（60隻程度）や小型のジャンダオ級コルベット艦（対艦ミサイルを搭載、今後注目に値する小型艦20隻が就役、さらに30～60隻建造予定）などの多数の小型艦の増強に努めている。これら中国の水上艦と海軍・空軍の戦闘爆撃機などとの連携により、今後、東シナ海、南シナ海での中国の制海能力は大きく向上するであろう。

潜水艦はロシアから購入したキロ級や国産のディーゼル潜水艦、原子力潜水艦の近代化・増強に努め、水中の支配を巡り日米に挑戦しようとしている。しかしながら、日米のように対潜哨戒機による潜水艦攻撃能力は極めて脆弱であり、大きな弱点を有している。また、潜水艦自体も水上艦に対する攻撃のためのプラットフォームと考えられており、対潜水艦戦は主流ではない。一方、注目すべきは、南シナ海からの潜水艦発射弾道ミサイル（SLBM）搭載の原子力潜水艦（SSBN）の開発・配備を進めていることである。今は米国本土までは届かないが、やがて届くようになれば中国は核反撃能力を保有することになり、米国にとって大きな脅威となるであろう。

Artist conception of DF-21D attacking a US naval task force

出典："What China Wants for Christmas", http://intercepts.defensenews.com/2012/12/what-china-wants-for-christmas/

図５　対艦弾道ミサイル（DF-21D）による攻撃イメージ

第四に、中国海空軍およびロケット軍は、共通して、ミサイルや無人機などによる「遠距離から、大量に、正確な」飽和攻撃（一度に大量のミサイルなどを発射することにより、防御側に対応の暇を与えない攻撃）を行うことを勝ち目としており、これが中国のＡ２／ＡＤ戦略の中核をなしている。

この中国のミサイルなどの飽和攻撃に対して、米国ですら現時点において、ミサイルによる対ミサイル防衛（ＭＤ）は困難であると認識している。また、中国のＤＦ－21Ｄ（図５参照）と呼ばれる米空母の撃破あるいは威嚇を狙った対艦弾道ミサイルや、グアムを射程に入れたと言われるＤＦ－26などは米国にとって大きな脅威となっている。

次頁の図６のように、中国は、短・中距離のミサイルや巡航ミサイルをもって東シナ海、南シナ海を射程に収める第１層目のミサイル網を構築している。そして、地上発射の各種ミサイル、ミサイル艇、海

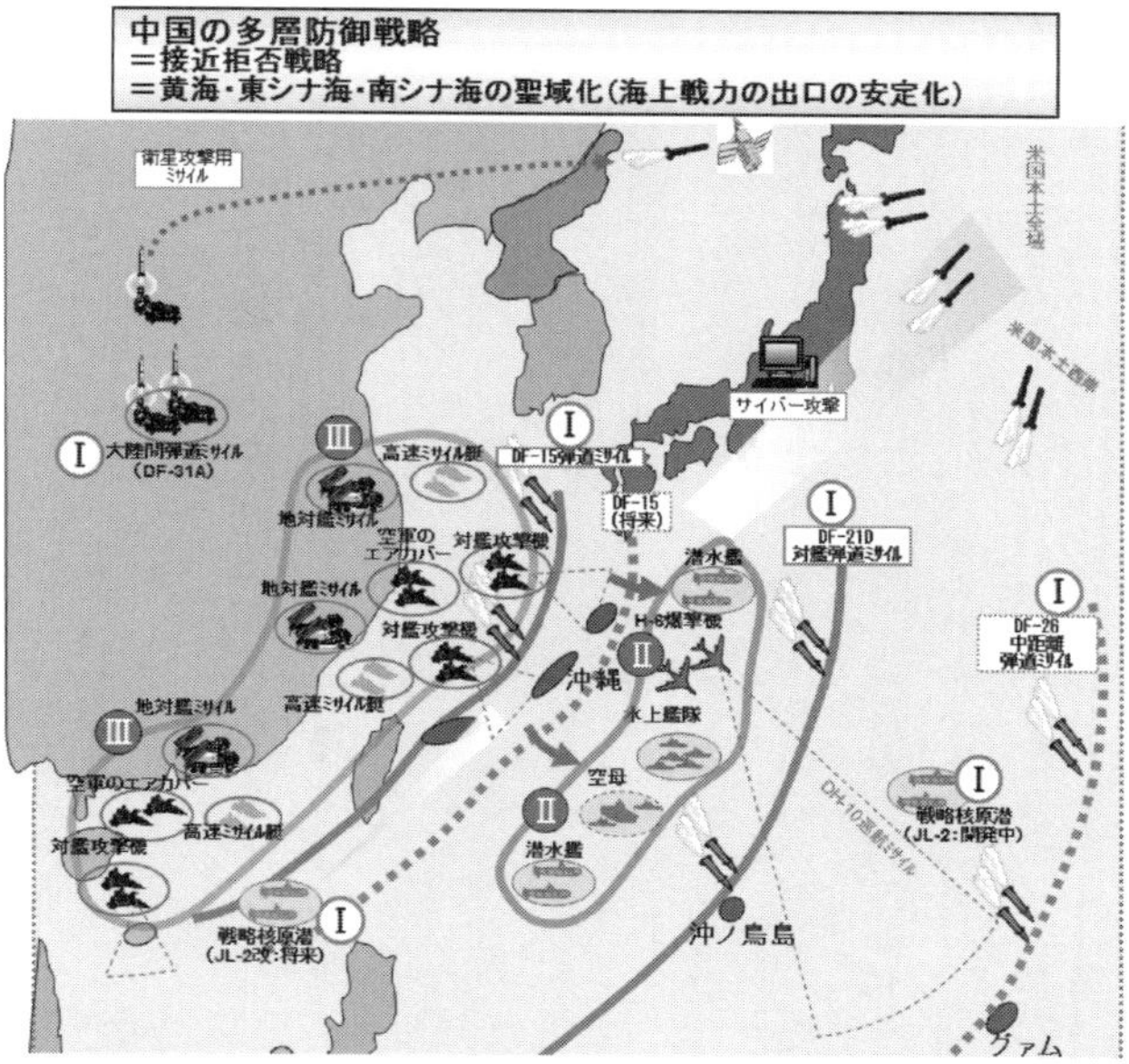

図6　中国の多層防御戦略（Ⅰ：長距離火力　Ⅱ：機動的火力　Ⅲ：地上発射型火力）（筆者作成）

空軍機による対艦攻撃、水上艦や潜水艦からの対艦攻撃を加えた重厚なAD網を構築している。さらに第2列島線から西太平洋へ侵攻してくる米国の海空軍戦力の接近を阻止するため第2層目のミサイル網を構築するとともに、大型艦艇や潜水艦からの対艦攻撃、大型爆撃機からの巡航ミサイルによる攻撃などにより、米空母などの大型艦艇の接近を阻止する態勢を整えつつある。これに加え第2列島線のグアムまで射程圏内に収めた弾道ミサイルと航空機発射の巡航ミサイルによる第3層目のミサイル網を構成してA2／ADの完成を目指しているようである。

図6に、中国の弾道弾発射型潜水

艦を表示しているが、中国の潜水艦発射型であるＪＬ－２ミサイルは射程が約７５００～８０００キロであり、中国近海から米本土への攻撃ができないことから外洋まで出る必要がある。これは、中国の弱点となることから、将来、射程を延ばして南シナ海から米本土への攻撃を可能とするようミサイルを改良中である。

一方、米国と同様に中国が、核兵器に代わるといわれている極超音速滑空ミサイルの開発にも力を入れており、これが完成すれば隕石落下並みの凄まじい破壊力を発揮するとともに、ミサイル防衛（ＭＤ）を無効化するであろう。

この際、中国のこのようなミサイル攻撃に、北朝鮮からのミサイル攻撃が連動するかもしれないということを日本は真剣に考えておかなければならない。

第五は、常套手段としての、いわゆる「戦争に至らない準軍事作戦」（ＰＯＳＯＷ）あるいは「グレーゾーンの戦い」である（次頁のコラム参照）。

２０１４年にロシアはクリミアにおいて、多数の民兵や階級章を付けていない「軍人」を使いクリミアを併合したが、この形態の攻撃をＮＡＴＯは「あいまいハイブリッド攻撃」と称した。ＮＡＴＯとしてこれまでは正規軍の侵略を主に想定してきたが、このような侵略に対して軍事的にどこまで対応できるのかの答えがなく、今後の喫緊の課題と考えている。

column

「戦争に至らない準軍事作戦」（ＰＯＳＯＷ）あるいは「グレーゾーンの戦い」における呼称

米軍は、ＰＯＳＯＷあるいは「グレーゾーンの戦い」における不正規軍の地上攻撃をリトルグリーンメン（Little Green Men）の攻撃と呼んだが、ＡＳＢにおいては、これを忍び寄る攻撃（Creeping Aggression）と称している。なお、米海軍大学では、中国の海上民兵などによる海上からの攻撃をリトルブルーメン（Little Blue Men）の攻撃と呼んでいる。

中国の海上民兵などを活用した攻撃は、クリミアで行われた「あいまいハイブリッド攻撃」とその形態が酷似しており、極めて対処が困難である。海上民兵は、約２００～２５０隻の漁船で1個師団の部隊を運搬し、侵略を支援するとされている。２０１3年には、中国の大型の新造船１００隻余りの漁船が台風避難と称して五島列島の港に侵入し、1か月以上も居座った。また、２０１４年には約２００隻の漁船が第2列島線の父島、母島周辺で不法な赤サンゴ漁を行う事件が発生したが、いつでも第2列島線まで侵略できることを日米に見せつけるためだった、との見方がある。

尖閣諸島に対しても過去同様に２００～３００隻の漁船を集結させて示威行動を実施したが、これらはすべて侵略のための準備行動と考えられる。これら海上民兵の漁船群を使えば、南西諸島の小さな港へも20～30隻程度は侵入することができることから、幾つかの港を使えば短期間に1個師団程度の「正規軍」を上陸させることが可能である。このことは、日米ともに認識が薄く、今後十分にその侵攻について対策を講じることが必要である。

一般的に上陸作戦に関しては、海軍歩兵や揚陸艦に関することが議論になっているが、そこだけに着目して中国の地上部隊の特性を語るのは片手落ちである。中国には、初動対処や局地戦対処を主任務とする師団レベルの「快速反応部隊」(独立作戦能力を保有)が存在し、総兵力は約28万人で、空軍の空挺軍、軽機械化師団、特殊作戦部隊、海軍陸戦隊で編成されている。すなわち、真っ先に運用されるのはこの「快速反応部隊」であり、それらの部隊が漁船などを含め、航空機や艦艇を使ったあらゆる経空・経海輸送手段をもって敵地に侵攻することになるであろう。「快速反応部隊」は、米国の緊急展開部隊であるストライカー旅団や日本がこれから整備する機動師団、機動旅団に匹敵するもので、どのように「快速反応部隊」が使われるのかに着目しておかなければならない。特に南西諸島は、島の周囲はほとんどがサンゴ礁に囲まれ、彼我《ひが》共に現有の水陸両用車ではこれを乗り越えることはできないことから、侵攻のパターンを海岸からと決めつけることは誤りである。

イ　日本を巡る中国の短期高烈度決戦の様相

以上、ア項で述べたことを除き、中国の短期高烈度決戦の対日侵攻様相について特徴的な所を掘り下げて分析すると次の通りである。なお、これらはこの順序で生起する訳ではなく、また、複合的に生起する場合があることを理解しておくことが必要である。

グレーゾーンの戦い

いわゆるグレーゾーン事態においては、ひそかに潜入したゲリラ部隊などをもって、わが国の国家機能、重要インフラや産業基盤などの擾乱・破壊活動を行う。同時に、自衛隊や在日米軍の施設、装備、指揮・統制・通信・コンピュータ・情報・監視・偵察（C4ISR）などを破壊するとともに、部隊行動、特に南西諸島への移動を集中的に妨害するであろう。また、海上民兵は日本の港湾に対して機雷を敷設するとともに、南西諸島の港に多数の漁船を入港させ、これを占拠して侵攻作戦に備えることも考えられる。

その際、中国の「国防動員法」の発動に十分注意を払うことが必要である。国防動員は、すべての公民（人民）と組織の義務と規定され、国外に在留する中国人にも適用される。

日本に在留する多数の旅行者や留学生の中には、特殊部隊や民兵要員が紛れ込んでいる可能性があり、前述の擾乱・破壊活動に呼応するであろう。また、中国大陸では、大規模な正規軍を沿岸部に集結させ侵攻準備を行って圧力をかけながら、「三戦」やサイバー攻撃などを組み合わせ、日本国内を大混乱に導き、国家国民の抗戦意欲を喪失させる。その一方で、海上民兵や「快速反応部隊」などによる侵攻を支援することになるであろう。これらの行動は、南西諸島に限らず、日本全土においても同様に展開され、第6章で論じたように、グレーゾーンにおける法の整備がなければ対応は困難を極めることになるであろう。

本格的な軍事侵攻

日本に対する核の恫喝の下に、多数のミサイル、攻撃用無人機、攻撃用に改装された無人の古い飛行機などによる飽和攻撃で、主としてレーダサイト、自衛隊・民間の空港・港湾、主要インフラなどを攻撃して一挙に日本の作戦基盤を破壊することになろう。この際、重要な目標に対するミサイルの誘導、戦果の確認などに予め日本に潜伏させておいた特殊部隊や民兵を活用するであろう。また、宇宙における優越の獲得と航空優勢の獲得のため、日米の主要な宇宙インフラを破壊するとともに空中早期警戒管制機（AWACS）や空中給油機などの破壊に努めるであろう。

一方、在日米軍基地に対する攻撃は、日米の分断の為に制限する可能性がある。核兵器の直接使用は制限するであろうが、核爆発によるHEMP効果（84頁のコラム参照）を狙った攻撃を実施する可能性はある。

米軍の海空軍および海兵隊の後退に伴い、日米による海空優勢獲得の隙間を狙って海上民兵に支援された不正規・正規軍が南西諸島の港湾に上陸を開始して、主要な島嶼の確保を狙う。そして、最終的に南西諸島の主要な島々を占領した後、特に空軍を進駐させ西太平洋の中国による海上・航空優勢獲得の基盤を作り、もってA2／AD態勢の完成へと繋げるであろう。

（2）米国のＡＳＢ作戦構想の特色

ここでは、第1列島線の防衛の前提となる、中国の作戦の特色を踏まえた米国の作戦の考え方と、従来の作戦・戦略の変化について、その詳細を明らかにしたい。

ア　ＡＳＢの本質

２０１０年にＣＳＢＡがＡＳＢを発表して以来、多様な議論を経てＡＳＢが変化をしてきたことは、すでに第4章で述べたが、では一体国防省に引き継がれていったＡＳＢの本質は何であろうか。実際のところ、国防省の中でどのように集約されているのかは分からないが、２０１５年のＣＳＢＡの議論と２０１７年度の国防省予算案から大まかな流れを把握することは可能である。また、ＡＳＢは「第3次相殺戦略」と一体となってはじめて意味があり、これについても明らかにしたい。

ＡＳＢの作戦の本質については、ＣＳＢＡとの議論の中で提示された次の3点であると考えられる。

ＡＳＢに関するＣＳＢＡの基本的考え方

1　拒否し防御する

敵の戦力投射もしくは防御地域の統制能力を制限するために、空と海の拒否能力を活用する。

①同盟国のＡ２／ＡＤ能力は、抑止力の強化と地域における敵の戦力投射への妨害に役立つ。しかし、これらの能力は、米国の前方プレゼンスの代用ではない。

②（敵による味方に対する）ピンポイントの攻撃は許さない。

③敵に戦いを仕掛けないが、費用をかけさせて効果的に防御する。

2　長引かせ疲弊させる

侵略者が直面する一連のリスクを大きくするため長期戦へ持ち込む。例えば、資源流入の阻止（例えば経済封鎖による経済的締め付け）は抑止するために重要だが、特効薬ではない。

3　懲罰を科す

潜在的侵略者に「戦争を始めることは、自らの安全保障や重要な軍事力および国内の安定を危機に晒すかもしれない高い危険を伴う」と思わせる。

①敵の領域とアセットへの攻撃を除外すべきではない。

②潜在的侵略者に聖域を与えることは、防衛に対する大きな投資をしないことを彼らに許すことになる。

③敵のＣ４ＩＳＲの機能を低下させ、惑わせ、破壊するための準備をする。

これを解説すると、１①の拒否し防御する主体は、同盟国や友好国である。結局、米国が求めていることとは、「同盟国などは自らの国は自ら守れ」ということである。一方、「これらの能力は、米国のプレゼンスの代用ではない」ということは、米国は第1列島線の価値と同盟国の価値を十分に理解しているので、米軍も第1列島線に可能な限り踏みとどまり、同盟国などを見捨てないと言う意味である。問題は、開戦当初から全力で踏み止まることができるのか、踏み止まるためには米国や同盟国などは何をすればいいのかである。

また、1②の「ピンポイントの攻撃は許さない」ということと、3③の「敵のC4ISRの機能を低下させ云々」とあるのは、敵のC4ISRの連接部などの弱点に対する「物理的攻撃」と電子妨害（電子戦）やサイバー攻撃のような「非物理的攻撃」、この二つを「盲目化作戦」と称しているが、これを開戦当初から行うということである。ただし物理的攻撃については、3①で「敵の領域とアセットへの攻撃」として考慮されているものの、考え方として「第3次相殺戦略」にある「ライバルに長期のコストを強制」する懲罰的な抑止として位置づけされている。このため、中国との核戦争へのエスカレーションの危険を冒してまで実行するのかは米国内でも議論となっており、確実に発動するのかは明確にされていない。すなわち、核攻撃も含め、通常戦力による中国本土への攻撃は高度な政治的判断を要するとして、米国大統領がその攻撃発動の引き金を握っているということだ。換言すれば、米国は同盟国などの、中国本土に対する直接攻撃をコントロールするという意味であり、したがって、同盟国などは、米国が中国本土への攻撃を実行しないか、実行してもそのタイミングが遅れる場合もあることを念頭に作戦を考えなくてはならない。しかしながら、同盟国などにとって自国の命運がかかっていることから、中国本土への攻撃については、首脳間で直接意見を交換し合う枠組み作りが不可欠である。

2の「長引かせ疲弊させる」、すなわち「長期戦へ持ち込む」という考え方を具現化する経済封鎖については、第1列島線の国々はこれを実行する余裕はなく、米国やインド、オーストラリアなどの「外壁」の国々の力に頼らざるを得ないだろう。

問題は、日本をはじめとする第1列島線の国々は、1~2か月を要するとみられる中国の短期高烈度決戦に対して、自らの力で中国の攻撃に耐え抜き、国土防衛（領域防衛）作戦を全うしなければならない一方で、米国は、あくまで米中の「大国間の戦い」を基本としたASB構想に基づき、二段階からなる時間的・空間的な広がりを持つ戦略・作戦を考えており、長期戦がその前提となっていることである。広い太平洋を緩衝地帯とした懐の深い戦略・作戦を考えられる米国と、中国と「広くない海」で接していることから直ちに中国の脅威が及び、国土防衛作戦の成否が死活的である第1列島線上の国々との間には、その考え方に差異が生じていることが大きな問題なのである。

イ　ASBに必要なその他の重要要素——水中の支配と陸軍の役割の再評価——

以上述べたASBの基本的考え方には表現されていないが、ASBを成り立たせる重要要素として、次の2点を強調しなければならない。

一つは、日米にインド、オーストラリアを加えた、潜水艦や対潜哨戒機などによる水中の支配は、

ＡＳＢ構想のみならず第1列島線の防衛の中核となる極めて重要な作戦の一つであることである。日米は共同して、対中戦の当初から攻勢的かつ継続的に水中作戦を遂行するだろう。幸いに、日米の潜水艦、対潜水艦能力は極めて高いことから、対中戦の切り札としてしっかりとした開発投資を行うことが期待される。なお、この水中の支配作戦については、極めて重要であるので、別に項目を設け、詳述する。

二つ目は、ＡＳＢの鍵となる対中Ａ2／ＡＤネットワークの構築における陸軍の役割の再評価である。つまり、ＣＳＢＡでは、太平洋における米陸軍を陸上自衛隊のような対艦ミサイル、防空ミサイル、さらには地上発射型の対潜水艦ミサイルを保有する部隊に改編して、第1列島線全般に防衛線を作るべきだとの議論がなされている。

ＣＳＢＡの元所長であったクレピネビッチは、「中国を抑止する島嶼防衛の在り方」という論文で「米国および同盟国・友好国の最終目標は、中国側に武力による目的達成が出来ないと認識させる拒否的抑止力（力を発揮させず封じ込める）を達成すべきである」とし、「米国とその同盟国・友好国はその陸上戦力の潜在力を強化することで一連のリンク防衛を実現できる」と述べている。また、短・中距離弾道ミサイルの一方的な不利を解消するために、米陸軍に地上配備型の弾道ミサイルを持たせて第1列島線上に配置することも提案している。このためには、あらかじめ、第1列島線沿いに地上部隊を配置し拠点化するとともに、海空からの迅速な展開により地上部隊を展開・増強できることが必須となる（次頁の図7参照）。

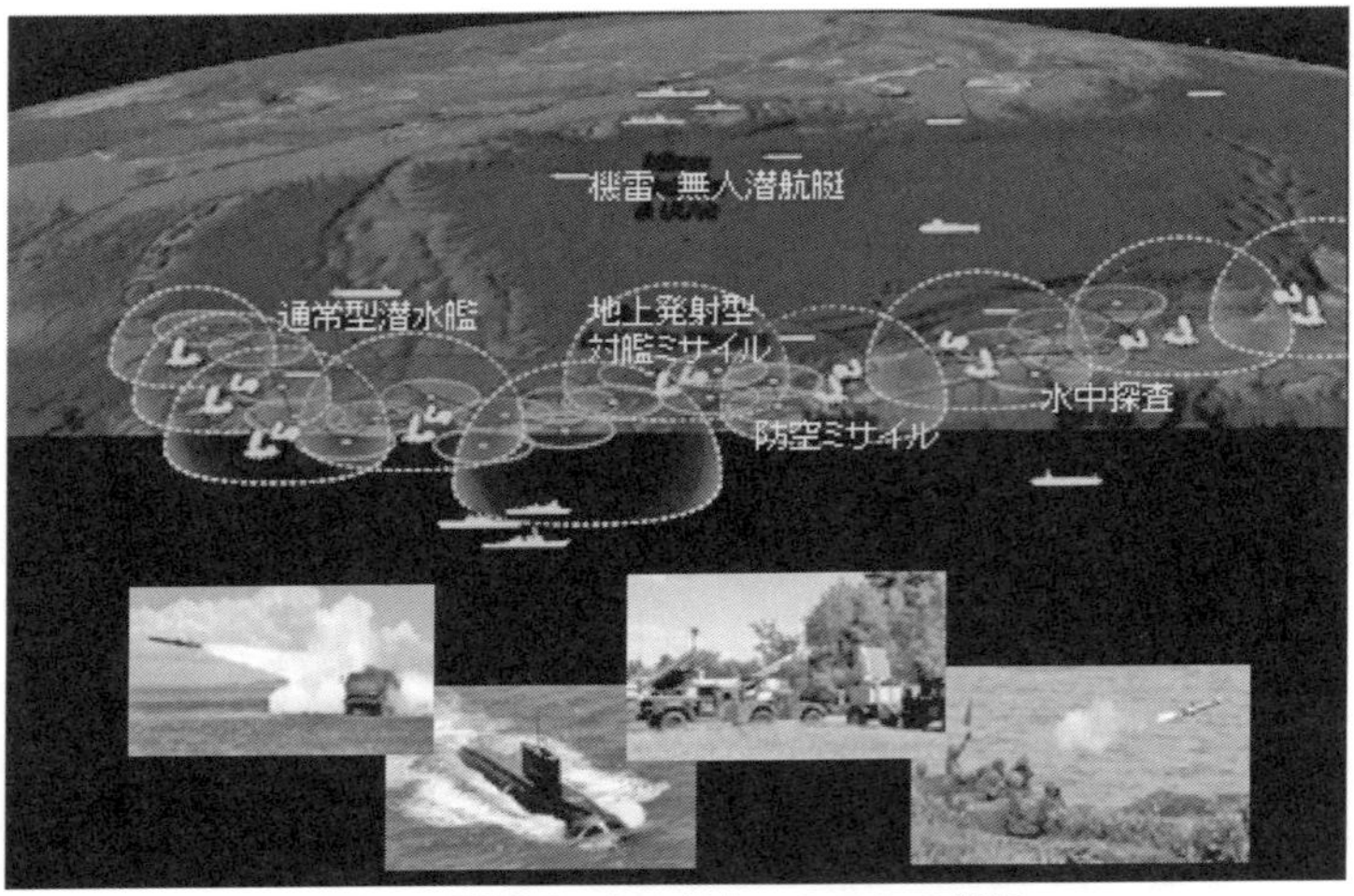

図７　同盟国による対中Ａ２/ADの構築

＜出典＞ CSBA資料に筆者加筆

現太平洋軍司令官ハリス大将は、この考えに基づいて、Ａ２／ＡＤネットワークにおける陸軍の役割を検討し具体化し始めたようである。

なお、ＣＳＢＡがＡＳＢを確実に成り立たせるために、さらに課題として認識していることは、次の四つである。

①中国の弾道ミサイルや巡航ミサイルに対する抗堪性をいかに高め、被害を局限していくか。

中国は弾道ミサイルの多弾頭化を推進するとともに、攻撃を仕掛ける際には飽和攻撃を行うだろうが、これに対し「従来のミサイル防衛では対応できない」ため、レーザ、電磁波（ＨＰＭＷ）、レールガン（超電磁砲）などの実用化、装備化が急務である。

②米軍や同盟国・友好国の抗堪性向上によ

る被害の極限はどこまで可能か。

③中国戦力に対する同盟国・友好国を活用した対中A２／ADネットワークの構築は可能か。

④中国本土への攻撃、そのリスク回避はどうするか。攻撃手段として何を開発、装備化するのか。

以上、CSBAが課題とする①から③までの項目は、同盟国・友好国、すなわち、第１列島線上にある国々の課題そのものであり、米国とともにその解決に向けた努力が求められる。

ウ　ASBにおける米国と同盟・友好国の役割分担

ここで第１列島線防衛の前提となる米国との役割分担であるが、CSBAが提示する「米国と同盟・友好国の役割分担」は次頁の図８の通りである。

同盟国・友好国の主要な役割は、「忍び寄る攻撃」、すなわち、「グレーゾーンから生起し海上民兵やその他の非正規軍を活用した攻撃」への対処と「対中A２／ADネットワークの構築」である。

海上民兵を活用した攻撃への対処については、日本自ら中国の戦法を注意深く分析し、その脅威を米国に十分に認識させることが必要である。また、米国が同盟国などに要求する対中A２／ADネットワークの構築は、国土防衛に資することは勿論であるが、第１列島線上の国々を連結する「阻止の壁」構築の共通基盤となるものであり、米国と共に、各国が緊密に連携して必要な装備を開発し、早急に装備化することが必要である。

改めて、ア項の「ASBの本質」と「同盟国・友好国との役割分担」との関係を整理すると、図

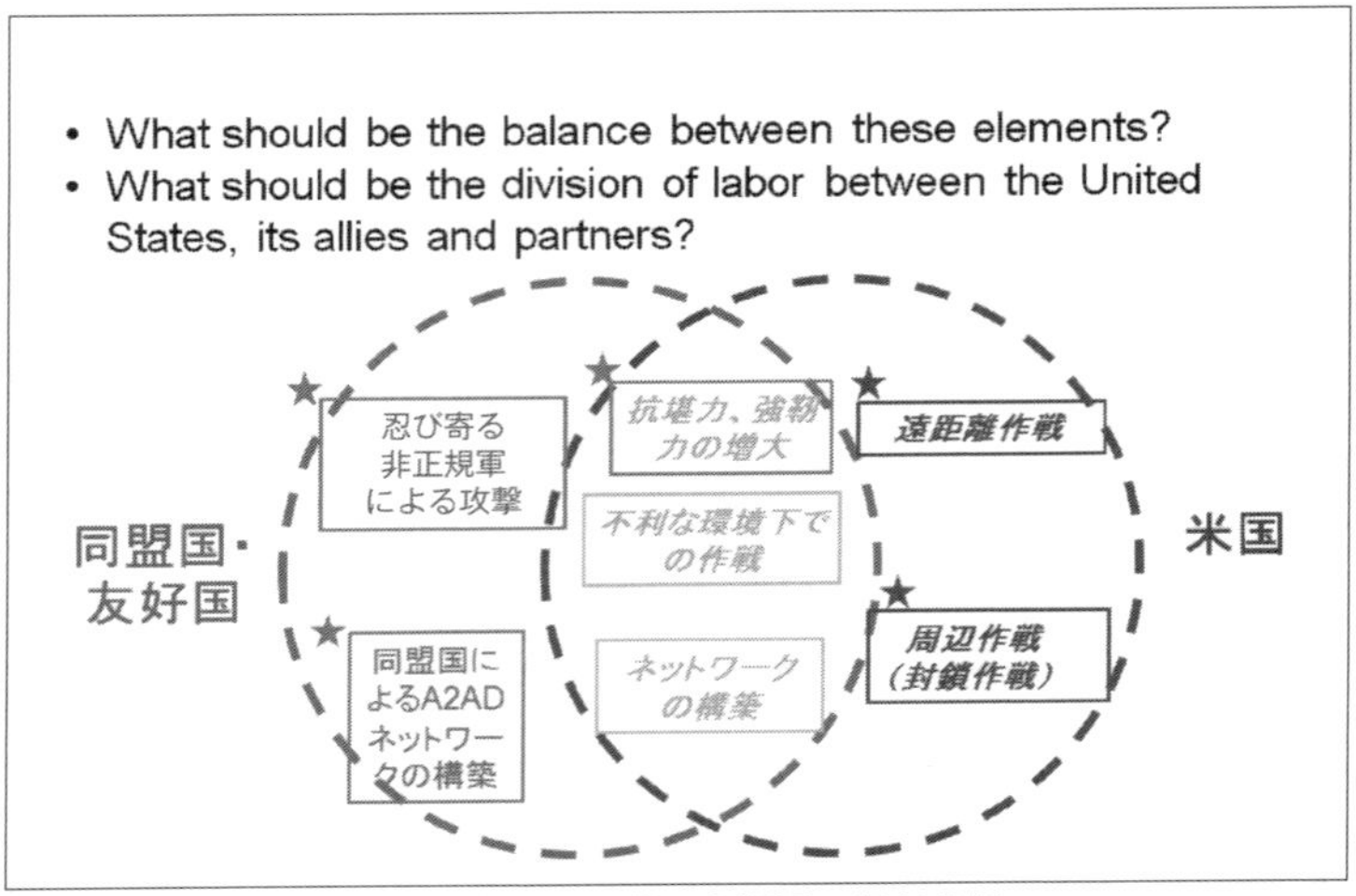

図 8　米国と同盟・友好国の役割分担
＜出典＞ CSBA 資料に筆者加筆

9の通りである。

（3）同盟国（日本）から見た「第3次相殺戦略」の問題点と限界――強いられる「米空母不在の厳しいシナリオ」での対応――

「第3次相殺戦略」は、前述の通り、中国のA2／AD戦略に対抗して「敵（中国）の有する能力と異なる新たな分野の軍事技術の開発を通じて非対称的な手段を獲得し、技術上および軍事作戦上の優位を維持して敵の能力を相殺（抑止ないしは無効化）する戦略」である。つまり、「第3次相殺戦略」は、ASBにおける戦力展開や敵戦力撃破の能力を付与するため、敵に勝る軍事力造成の基盤となる技術力を差別化し強化するものである。

しかし、今日、米国の軍事力と経済力が相

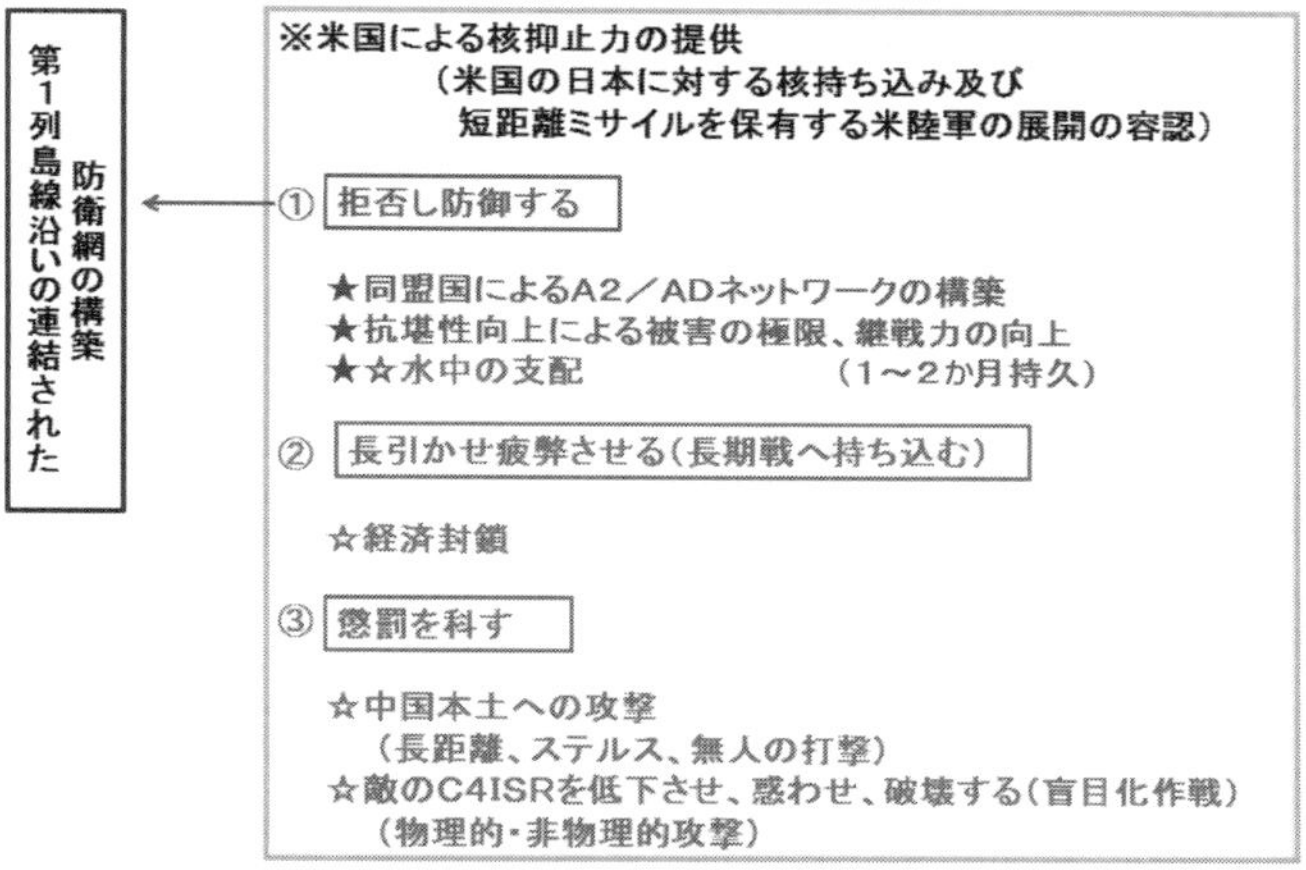

注）★：日本主体、☆：米国主体、★☆日米共同

図9　エアシーバトルの本質と同盟国との役割分担（筆者作成）

対的に低下していく条況下では、「第3次相殺戦略」をはじめとする米国の戦略・作戦構想にはおのずから限界が生じることを十分に認識しなければならない。その認識を欠けば、第1列島線の共同防衛もASB作戦構想との一体化も図れないからである。

そこで、同盟国（日本）の立場から「第3次相殺戦略」を分析すると、次の通り、その問題点と限界を指摘することができる。

①　長期のコスト強要による敵の継戦意思の断念

「第3次相殺戦略」は、敵のA2／AD能力に対抗して戦力を展開するための戦略であり、狙いは、敵に長期のコストを強要して継戦意思を断念させることにある。しかし、「第3次相殺戦略」には敵との戦いに決着を付け戦争を終わらせる主体的なシナリオが明確にされておらず、戦争を継続するか否かはあくまでも敵の自由意思に依存することから、いわゆる「終末戦略」あるいは「出口戦略」に大きな課題を残している（2010年に公表されたASBでは、中国との全面戦争も恐れず、中国本土深く攻撃して決着を付けることが明確化されていた）。

② 同盟国などの有利な地政学的位置の確保と軍事力の強化

「第3次相殺戦略」では、前方基地と宇宙を基地とする戦力への依存を減らす一方、同盟国および友好国の地政学的位置の優位性を確保するとともに、負担を分担させるべきとしており、同盟国などの軍事力の強化を前提とした考え方となっている点に特に注目しなければならない。

③ 戦略的なリスク認識と同盟国などへの影響

敵は、米国の前方展開基地および部隊、人工衛星などに対して先制攻撃を仕掛ける強い意志を持っており、このため、米国は高いコストの負担を強いられるとともに、米国を中心とする地域防衛の「ハブシステム」は敵の奇襲的攻撃に曝されることになる。米国は、第1列島線や同盟国などの価値を重視しているとしているが、同盟国などは、米国の関与や抑止の信頼性に対して疑問を持ち始め、自国の領域防衛に不安を抱き始めている。

④ 作戦上の具体的なリスク

「第3次相殺戦略」において、具体的に認識されている作戦上のリスクは次の通りであり、同盟国など、特に日本は、米国とともにこれらを克服して技術上および軍事作戦上の優位性を追求する方策が求められる。

・敵に近い港や空港が敵の攻撃に脆弱である。すなわち第1列島線上の国々は中国の攻撃に対して脆弱である。
・水上艦艇や空母は、敵に発見され易く、追跡され易く、長距離から攻撃され易い。
・非ステルス航空機は、近代的な統合防空システムに対して脆弱である。すなわち、中国本土への攻撃は困難になりつつあることを認識している。
・宇宙はもはや聖域ではなく、戦場となり得る。

このように、戦略的・戦術的視点から分析すると、米国が中国本土に接近すればするほど米国の優越性は減殺され、第1列島線は重要ではあるが、守り通すことが難しくなりつつあるのは明らかである。このことは、前方展開を有事の作戦の基本としてきた米国に、戦略の大転換を要求していると捉えなければならないであろう。

特に、圧倒的な打撃力を誇った空母打撃群が作戦の主役の座から降り、米国が決定的な切り札の一つを喪失したことは極めて重大である。

ゲーツ元国防長官は、すでにASBが公表された2010年に空母打撃群を中心とした考えは古いと述べていた。このため、中国への直接攻撃を恐れなかった当時のASBでも、「中国のミサイルによる第1撃の兆候があった場合、米空母などの艦船、米空軍は第2列島線以遠に安全に退避することが、戦勝の鍵である」とされたのである。

CSBAの「脅威スペクトラムにおける装備の位置付け」の次頁の図10の左下で示されているように、空母は明確に地域的、そして低・中脅威の環境（米国の絶対的な航空優勢下で戦われた湾岸戦争や

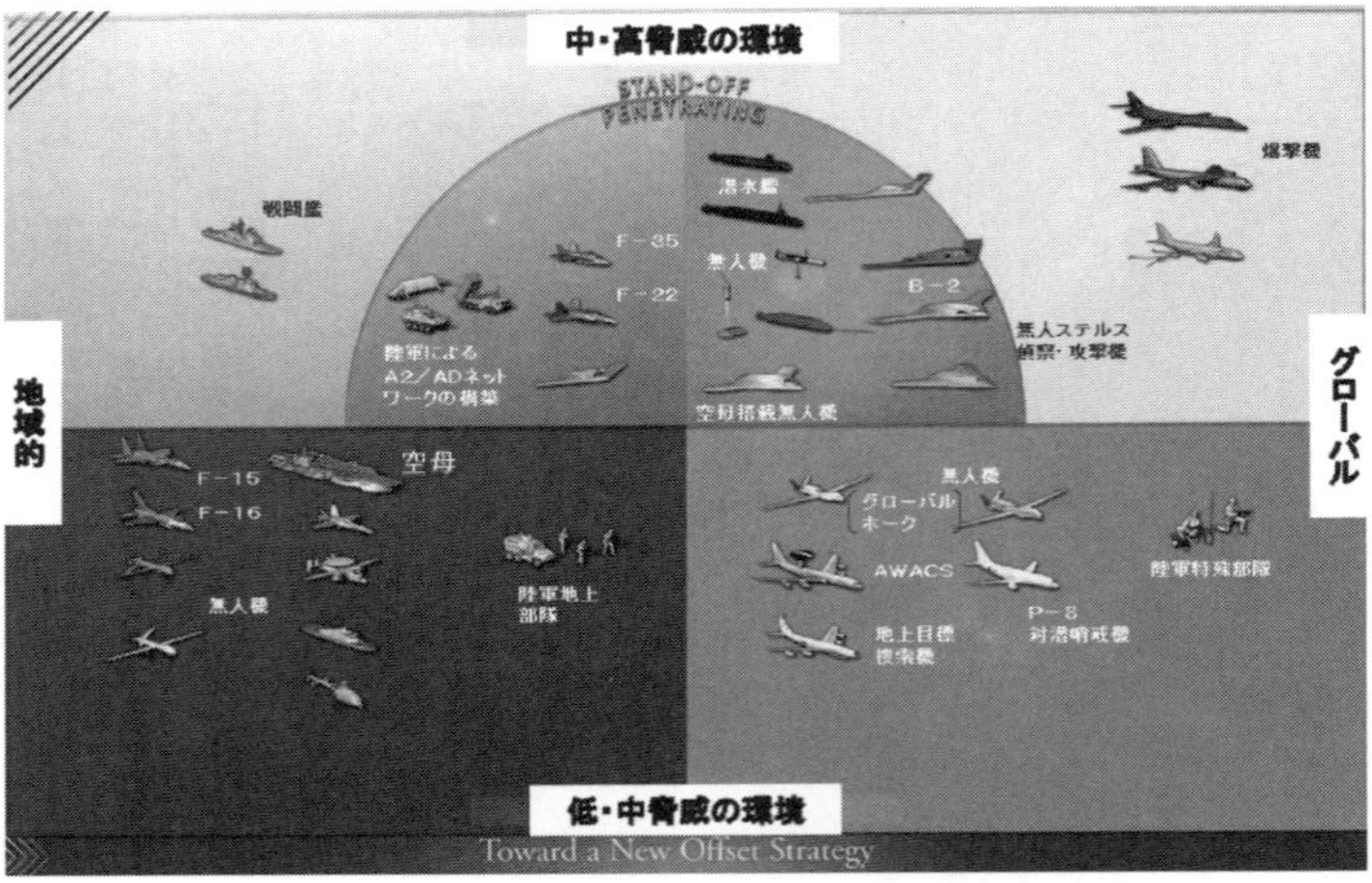

図10　脅威スペクトラムにおける装備の位置付け
＜出典＞CSBA資料に筆者加筆

イラク戦争など）下で運用される位置付けである。これは何もＣＳＢＡだけの見解ではなく、米国海軍大学においても空母の役割は明らかに変化したという認識を持っていることから、わが国も「空母不在の厳しいシナリオ」で対応できるように準備しなければならない。

このように空母の運用に関しては、中国のＡ２／ＡＤ環境下では明らかに従来の運用が困難になってきているが、２０１７年度の国防予算案では無人給油機の導入を図るなどの対策を講じ、図11で空母がグアム島周辺に位置していることからも推察されるように、長距離からの作戦に徐々に変化していくようである。

一方、今後レーザ兵器の開発や電子戦能力の向上による防御力の向上などが図られれば運用もまた積極的な方向へ変化していくもの

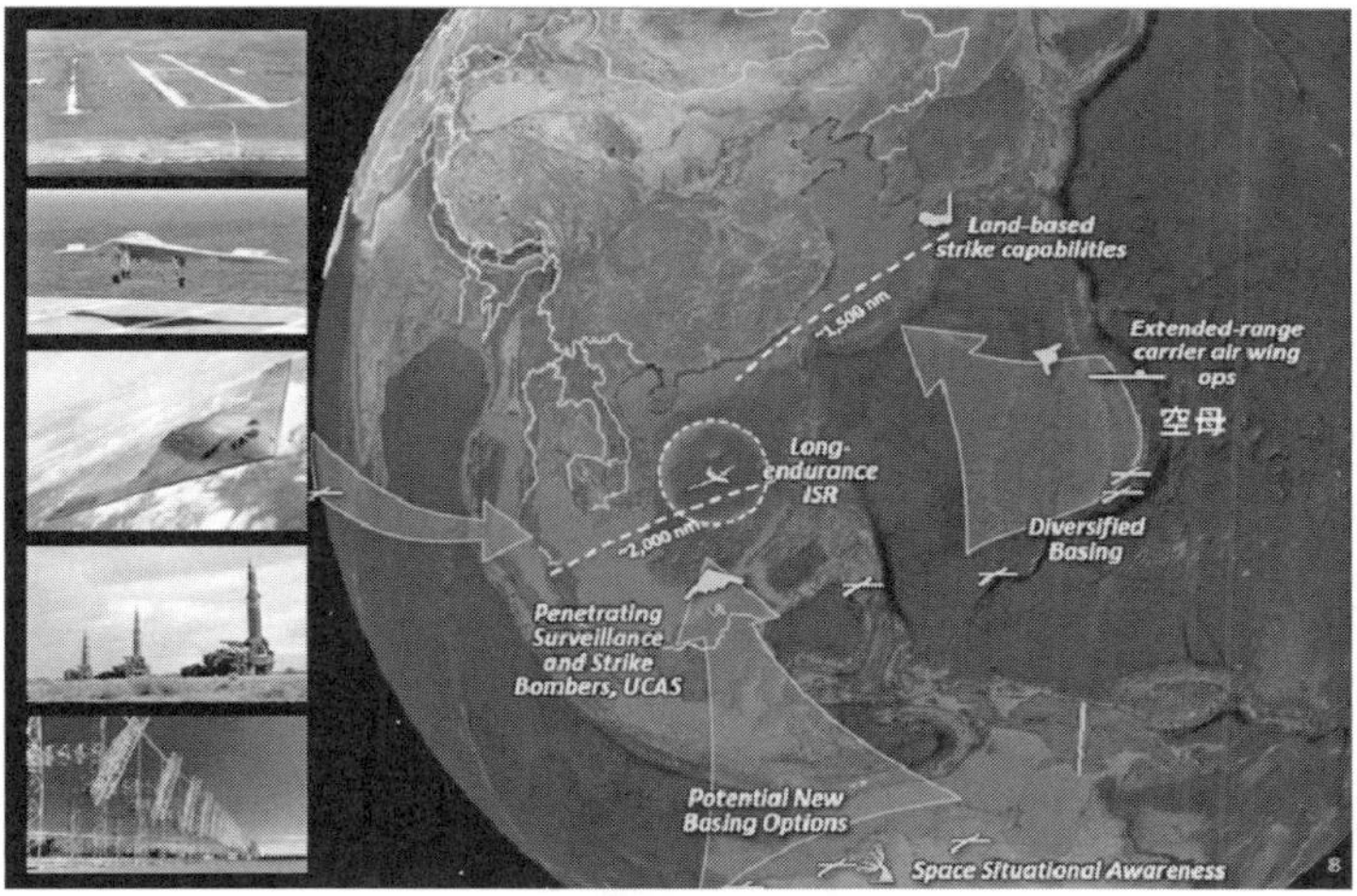

図11　米軍の長距離作戦
＜出典＞CSBA資料

と予想される。近い将来、中国のミサイルや潜水艦などの攻撃に対する防御力を向上させ、対艦攻撃能力や長距離打撃能力を付加された米空母打撃群は、再び西太平洋のような外洋において中国海軍にとっての大きな脅威であり続ける可能性も残されている。

今後の米海軍の変化を、米海軍大学のジェームス・ホームズ教授は、２０１４年12月の The National Interest のブログに掲載した論文「アクセス拒否海域への対応、米海軍が直面する最大の挑戦」で次のように述べている。

アクセス拒否海域への対応——米海軍が直面する最大の挑戦——

① 敵のアクセス拒否環境にどう対応するかが、今日の戦闘環境で米海軍が直面する最大の挑戦である。

② 第2次大戦中に慣れ親しんだ水上戦闘艦隊は、空母、両用輸送艦あるいは主要水上戦闘艦などからなる「高価値ユニット」を中心とした輪陣形であった。しかし、長射程の精密誘導武器が運用される今日の環境下では、沿岸域に配置されたミサイル、ミサイル搭載軍用機、そして哨戒艇や通常型潜水艦などのピケット艦は、沖合での海空域の戦闘に投入することができる。敵の艦隊や空軍部隊と戦い、その上、陸軍部隊とも戦うことは、どの海上部隊にとっても過大な要求である（中国についても同じことが言える。引用者注記）。

③ 海軍の指揮官は率直に自問しなければならない。すなわち、水上戦闘艦が制海権獲得のための戦闘に生き残ることができない時代に、水上任務部隊は独自で戦闘艦隊を構成し続けるのか、それともこれは一時的な現象なのかを。

④ アルフレッド・マハンは主力艦を、主要な艦隊行動において「防御力と攻撃力の適切な組み合わせによって、相手の強烈な打撃に耐え、相手に対して強烈な打撃を与えることができる戦闘艦」と定義している。しかしながら、今日、主力艦は、敵艦隊を撃破するだけでなく、

敵の航空攻撃やミサイル攻撃に対処するのに十分な防御力と攻撃力を備えていなければならない。海軍は、時代に合わなくなった水上戦闘艦を、どう支援戦力として使用するかを考えなければならない。

⑤　今日の脅威が最早、純粋に海軍だけの脅威でないのと同様に、その対応も純粋に海軍だけのものではない。恐らく、明日の「戦闘艦隊」は「海空陸のハイブリッド戦力」になるだろう。高速・小型哨戒艦艇群と連携した潜水艦戦力は、重要海域における敵海軍による制海を打破できる可能性がある。

米海軍は、第2次大戦後初めての大変革に正面から取り組んでいる。今後、米海軍は直面する中国のA2／ADの脅威を克服するために、長距離打撃と連携して「水中の支配」を拡充しつつ、陸海空と連携した新たな構想を打ち立てていくことだろう。それは、日本に対しても大きな課題として突きつけられているのである。

(4) 日本を巡る米国の作戦様相

以上の米国の作戦・戦略の考え方およびその変化を踏まえ、日本を巡る米国の作戦の様相の概要は以下の通りである。

①　中国のミサイルの第一撃を避けて、空母や揚陸艦などの大型艦艇は第2列島線以遠に退避する。

この際、米空軍は、日本の民間飛行場も含めて分散避難が可能ならば日本に残留し、日米の共同航空作戦に参画するだろう。日本に残留できない場合は、グアムなどからの長距離攻撃に移行するだろう。

② これに先立ち、今後の米陸軍の改革にもよるが、対艦ミサイル、防空ミサイル、地上発射型対潜ミサイルなどを保有した米陸軍は、フィリピンなどの第1列島線の要域へ展開して「阻止の壁」の構築を補強し、第1列島線上の阻止戦闘に参加する可能性がある。

③ この間、潜水艦を中心とする水中の支配作戦および電子戦・サイバー攻撃などの非物理的な中国本土への攻撃は、日米共同して作戦当初から積極的に遂行されるだろう。

また中国に対する経済封鎖は、米国を中心として作戦当初から徐々に範囲を広げ実施されるだろう。

④ 攻勢作戦としての中国本土への攻撃は、核戦争へのエスカレーションのリスクがあることから、最終的に米国の大統領が決断することになろう。発動までの間、日本が抗堪し、戦闘を継続できなければならない。

(5) 第1列島線防衛の雛形となる日本の南西諸島防衛とASBとの一体化

ア 日本版A2／ADネットワークの構築による日本の防衛

さて、このような戦略環境の中で、如何にして日米一体の作戦を前提としつつ、日本の防衛を全うすることができるのかが戦略の中心課題であり、また、日本防衛の焦点である。

まず、米海空軍・海兵隊が、作戦当初に後退する中で、第1列島線のA2／ADネットワークの構築による阻止作戦は、1～2か月続く中国の短期高烈度決戦に対する陸海空自衛隊、そして国民を挙げた「総力戦での国土防衛」となるだろう。

その第一は、南西諸島の主要な島々を中国に奪われないことが基本である。そのためには、中国の航空機、ミサイル、艦艇、海上民兵などが、日本の国土や阻止線に侵入することを許さない態勢を速やかに作り、その態勢を強化しながら陸海空自衛隊が一体となった阻止作戦を粘り強く遂行して、第1列島線および本土を守り抜くことが肝要である。その前提で、中国の海・空軍を西太平洋に侵出させせないことが必須のこととなろう。

この際、米海空軍の十分な支援が期待できない状況にあっても、島嶼からの阻止作戦を基盤としながら、海空自衛隊の打撃力を連携させて、統合運用による粘り強い作戦を遂行しなければならない。

要するに、日本の防衛の柱である日本版A2／ADネットワーク構成の主な要素は、①阻止作戦（拒否し防御する）、②抗堪力・継戦力の発揮・維持、③米軍の防勢作戦中の一部攻勢への参加、および④これらを繋ぐC4ISRネットワークの構築の四つになるだろう。なお、核抑止力の維持、宇宙・サイバー戦における優越の獲得、経済封鎖などについては米国などに依存せざるを得ないだろう。

なお、万一、中国軍に島嶼の占拠を許し、島嶼奪回作戦を実施する場合は、継続的な海空優勢（制海・制空権）の確保の可能性が十分でないこと、米海兵隊の動向が不明なことなどから、迅速かつ確実に実施できなければならない。

① 阻止作戦（拒否し防御する）

南西諸島の主要な島々に対艦ミサイル、防空ミサイル、地上発射型対潜ミサイルの壁、すなわち、対艦・対空・対潜水艦の阻止の壁を構築し、これを連接させて島嶼防衛と第1列島線の封鎖網を構築して中国の島嶼への侵攻を阻止するとともに、中国海空軍の西太平洋の侵出を阻止する。また、中国艦隊の日本海を経由した北太平洋からの迂回行動を阻止するために、対馬海峡、津軽海峡、宗谷海峡にも対艦・対空・対潜の壁を構築することになろう。

この際、当初の防勢作戦は、海空作戦が不利な状況で展開することが予想されるので、島嶼の拠点を地下化し抗堪力を増すとともに、地上部隊や兵站・弾薬などを途切れなく輸送し続けるための高速・大量の海上機動力を保持することが必要である。

② 抗堪力、継戦力の発揮・維持

喫緊の課題は、中国のミサイルによる飽和攻撃への対処である。米軍は、既存のＭＤでは中国の飽和攻撃に対処できないと認識しており、このため、既存のＭＤに加え、レーザ兵器、電磁波（ＨＰＭＷ）、レールガンを開発して5年から10年の内に装備化し部隊配備を促進する計画である。また、

ＡＳＢでは、物理的・非物理的攻撃（電子妨害などの目に見えない攻撃）による盲目化作戦を切り札の一つとするとともに、防御において「敵のミサイルを味方に命中させない」ことを示唆しているのは注目に値するだろう。

この具体的なものとして、シリアにおけるロシアの防御システムが挙げられる。ロシアはシリアの軍事作戦において、敵のミサイルなどを電子的に妨害し、その能力を発揮させないように、主要な地点に2~3両の特殊車両を配置し、半径約３００キロの「電子戦ドーム」を構築しているといわれている。そして、この防御網の中で安全を確保して作戦を実施している模様である。

一方、日本にも優れた電子戦の技術・能力があることから、早急に開発を進め装備化することが肝要である。これに、すでに開発されているイージス・アショア（イージス艦のミサイルディフェンス（ＭＤ）システムの地上配備型）などと組み合わせて、強力な日本独自のＭＤ網を構築することが喫緊の課題である。

さらに、日本には世界に誇る高出力電源の技術があり、これを活用した電磁砲や電磁波弾（強力な電磁波により敵の電子機器を破壊）、さらにはレーザ兵器などの開発も国策として推進することが肝要である。最終的には、日本の優れた技術と米国の技術力・システム化力を一体化させることにより、一段と高いレベルの日米共同開発へ進展させることが必要である。

また、米空軍が日本に残留して作戦を継続するには、中国のミサイル攻撃などによる損害を局限するため、電子ドームのような防御手段による防護のほかに、航空機を広域に分散配置する必要が

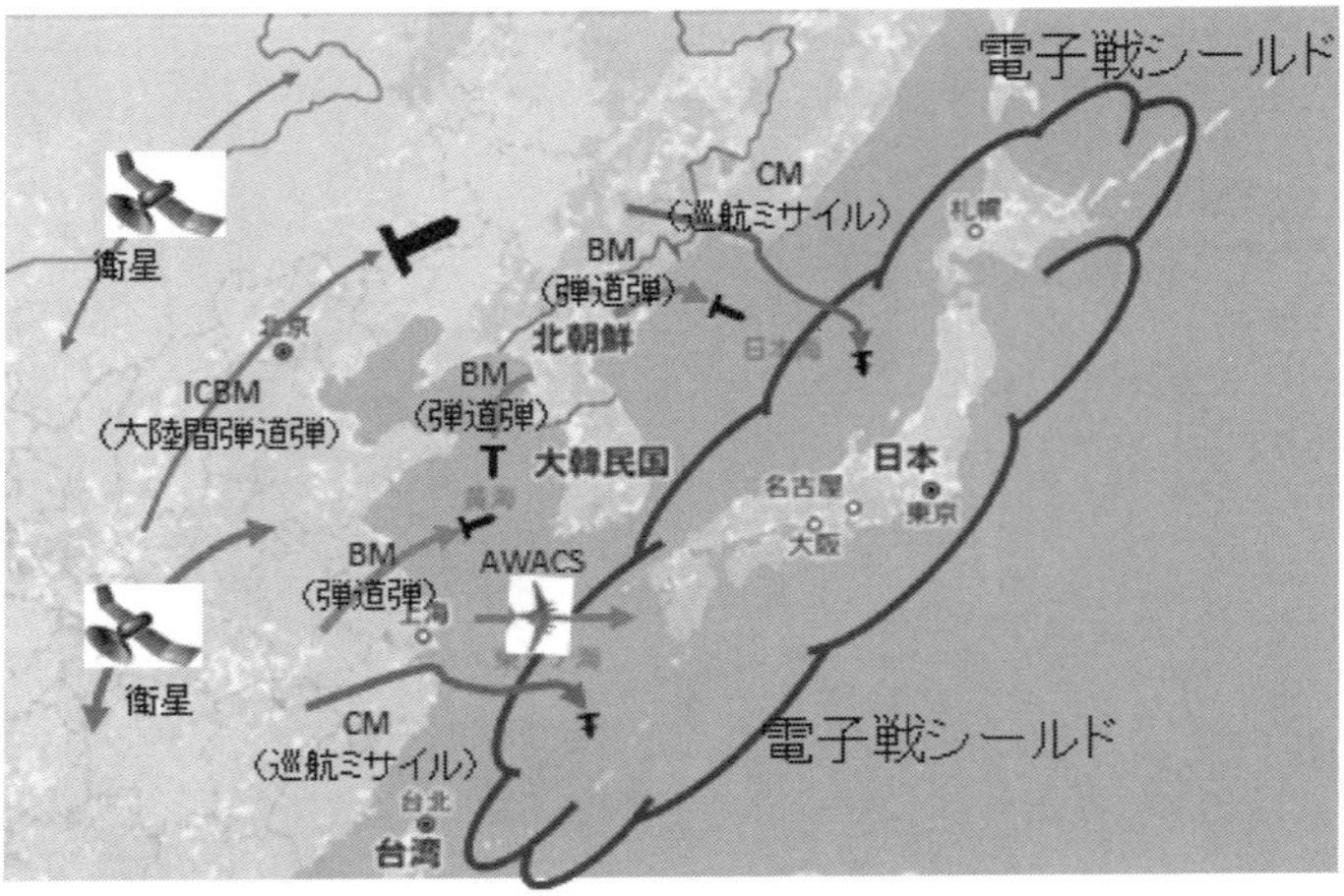

図12　新電子戦のイメージ（筆者作成）

あり、この点は、航空自衛隊も同じ問題を共有している（図12参照）。このため、日本政府は、緊急事態へ備えることの重要性を認識し、多数の民間空港およびその付帯施設の使用と必要な弾薬・燃料などの集積ができるよう、平素から措置しておくことが重要である。また、海空自衛隊および在日米海空軍の基地は、防空あるいはゲリラ・コマンド（以下、「ゲリコマ」）攻撃への対処が、極めて脆弱であり防御態勢の充実が必要である。

なお、日本が独自に開発した短距離・中距離対空ミサイルは巡航ミサイルも撃破する能力を有していることから、海空自衛隊および在日米海空軍の基地防空にも極めて有効である。また、陸上自衛隊は有事に、ほぼ半分の勢力を南西諸島に展開することから、日本本土におけるゲリコマ攻撃への対処戦力は極めて限られてくる。現大綱からも全国にわたるゲリコマについての脅威認識は欠落していることから、自衛隊の大幅増員は避けて通れないだろう。

③ 米軍の防勢作戦中の一部攻勢への参加

中国のＣ４ＩＳＲに対する盲目化作戦は、当初の防勢作戦から電子戦・サイバー攻撃を主体に積極的に実施されることになろう。このため、陸海空自衛隊の電子戦能力の開発・拡充は優先度の高い課題であることから、早急に装備化を進め、自衛隊と米軍との共同電子戦能力を強化しなければならない。

水中の支配は、潜水艦のみならず、水中の無人機、潜水艦探査システム、対潜哨戒機およびこれらを繋ぐネットワークなどの有機的な運用により初めて組織的な力を発揮することができる。この点に関して、日米は中国に対して圧倒的に優越した力を持っているが、さらにオーストラリア、インド、ベトナムなどと連携することにより、絶対的に有利な状況を作り出すことができるだろう。

④ Ｃ４ＩＳＲネットワークの構築

Ｃ４ＩＳＲネットワークの一元的な構築は作戦の前提である。その際、通信のパイプの太さ、強さを見極め、予備手段を含めた残存性の高いシステムを構築する必要がある。特に、南西諸島は、海上に点在する島嶼群を連ね、かつ、米軍と一体化させるために空中、地上、海底のネットワークを構築しなければならない。

その際、情報・通信のバックアップとして、米軍と同様に小型即応型衛星（小型で、Ｆ－15のような戦闘機からも射出可能）や無人機などを多数装備化する必要があろう。また、地上用として航空自衛隊が保有する移動式の多重無線通信装置で残存性の高いシステムを構築することが必要である。

⑤　日本版Ａ２／ＡＤネットワークの実態は、領域拒否／領域支配（Area Denial/Area Dominance：ＡＤ／ＡＤｏ）

中国版Ａ２／ＡＤは、東シナ海がＡＤ（領域拒否）で、西太平洋がＡ２（接近阻止）である。一方、日本から見れば、九州から南西諸島に至る地域は日本の領土であり、また、第１列島線の太平洋側は日米の生命線である海上交通路であるとともに、米軍が進出するエリアであることから、完全な支配ゾーン、すなわちＡＤｏ（領域支配）でなければならない。このため、第１列島線の太平洋側は、第１列島線沿いの阻止作戦に加え、近代化改修されたＦ－15やＦ－35Ａ戦闘機、長射程化された対艦ミサイルや日米の対潜哨戒機・潜水艦などによって日本側の支配ゾーンとしなければならない。

また、第１列島線の東シナ海側も国土を守るためには、中国海空軍の活動を拒否するＡＤ（領域拒否）ゾーンでなければならないし、今後、対艦ミサイルの射程を延伸することなどによって、少なくとも日中中間線付近までは拒否ゾーンとすることが可能である。

次頁の図13は、以上の記述を総合して図示した日本版Ａ２／ＡＤネットワークの全体像である。この中の「対水中拒否ゾーン」は明確な線ではなく、日米の水中の支配作戦の動向によって変動するものである。

２０１３年の自衛隊統合演習に際し、中国のインターネット環球網は「日本の自衛隊の対艦ミサ

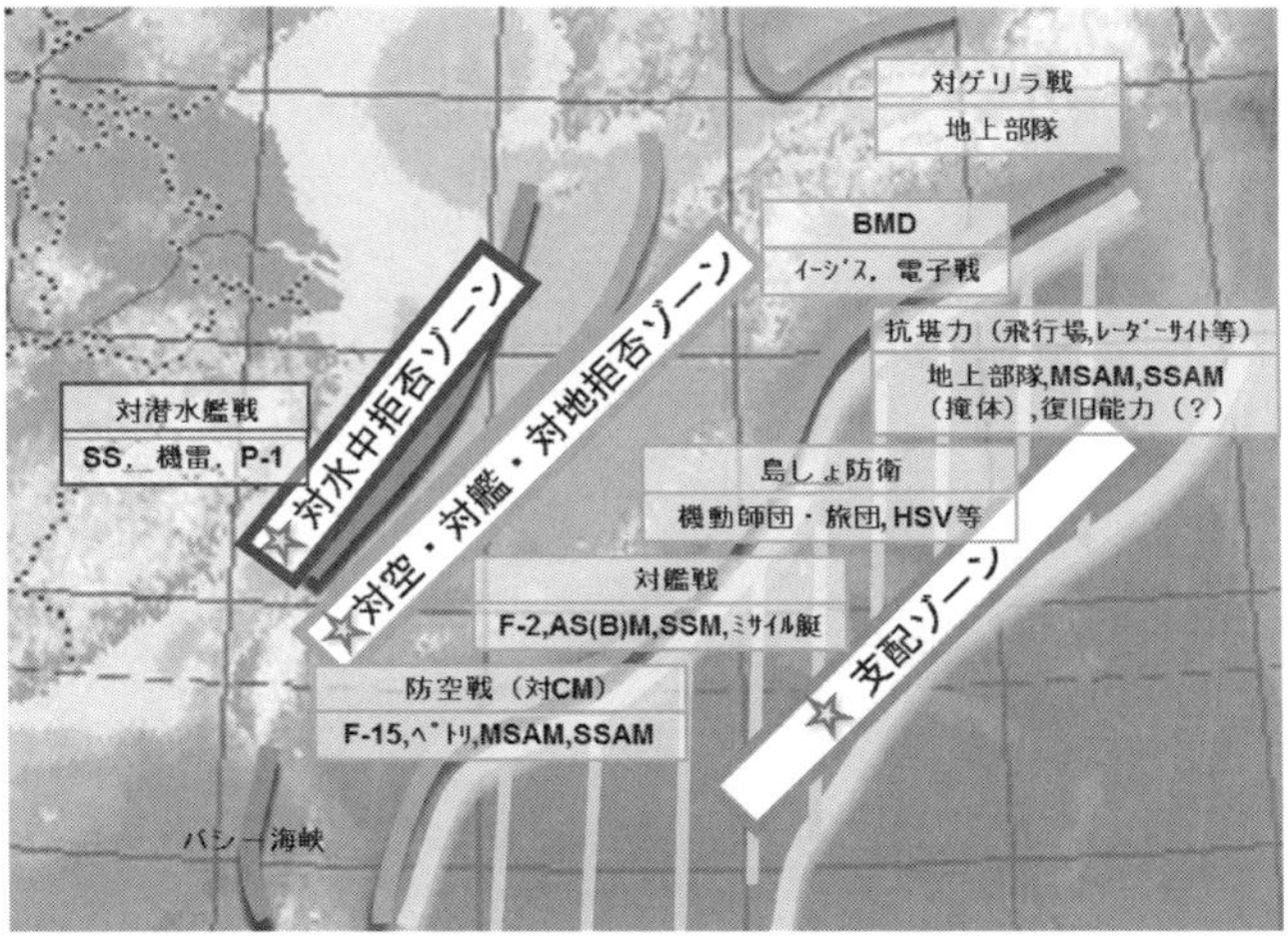

図13　日本版Ａ２/ADネットワーク（AD/ADo）（筆者作成）

イル部隊が、初めて宮古島に到着し、以前、那覇に配置したミサイル部隊とともに釣魚島（尖閣諸島）をカバーする攻撃網を組織し、かつ、宮古海峡への完全な封鎖を終えた」と述べた。このように、日本版Ａ２／ＡＤネットワークは、例えば尖閣諸島有事においても、躊躇することなく南西諸島に対艦、対空、対潜水艦の火力の壁を構築することが必要であり、このような態勢ができると、海空作戦も有利に展開することができる。そして、防衛力の行使に当たっては、「牛刀をもって鶏頭を絶つ」の喩《たとえ》の通り、小さな島であっても全力で対処しなければならない。このことにより、その後の抑止効果も高めることにもなるだろう。反対に中国が尖閣諸島を占領したら、南シナ海西沙諸島のウッディー島（永興島）で実施したように、直ちに防空ミサイル、対艦ミサイルを配置して南西諸島の大半を射程内に収めるだろう。

イ　ＡＳＢを補強し日本の自主的な防衛力を助長する秘策

新しい相殺戦略の作戦構想の柱を成すＡＳＢは、前述の通り、中国のＡ２／ＡＤ能力に対抗して戦力を展開することが目的である。その作戦において、当初、中国のミサイル攻撃などからの損害を回避するため、米海空軍は第２列島線以遠へ退避する防勢作戦を行うが、その間も電子戦・サイバー攻撃による盲目化作戦や水中の支配作戦を主体とした攻撃行動を継続し、攻勢作戦へ転移する機会を窺うことになるだろう。その際、攻勢作戦における中国本土への攻撃について、米国は懲罰的抑止力として捉えており、軍事的に合理的であっても、実際に行うかどうかは政治的判断に委ねられる。それは、米国が核戦争へのエスカレーションを恐れているためであり、したがって、当初の盲目化作戦における中国のＣ４ＩＳＲへのネットワークの弱点に対する物理的攻撃も実際に行われるとは断言できない。

このような「第３次相殺戦略」やＡＳＢの考え方を踏まえると、少なくとも核兵器を除く通常戦力で、日本が自らの国の命運を自ら決めることができないようでは国家としての存立は覚束《おぼつか》ないであろう。

一方、米国には、極力中国本土への攻撃を避けたいとの考え方が根強く、また、中国の短期高烈度決戦に対して、長期戦を強いて中国を疲弊させ終戦に持ち込もうという戦略目標を掲げている。それでもわが国が、自らの国の防衛は自ら決着を付けたいという国家意思を持つ時に、日米の立場の相違を克服できる方策はないものだろうか。
その有力なヒントは、米海軍大学で２０１２年に発表された「海上制限戦争戦略」（A War at Sea Strategy：ＷａＳＳ）に見出すことができるだろう。

① 新たな「日米共同海軍打撃構想」（Japan-U.S. Combined Master Plan to Defeat China at Sea）

米海軍のＷａＳＳの構想が優れている点は、核戦争へのエスカレーションを回避するため、中国本土への攻撃は行わず、主戦場を海洋に限定することにある。すなわち、「遠隔地における中国の海上交通路を遮断しつつ、中国の軍港や商業港に機雷を敷設し、また、東アジア諸国に向けた友好的な通航路を残し、封鎖水域を設定してその水域内の中国の商船を撃沈する。そして、これに連携して中国にとって象徴的な艦艇（中枢艦）と核ミサイル発射型の原子力潜水艦を除いた、その他の潜水艦はすべて沈める」というものである。

これを端的にいうと、中国が海洋強国として発展するための中核となる中国海軍および中国海上交通路に目標を絞り、これを撃滅できる能力を示して、中国の侵略の意図を断念させようとするものである。万一抑止が破綻しても、中国海軍主力の息の根を止めることによって、速やかに終戦へと導くことができると考えられる。

この海軍を主体としたＷａＳＳの考え方を基本として、さらに日本の対中ＡＤ／ＡＤｏネットワークと米国の長距離打撃力とを一体化させ、中国に対して強烈な抑止力を発揮するとともに、抑止が破れても日米が一体となった打撃力を行使し、中国の侵略の意図をすみやかに破砕する新たな

「日米共同海軍打撃構想」として発展させることで、より実効性のある対中抑止の核心的戦略を構築することができるだろう。勿論、南西諸島の阻止の壁が崩れないことと、航空戦において少なくとも中国に優勢を取らせないことが、その前提である。

この日米共同海軍打撃構想は、日米双方にとって魅力的なだけでなく、実現の可能性が極めて高いと言える。元々、ＷａＳＳの原型は、米海軍の構想であることから米国には受け入れやすく、また、日米のコントロール下で作戦が実施できることから、米国が懸念する日本単独の中国本土への攻撃の懸念も払拭できる。

ＣＳＢＡなどとの議論においても、日米共同海軍打撃構想の有効性について米側も理解を示し、「中国海軍の撃滅」が共通の戦略目標になり得るとの見解を同じくすることができたことは大きな成果であったし、また、ＡＳＢとの一体化も可能であると考えられる。

以下、日米共同海軍打撃構想の核心となる対水上戦と水中の支配について詳述する。

② 対水上戦

自衛隊は統合運用が開始されて以来、２００９年の統合演習から一貫して陸海空自衛隊による共同の対艦攻撃訓練を重ねており、そのノウハウは年々蓄積されている。特に陸上自衛隊の島嶼を連ねる「基盤的」な対艦ミサイル網と海空自衛隊の「可動的」な対艦ミサイル攻撃の連携によって、基本的な戦いの型が出来上がりつつあるようだ。

また、対艦ミサイルの射程と精度が改善され、今後は無人機などによる目標捕捉の能力の強化と

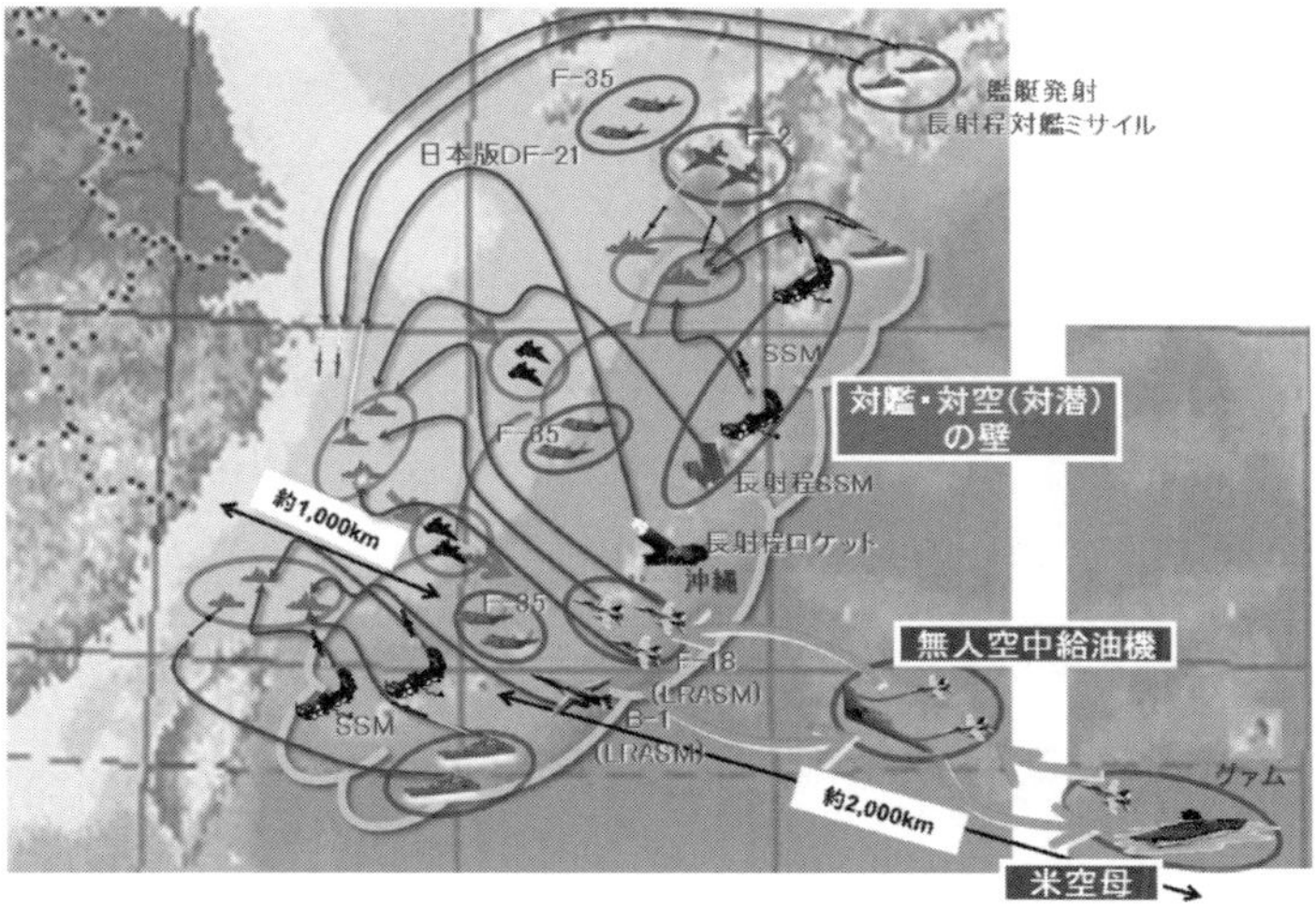

図14　F/A-18（空母艦載機）**の長距離作戦**（筆者作成）

相俟って自衛隊の対水上戦の能力は飛躍的に向上していくだろう。さらに陸上自衛隊が対艦精密ロケットを長射程化し、日本版ＤＦ－21Ｄとして対艦弾道ミサイル（ＡＳＢＭ）を開発・装備化すれば、東シナ海での制海能力は格段に向上するだろう。

一方、対艦ミサイルを保有していなかった米軍にも変化が見られるようになってきた。米海軍のＦ／Ａ－18スーパーホーネットは、長射程対艦ミサイル（約９００キロ）を２０１９年までに装備化し運用を開始することになっている。このことは、空母が長距離作戦において無人給油機を使い、南西の壁の太平洋側から東シナ海全域の水上艦を攻撃できることを示唆している（図14参照）。また、このミサイルは、空軍の爆撃機、水上艦（ＳＭ－３の発射システムから射撃可能）、潜水艦にも搭載される計画であり、そうなれば急速に米軍の水上艦攻撃能力は向上するだろう。さらに、２０１７年度予算案では、艦対空ミサイルＳＭ－６を対艦ミサイルにも使えるように改善する事業が盛り込まれている。

また、米海軍はバージニア級攻撃型原子力潜水艦を改良し、巡航ミサイルの搭載量を三倍（12基から40基へ）にするとともに、トマホークを改良して対艦ミサイルとしての能力を付与する予定である。これらと百数十発の巡航ミサイルを発射できるＳＳＧＮ（原子力巡航ミサイル潜水艦）とを合わせると、一度に数百発の対艦ミサイルを発射できる能力を保有することになり、対水上艦攻撃能力は飛躍的に向上することになろう。

このように、日米の対水上艦攻撃能力は急速に強化される方向にあり、近い将来、日米の共同対艦攻撃が可能となるだろう。さらにＦ／Ａ－18スーパーホーネット用の対艦ミサイルを地上発射型にすることも可能なことから、米陸軍も保有でき、第１列島線における米陸軍によるＡ２／ＡＤネットワークの構築が現実のものとなる可能性も出てきている。

一方、２０１５年10月に、ロシアの小型艦艇（１０００トン～１５００トン）で構成された小艦隊が、カスピ海から、１５００キロ離れたシリアの地上目標に向かって26発のカリブル巡航ミサイル（射程：２５００キロ）を発射し命中させたことは、米国に少なからぬ衝撃を与えたようである。

ＣＳＢＡの主任研究員ブライアン・クラークは「この種の小型艦艇を単なる制海目的の位置づけから、分散攻撃兵器に変貌させた。米国が持たなかったものをロシアが先に手に入れたことを今回の攻撃は証明した」と述べている。ロシアのカリブル巡航ミサイルの攻撃距離を日本近海に当てはめると、およそ瀬戸内海から上海近海までを攻撃できることになる。今後、このような安価で数量を揃えることができる小型艦艇を建造し、対地ミサイルに加え対艦ミサイルの機能を付与すれば、日本列島や南西諸島を防護壁とし、幅広い機能を持った戦略兵器として運用することが可能となるだろう。

ちなみに、第2次世界大戦の初頭、航空機では絶対に撃沈することは不可能だといわれた英国の戦艦プリンス・オブ・ウェールズとレパルスを、日本の海軍航空隊が見事に撃沈し、チャーチル首相に大きな衝撃を与えるとともに、これを契機として、戦艦に代わり空母の時代を到来させた先人の勇気と知恵に学ぶことが重要である。

このように日米共同による対水上艦攻撃能力の向上は、日本防衛の大きな切り札の一つとなるだろう。

③　水中の支配

もう一つの決定的な要素である「水中の支配」について、詳しく述べたい。

a　全般

前述のとおり、中国のA2／AD戦略の骨格は、第1列島線内への敵の侵入を阻止するため、来援する米海軍戦力の第2列島線内への戦力投射・展開を阻止、撃破することにある。この目的を遂行するための手段としては、対艦弾道ミサイルのDF－21Dおよび空中、水上、水中の多層プラットフォームから発射される超音速・亜音速の対艦ミサイルが主体となる。このため、中国海軍の水

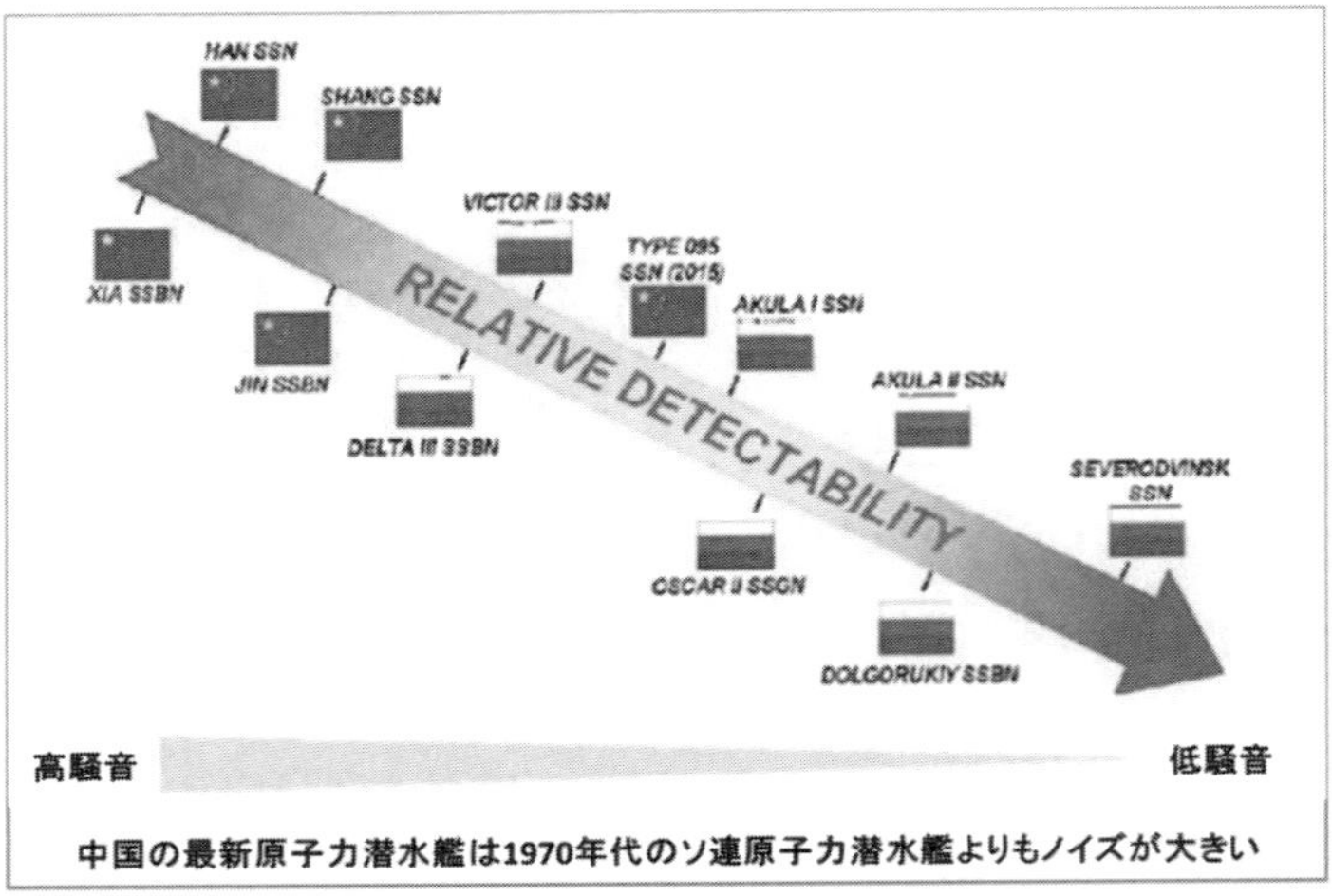

図15　中国およびロシア海軍原子力潜水艦雑音レベル

＜出典＞ US Navy's Office of Naval Intelligence（ONI）

上艦艇、潜水艦ともに対水上艦能力が著しく充実しており、水上艦艇は敵味方の航空優勢が拮抗した海域で行動し得るよう対空能力も強化されている。現在、中国において空母の建造・取得に多大の努力が傾注されていることも、この思想の延長線にあると考えられる。

反面、中国の水上艦艇・潜水艦、対潜機の対潜能力は、米国の対艦・対空能力の充実に比して明らかに貧弱である。同技術の秘匿性が高く、その取得に多大の努力を要する事情も相俟って、技術的にも建艦思想上の観点からも対潜能力の開発に遅れをとってきたと見られる。このため、一部の輸入潜水艦を除き、中国国産潜水艦の雑音レベルは総じて高く、特に原子力潜水艦に至っては、図15に示すとおり約30年前のソ連原潜よりはるかに高いレベルにあり、隠密行動の実施を困難にしている。

前述のとおり、中国沿岸部から外洋への出口はすべて第1列島線によって抑えられているが、この列島線上に中国の領土は存在しない。これは中国にとって、A2／AD戦略を実施する上で大きなハンディキャップとなっている。つまり、中国海空軍が第1列島線を通過できず、逆に第1列島線内への敵兵力の侵入を許せばA2／AD戦略など全く機能しないということである。このため、潜水艦・機雷などによる「水中の支配」は決定的な意味を持っているといえよう。

b　対潜水艦戦

中国海軍の対潜能力は低いため、日米の潜水艦は中国沿岸部の東シナ海、南シナ海への侵入も十分に可能であると見られている。それによって、多層プラットフォームの一翼たる中国海軍水上艦艇および潜水艦の同海域における行動を妨害し、第1列島線突破を阻止するとともに、その海上交通路に重大な脅威を与えることができる。このため、仮に戦争が長期化した場合においても中国の海上交通路を遮断することにより、その継戦能力を大きく減殺することが可能となる。また、米攻撃型・巡航ミサイル原潜は、長射程対地ミサイルを有しており、沿岸部（といっても約1600キロの内陸部まで）の各種施設などへの攻撃も可能である。

中国が対日米海戦上、第1列島線の通過を必要としているのは攻撃型原潜（SSN）および通常動力潜水艦（SS）だけでなく、核報復能力として構築中の弾道ミサイル搭載原子力潜水艦（SSBN）もまた同様である。

現在主力の晋級ＳＳＢＮに搭載されているＪＬ－２潜水艦発射型弾道ミサイル（ＳＬＢＭ）は、その射程（７５００～８０００キロ）から中国沿岸部からでは米国中枢部を攻撃できず、米国に対する「核報復能力」を確立させるには必ず外洋に出る必要がある。

中国は、将来、射程延伸型のＪＬ－２を搭載したＳＳＢＮが行動するのに十分な水深を有する南シナ海を聖域化して、対米核報復戦力を布陣させる意向があることは確実で、そのため南シナ海を核心的利益と位置づけ、同海域の軍事力強化に邁進しているのである。

一方、米国は「リバランス戦略」によって、その保有する海軍兵力の60％を太平洋方面に展開させる計画であり、その場合、ＳＳＮの太平洋方面への展開兵力は約35隻と見積もられている。中国の潜水艦保有隻数は現在約60隻、将来は潜水艦80隻態勢を目指すと公言している。ＳＳＢＮを10隻程度と考えれば、その他の保有数は約70隻となり、ＳＳを含む隻数とはいえ、米軍がロシア正面にも対応しなければならないことを考えれば、圧倒的な数的優勢を確保することになる。しかし、米国の保有隻数に同盟国の潜水艦を加えれば、保有数の数的不利は解消される。日本は、現在22隻態勢（練習潜水艦を含むと24隻）に移行中であり、２０２０年頃に完了する予定である。また、オーストラリアは現在コリンズ級６隻を保有しているが、２０２０年中頃から将来型潜水艦を含む12隻態勢へ移行する計画である。すなわち、現時点での米国と同盟国の保有隻数は合計約60隻、将来は約70隻に達すると見積もられ、ほぼ中国の保有隻数と拮抗する勢力となる。

この地域には、日豪の他にも潜水艦十数隻を有し、潜水艦運用歴23年の韓国が存在するが、韓国は中国に対し抜き難い恐怖心を持っており、対中有事の際の動向について米国は疑心暗鬼の状態にあると見受けられる。したがって、対中有事の際は、確実にカウントできる日米豪の兵力で対応することが基本となる。米潜水艦部隊は、SSBNが核抑止力として行動するほか、SSNは中露のSSBN監視、中国近傍海域での中国海軍兵力の撃破および中国海上連絡線への攻撃、必要となれば中国本土への対地攻撃も可能である。一方、日豪両国のSSは、第1列島線付近の中国海軍兵力の撃破および海上連絡線への攻撃、必要ならば限定的な対地攻撃も可能である。その際、地理的関係を考慮すれば、オーストラリアが南シナ海方面、日本が東シナ海方面を担当することになろう。

前述のとおり、潜水艦は潜水艦戦・対潜戦を実施する上で確かに重要な戦力ではあるが、個々の潜水艦が如何に優れていても単独での捜索、攻撃能力には限界がある。現在の潜水艦戦・対潜戦は宇宙から海底に至るまでの各種ビークルおよびセンサーを活用し、広域かつ効率的な作戦の実施が求められ、これらを運用するサブシステムの構築も、また重要である（次頁のコラム参照）。米国は冷戦期を通じて、これらサブシステムの構築・運用を進化させてきたが、現在も継続中である。このサブシステムによるバックアップの存否は戦闘の帰趨に決定的な影響を及ぼすものであり、この面においても米海軍は中国海軍の追随を許しておらず、原子力潜水艦建造技術の圧倒的な優位と相俟って、正に米海軍のいう「水中支配」の状態が継続している。

column

サブシステムとは

音響測定艦などに代表される海中監視システムや時々刻々変化する海象を把握したり、水中音波の伝搬状況を予測したりするシステムなどを指す。将来は現在開発中のシーハンターなどの水上、水中の無人ビークルによる潜水艦監視、追尾、攻撃システムもこの範疇に含まれる。このシステムを加えた米軍の優位は増々揺るぎないものとなると推測されている。

c　機雷戦

機雷戦に関しては、やや状況が異なる。周知のとおり、機雷戦は機雷敷設戦と対機雷戦に大別される。機雷敷設戦とは機雷を所定の海域に敷設することにより、その海域の自由な使用を制限させる行動であり、対機雷戦とは相手の敷設した機雷を排除、無力化することにより、その海域の安全な使用を回復することを指している。

中国軍は、過去の戦訓から機雷が安価かつ効果的な兵器であることを深く認識しており、機雷の生産・備蓄および敷設能力の拡充を重視している。中国の機雷の備蓄量は5～10万個と推定され、敷設能力はほとんどすべての水上艦艇、潜水艦および一部の航空機に付与されていることが確認されており、一部の民間船舶および漁船にもこの能力を付与している。このことは、中国が開戦に先立って、旧式潜水艦および民間船舶などを利用して、相手国の主要港湾、海域に隠密裏に機雷を敷設する可能性があることを示している。対中有事においてわが国の対機雷戦能力の発揮が重要であることは論を俟たないが、同時に、平時の自衛権の問題を解決しないと中国の先制的な機雷敷設に日本は何の対応も取れないこととなる。

中国海軍は強力な機雷敷設能力を保有しているが、これとは逆に対機雷戦能力は貧弱である。現在、中国の保有する掃海艦艇は約40隻程度と見積もられるが、そのうち新式艇は十数隻に過ぎず、新型機雷に対応可能な掃討能力を有する艦艇は数隻に過ぎない。また、近代戦における掃海戦力として、掃海艇と双璧をなす航空掃海戦力については実験段階にあるとの情報はあるものの、その存在は確認されていない。もちろん、掃海戦力についても逐次、増強されつつあるが、そのペースは他に比して明らかに遅く、中国海軍の兵力整備はこの分野まで及んでいないと推定できる。また、たとえ強力な対機雷戦能力を整備できたとしても、双方の勢力が拮抗し、中国の掃海部隊の安全性が確保できない第1列島線周辺海域での掃海・掃討作業は不可能に近い。このことは、第1列島線内外に敷設された日本の機雷の効果は大きく、特に、第1列島線の通過をその戦略の基本とする中国にとって戦略遂行上の影響が極めて大きいことを意味するものである。

d　水中戦の重要性

以上、述べてきた通り、現状における中国の戦争遂行能力における弱点の一つ（おそらく通常戦遂行上の最大の弱点）は、水中戦（潜水艦戦・対潜戦および機雷戦など、水中武器を使用した広義の戦いの概念）能力の著しい立ち遅れにある。しかも、この能力は一朝一夕に獲得できるものではなく、極めて多大な費用、時間および労力を要するだろう。現代戦における水中戦の重要性からいえば、この能力を欠いた状態で戦争に訴えることは決定的に不利であり、戦争開始の早い段階から中国海軍の水上・潜水艦部隊はもとより、沿岸部に展開する部隊や施設は、日米豪潜水艦部隊および敷設機雷により耐え難い打撃を受ける可能性があり、長期戦はいうに及ばず短期戦においても中国の一方的な勝利は難しくなるだろう。逆に、日本側から見れば、水中戦における優位性を維持・拡大することは極めて大きな抑止効果を発揮することになる。

しかしながら、前述した中国海軍の欠点は中国側も十分承知しており、懸命な戦力整備努力を行っていることも事実であることを考慮に入れておかねばならない。日本も、それ以上に努力しなければ、この差は急速に失われる恐れがあるので厳重な注意を要する。

④「日米共同海軍打撃構想」の課題の克服

このように日米共同海軍打撃構想は、今後の日本の防衛予算拡大に掛かっているが、ＡＳＢと一体となって強力な抑止力を発揮することになるだろう。

しかし、次のような課題を認識して周到な対策を講じておかねばならない。

その一つは、中国海軍の水上艦が南西諸島の阻止線で撃破されることを恐れ、さらに防御力と攻撃力を増した米空母打撃群が西太平洋での作戦を遂行できる態勢がとれれば、中国の水上艦は一挙に撃滅されることから、日米の対水上艦戦網に入らず中国近海に止まり、状況が改善されるまで待機する可能性があることである。そうなると、中国の水上艦を撃滅するタイミングは中国の出方次第ということになり、日米が主導権をとれない状況に陥るかもしれない。また、仮に中国が日本に対して開戦を決意したならば、中国の潜水艦は浅い海の東シナ海に封じ込められないように、グレーゾーンからあらゆる手段を行使して太平洋への侵出を試みることにもなろう。

二つ目は、米国は日米共同海軍打撃構想の発動を躊躇しないかという懸念である。すなわち、中国にとって海軍を撃滅されるという事態は、中国本土への攻撃と同程度の衝撃と中国が受け止めれば、日米共同海軍打撃構想の発動は予期せぬ事態にエスカレートするのではないかと米国は危惧するかもしれない。

まず一つ目の問題については、日本も陸上、海上、空中発射の各種対艦ミサイルを既に保有していることから、ターゲティングの質を向上させ、また所要のミサイルの射程を東シナ海全域（中国の主要軍港を含む）がカバーできる約1000キロに伸延することにより解決できるだろう。同時に西太平洋のかなりの地域をカバーすることができ、支配ゾーンにおける日米の優位性は極めて高くなるだろう。

巡航ミサイルについては、米国はトマホークにも対艦ミサイル機能を持たせようとしており、発射プラットフォームも多様であることから問題は解決するだろう。ただし、巡航ミサイルは速度が遅く、中国に対処される可能性も大きくこれだけでは十分とはいえない。このため、上空から高速で目標を狙う対艦弾道ミサイル（ASBM）、つまり日本版DF－21Dの早期の開発・装備化が求められる。

米国や韓国のみならず日本国内においても、日本の弾道ミサイル装備化を懸念する意見もあるようだ。しかし、中国は現実に防衛用と称してDF－21Dを保有しており、日本が同様の能力を保有することには何の問題もないはずだ。対艦弾道ミサイルは、あくまでも海洋に限定した抑制的な兵器であることから専守防衛の枠を超えるものではなく、むしろ米国も積極的に支持し、支援すべきだろう。

かつて日露戦争において、旅順港へ逃避したロシア艦隊を、帝国海軍が封鎖し、二百三高地を奪取した帝国陸軍の二八センチ巨砲がロシア艦隊を撃滅した史実があるが、このように日米で中国艦艇を東シナ海域に封じ込め「旅順港化」することで大きな成果を得ることができるだろう。

二つ目の問題については、日米共同海軍打撃構想は、確かに戦争に決着を付けようとするものであることから、中国に大きな衝撃を与えることは当然であろう。

しかしながら、中国が短期高烈度決戦によって第1列島線上の国々を占領しようとしているときに、挑まれた戦争を跳ね除け、自らに有利な態勢で終戦に導く戦略・戦法を持たないことの方が問題ではあるまいか。特に、防衛戦の結果が直接、生存そのものに影響する日本にとっては死活問題だからである。

確かに、日米共同海軍打撃構想の発動の結果、中国海軍は撃滅されるかもしれないが、当該構想は、中国本土に対する本格的な攻撃を行うものではなく、したがって、多くの中国国民に被害を与え、重要インフラを破壊することにはならず、全体から見れば相当に抑制された軍事行動といえるだろう。

日米共同海軍打撃構想は、「中国海軍の撃滅」に作戦目標を限定した「制限戦争」の枠組みの下で遂行されるものであり、日米は十分に意思の疎通を図りながら、共同作戦を慎重にコントロールすることが可能である。その際、中国が受けるだろう衝撃の反動として、際限のない軍事的なエスカレーションへと戦況を悪化させないためには、中国海軍への打撃の時期および打撃の要領について細心の注意を払うとともに、中国の日本などへの報復核攻撃に対する米国の抑止力が確実に機能することが必須の要件である。もちろん、終戦に向けた外交努力と多くの国際世論を味方につける国際情報戦とが一体となった軍事作戦でなければならないことはいうまでもない。

これらを踏まえると、日米共通の作戦目標は次頁の表の通りとなるだろう。

この構想を歴史に見れば、中国後漢末期の三国志の時代における「赤壁の戦い」（208年）に似ているかもしれない。すなわち、魏が中国で、呉が米国であり、正面切って魏と事を構えたくない呉を説得をして「赤壁の戦い」で勝利を獲得した蜀は日本で、また、そう出来なければ日本は国家として存続することはできないだろう。

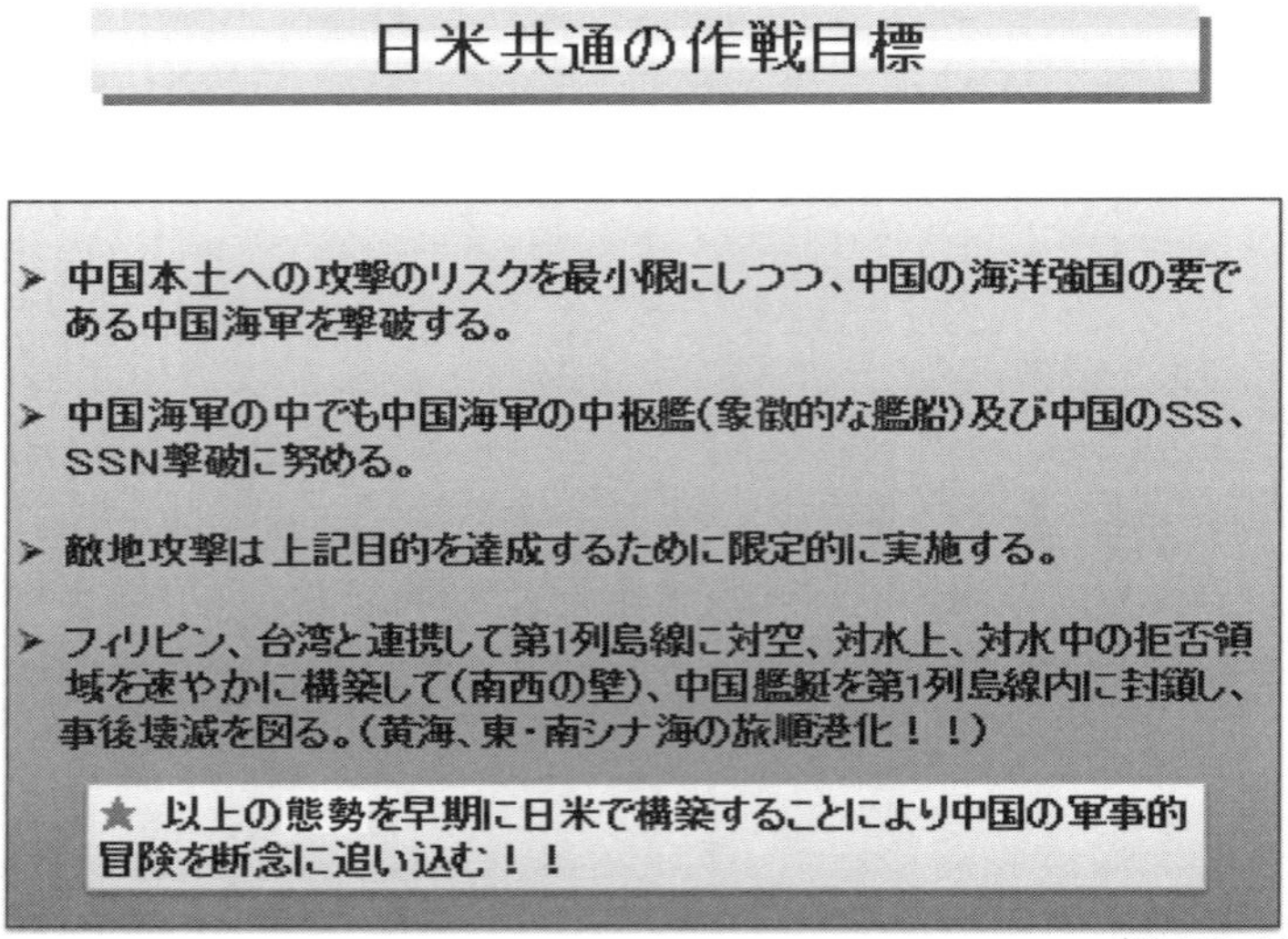

日米共通の作戦目標
➤ 中国本土への攻撃のリスクを最小限にしつつ、中国の海洋強国の要である中国海軍を撃破する。
➤ 中国海軍の中でも中国海軍の中枢艦(象徴的な艦船)及び中国のSS、SSN撃破に努める。
➤ 敵地攻撃は上記目的を達成するために限定的に実施する。
➤ フィリピン、台湾と連携して第1列島線に対空、対水上、対水中の拒否領域を速やかに構築して(南西の壁)、中国艦艇を第1列島線内に封鎖し、事後壊滅を図る。(黄海、東・南シナ海の旅順港化!!)
★ 以上の態勢を早期に日米で構築することにより中国の軍事的冒険を断念に追い込む!!

（筆者作成）

（6）日本の防衛とＡＳＢを一体化させるために今後重視すべき分野

これまでの各論において、将来必要な装備などについても触れてきたが、ここでもう一度内容を整理し、日本の防衛とＡＳＢの一体化に焦点を当てたわが国の防衛力整備において、重点的に投資すべき方向を明らかにしたい。

なお、緊急事態法の制定、グレーゾーンにおける領域警備としての自衛権行使、非核三原則の見直し、専守防衛の考え方の再整理など、日本の防衛力の発揮のためには欠かせない政策などのソフトの分野の見直しは喫緊の課題であるが、これらについては別の機会に譲ることとする。

わが国の防衛力整備、いわゆるハードに関して重視する分野は次の通りである。

①阻止作戦における拒否力の向上
・対艦ミサイル、防空ミサイルの射程の向上（対艦ミサイルは約１０００キロ程度）並びに地上発射型対潜ミサイルの配備
・トマホークなどのミサイル搭載型小型戦闘艦の開発・装備化による長距離対艦打撃力の向上、イージス艦などへの長距離対地・対艦攻撃能力の付加（日米共同海上打撃構想の能力向上にも必要）
・Ｆ－35、Ｆ－15のミサイル搭載量の増大
・機動師団・旅団の完全即応連隊化（現状は4個の連隊の内、１個のみの即応連隊化）、作戦部隊の情報化の充実、安価な精密弾の大量装備
②日米共同海軍打撃構想の能力向上
・対艦弾道ミサイルの開発・装備化（日本版ＤＦ21－Ｄ、射程約１０００キロ）
・潜水艦の増強（22隻から30隻態勢へ）、原子力潜水艦の開発・装備化または米国からの導入および知能型水中無人機・機雷の日米共同開発・装備化（米軍の防勢作戦中の攻勢への一部参加にも必要）
・Ｐ－１固定翼哨戒機１００機態勢へ
③抗堪力・継戦力の強化

・電子戦・サイバー攻撃、電磁砲・電磁波弾、さらにはレーザ兵器やレールガンなどの早期開発・装備化、さらには、一段と高いレベルの日米共同開発の推進、技術の流出防止策と一体化（米軍の防勢作戦中の盲目化作戦にも含まれる）
・統合輸送力の向上
緊急事態法を併用した官民一体の輸送組織の構築（日本版輸送コマンド（ＴＲＡＮＳＣＯＭ））、高速輸送艦、特に岸壁へも接岸可能な小型高速輸送艦の開発・多数装備化
・海空自衛隊の飛行場・港湾および民間飛行場の部隊による防護、復旧能力の向上、飛行場への弾薬・燃料などの事前配置、掩体（ハードシェルター）の建設および多数の防空ミサイルなどの配備
・司令部、兵站施設などの地下化
・弾薬、特に精密弾の大量増産、九州に地下化した弾薬庫を多数建設
④強靭なＣ４ＩＳＲネットワークの構築
・小型即応型衛星や無人機などのバックアップ機能およびターゲティング機能の充実
・各種無人機の装備化による情報・通信ネットワークの強化

これ以外にも、極超音速滑空ミサイル、人工知能型各種ロボットの研究・開発への着手が必要である。これらの必要性は、装備面から見た日本の防衛力がいかに不十分であるかを示すもの

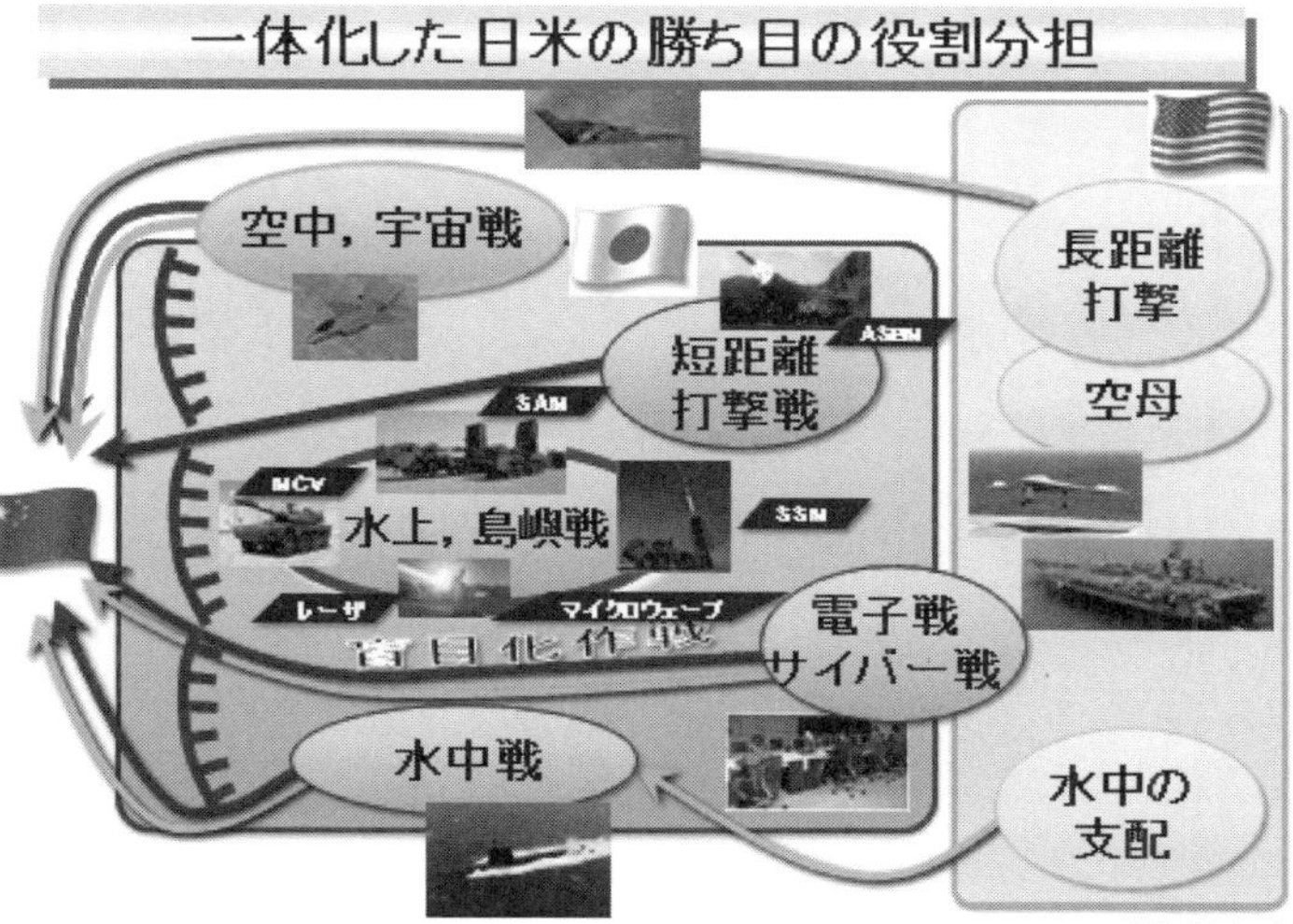

（筆者作成）

図16　一体化した日米の勝利の役割分担

である。さらに、約1～2か月続く中国の短期高烈度決戦を戦い抜くには、自衛隊の人員・組織規模、精密弾などの弾薬や燃料など強靭性・抗堪性の面にも大きな課題があり、これらの解決なくして国土防衛も日米共同も成り立たない。少なくともこれからの10年間は現状の2～3倍の防衛予算を投入する覚悟がなければ、勝てる作戦構想も絵に描いた餅になってしまうだろう。

日本を取り巻く戦略環境は、現在の防衛計画の大綱の環境をはるかに超えて変化している。日本の防衛予算を増大させるかどうかは国民の決断にかかっているが、従来のような甘えは許されない。日本は眼前の北朝鮮や中国の脅威に備えるのみならず、米国の国力や軍事戦略の大きな変化に的確に対応することが必要である。つまり、日本は核戦力を除い

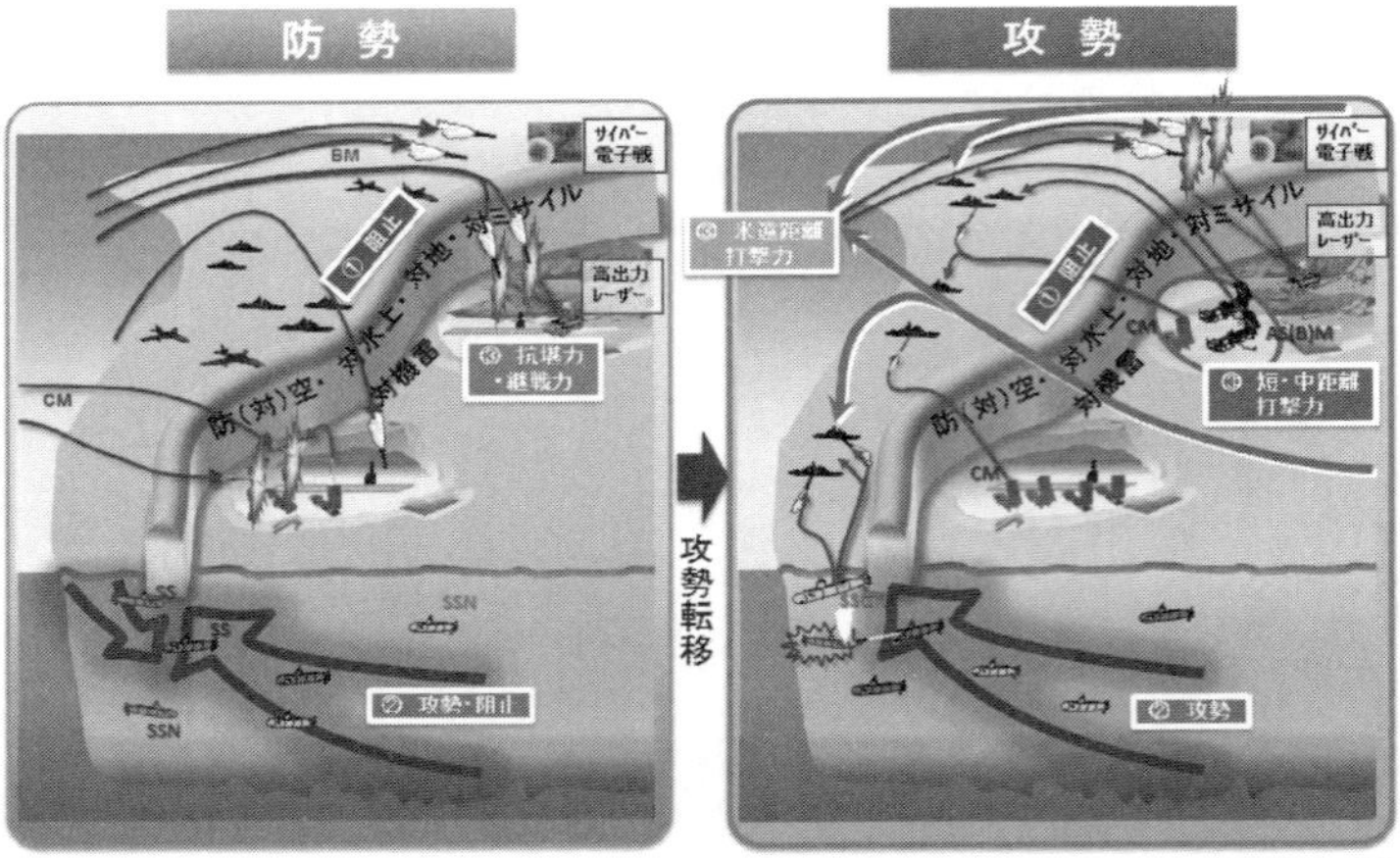

（筆者作成）

図17　防勢・攻勢のイメージ

て、自らの国は自ら守り抜く力と態勢を作ることに外ならない。

これまで述べてきたことを総合すると、日米が追求する勝利の戦いにおける日米の役割分担は前頁の図16のようになり、その際の防勢・攻勢作戦のイメージは図17の通りである。

（7）日米共同防衛の戦略モデルの第1列島線全域への拡大

これまで述べてきた第1列島線上の共同防衛の戦略モデルとしての作戦運用構想、装備の開発・装備化、訓練などのノウハウを、オーストラリア、インドを含め、台湾、ＡＳＥＡＮの第1列島線上の国々へ拡大し、共有することが必要である。また、第1列島線上の国々の防衛については、国力国情に応じて重点の置き方も異なっていることから、戦略モデルをそれぞれの国の実情に適合させることが必要である。また、フィリピンなどの防衛力の不足を補完するため、陸上自衛隊に近い装備を保有する米陸軍を配備することも重要である。

全般的に、東シナ海正面は日本が、南シナ海正面は米国が主として対中A2／ADネットワークを構築することになるだろう。その際、繰り返しになるが、日米と台湾、フィリピンとの共同防衛は特に重要である。

4 海上封鎖網（外壁）による共同防衛

（1）全般

「阻止の壁」（内壁）の共同防衛に併せて、石油や鉱物資源などの中国への輸入をコントロールし、最悪の場合には、経済封鎖など経済金融面からの強制措置を講じて中国の継戦力や修復力を削ぎ、第1列島線沿いの作戦を容易にするとともに、中国の戦争継続の意思を断念させることが必要である。

このためには、本章冒頭の図1に示したように、第2列島線からインドネシア、インド領アンダマン・ニコバル諸島、ミャンマーを結ぶ外壁を活用して、封鎖線を構築することが必要である。その際、マラッカ海峡、スンダ海峡、ロンボク海峡の主要チョークポイントを活用することが最も効果的である。

海上封鎖は、中国の船舶が他国の港湾あるいは中国の港湾へ出入港することを阻止することであるが、それは、すべての対象船舶を拿捕、撃沈する完全封鎖から積み荷の状況などによる選択的封鎖まで幅広いが、いずれを選択するかは「阻止の壁」（内壁）の共同防衛作戦の成果や戦況全般の推移をみて、決められることになろう。

封鎖の主体は、米国とインド、オーストラリアであろうが、南太平洋の国々や、東南アジアの国々の支援が不可欠である。

（2）米国

ＡＳＢには基本概念として海上封鎖が含まれており、米国における多様な議論の中でも海上封鎖が肯定的に論じられていることもあり、外壁における封鎖のコントロールの実権を握るのは米国だろう。そして実動部隊は、米空母・戦闘艦艇と海兵隊である。対象を中国へ向かうスーパータンカーなどの大型輸送船に絞ることにより、効率よく海上封鎖を実施することが可能となろう。

（3）インド

インドは核戦力も含め、インド洋地域における最大の軍事国家であるとともに、世界最大の民主主義国家である。

インド陸軍は、正規・予備役を含め200万人を擁する世界第2位の規模を誇っているが、その大半は宿敵パキスタン向けだが、一方中国とは1962年の中印紛争など長年の国境紛争を続けており、北からの中国による脅威も強く認識している。

これに対して中国は、「真珠の首飾り」戦略（65〜66頁のコラム参照）の一環として、インドを取り巻く形で、パキスタン、スリランカ、バングラデシュ、モルジブなどで港湾建設・施設整備に投資して支援するとともに、2015年に中国はパキスタンに潜水艦8隻を売却するなど、インドを強く牽制し続けている。

一方、インド海軍は、2020年までに概ね「艦艇200隻態勢」を整備する計画を持ち、その中でも空母は3隻、潜水艦（原子力潜水艦を含む）は20隻以上に増強する予定であり、強力な海軍力を保有することになるだろう。また、マラッカ海峡のインド洋側を押さえるアンダマン・ニコバル諸島にはインド軍初の統合コマンドを設置して軍事拠点化を目指しており、その戦略的効果は極めて大きい。

インドは、非同盟を基本として他国との同盟には慎重であるが、現モディ首相になって初めてオーストラリアとの二国間演習を実施した。また、2015年、ベンガル湾において、アメリカ、インド両海軍が主催した海上共同演習「マラバール」にオーストラリア、シンガポールとともに日本は正式メンバーとして初めて参加した。続けて2016年、沖縄東方沖合で日米印海上共同演習「マラバール2016」が実施されたことは、インドの対中国戦略強化の一環として大いに注目され、関係国にとって大きな追い風になった。このように、日印両国は、相互の関係強化を重視するようになっており、今後は米印とともに、日印そして豪印との戦略的連携は深まっていくものと見られる。その際、わが国は、アンダマン・ニコバル諸島やインド洋西部のラッカデイヴ諸島でインドが進める空港の拡充やレーダー設備、あるいは港湾などの整備を積極的に支援することで、外壁の構築にあたって大きな役割を果たさねばならない。

（4）オーストラリア

オーストラリアの「国防白書２０１６」は、①オーストラリア本土の防衛および北方へのアクセスと直近のシーレーンの確保、②東南アジア海域と南太平洋を含む周辺地域の安全、並びに③インド・太平洋地域の法の支配に基づく国際秩序の維持を「戦略的国防目標」（Strategic Defence Objectives）に挙げている。軍事力は陸海空ともに大きくはないが、近年、日米との軍事協力の質を向上させつつある。そして、日本とは、２０１０年に安全保障協力に関する日豪共同宣言をはじめとして、日豪ＡＣＳＡ（日豪物品役務相互協定）を結ぶなど、自衛隊との防衛協力・交流を深めている。

一方、中国も経済的にオーストラリアとの関係を深め、政治的影響力を強化しようとしていることから、一抹の不安材料として注視していくことが必要だろう。しかし、前記の「戦略的国防目標」が明示する通り、オーストラリアは海洋安全保障と既存の国際秩序の維持に強い関心を持っており、２０２０年代半ばに新造の潜水艦を12隻態勢にすることから、日米との防衛関係を積極的に発展させていくことになろう。また、対潜哨戒機P－3Cを18機（将来は米国のP－8Aに換装予定）保有しており、この面からも水中の作戦や海上封鎖に大いに貢献できるだろう。特にオーストラリアが関心を持つ南シナ海などにおける米国との水中の支配作戦への参加も、今後大いに追求すべき課題である。

このように、米国、インド、オーストラリアの作戦を一体化することによる外壁における作戦能力の強化は、中国に対する懲罰的抑止力として大きな力を発揮するだろう。

5 阻止の壁（内壁）と海上封鎖網（外壁）における共同防衛の全体像

組織的な阻止の壁（内壁）と海上封鎖網（外壁）による共同防衛の全体像を、当初の防勢作戦から反撃作戦へと時系列的に見ると、次頁の図18のように表せる。

阻止の壁（内壁）は、第1列島線の各国が、自国の領域防衛を自らの力によって全うすることを基本に、防衛力の不十分な国に対しては米国の力をもってこれを補完し、各国の連接に当たっては阻止の壁（内壁）に弱点や断裂を生じさせないことを重視する。そして、米軍の攻勢転移までの間、中国が挑む短期高烈度決戦を耐え抜かねばならない。

他方、「阻止の壁」の外周には、「懲罰的抑止力」としての「海上封鎖網」（外壁）が構築され、中

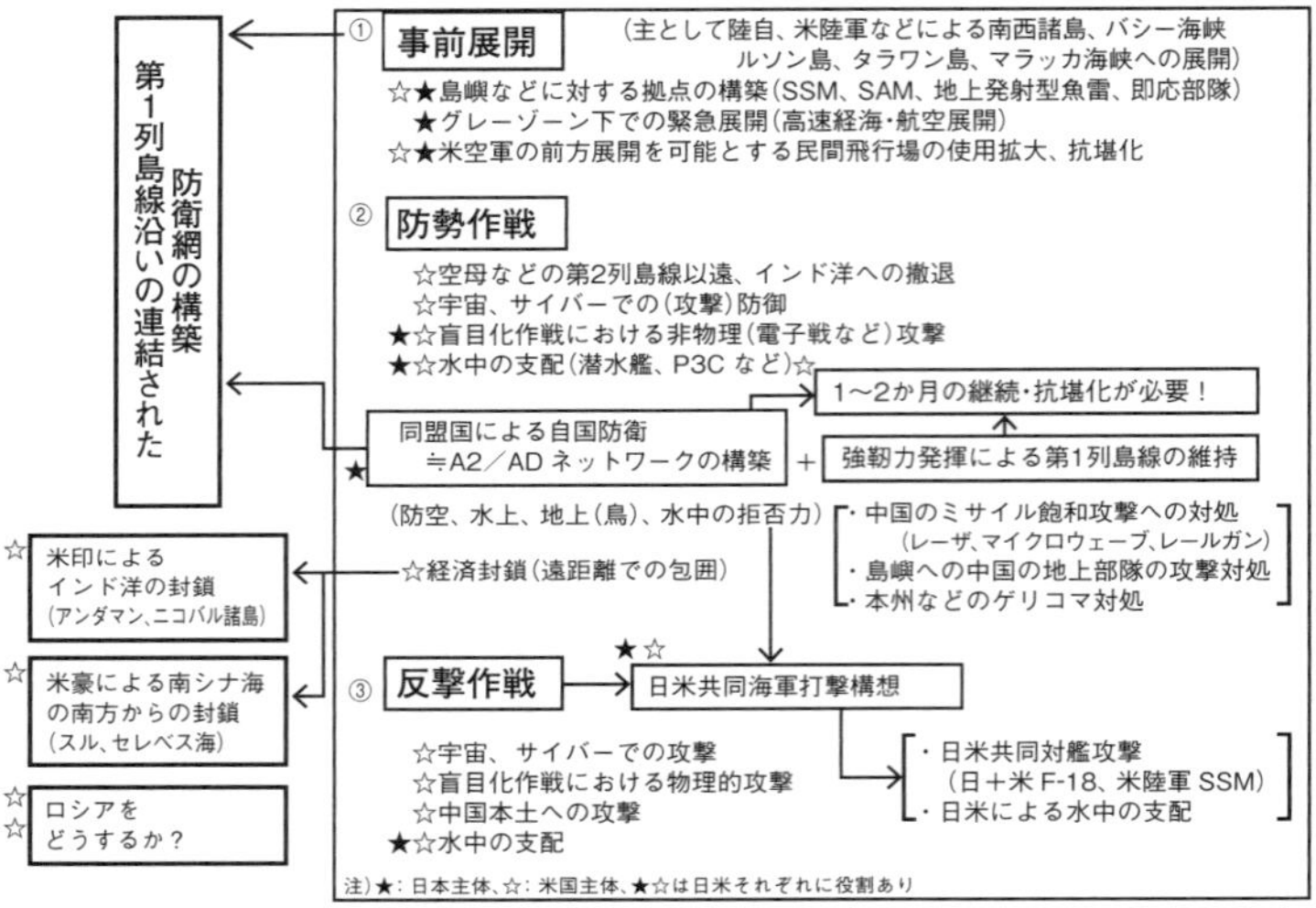

図18　当初の防勢作戦から反撃作戦へ（筆者作成）

国の経済力や継戦能力を支える海上交通路を遮断する。その際、外壁における共同防衛は、海上封鎖に止まらず、マラッカ海峡、スンダ海峡およびロンボク海峡に、シンガポール、マレーシアおよびインドネシアと協力して、阻止の壁（内壁）と同様の対空、対水上、対潜の阻止の壁を構築することができれば、中国に対してより強力な抑止・対処の包囲網を構築することができるだろう。

その後、攻勢の態勢を整えた米軍は、第1列島線の阻止の壁を起点として、いわゆるASBに基づく攻勢作戦に転移することになるだろう。その行動に呼応するように「海上封鎖網」（外壁）を東シナ海、南シナ海に向けて絞り込みつつ、状況を見て日米共同海軍打撃構想を発動し、両海内で中国海軍を撃滅させることになるだろう。

これらを後押しする国際安全保障環境として、中露の協調連携を分断してロシアを日米側に引き付けることができれば、中国に対してより大きな戦略的衝撃を及ぼすことができるし、作戦の終結を早めることも可能となろう。つまり、軍事戦略と密接に吻合させ、上記の方向を目指した外交戦略を強力に推進することが極めて重要なのである。

6 日本の防衛における核抑止のあり方

最後に、わが国の核抑止について、触れておかなければならない。

冷戦時代からソ連と対峙し、核戦力の向上にしのぎを削ってきた米国の核戦力は、現状中国の戦力を圧倒しているといえる。しかしながら、米国はソ連との間に締結された中距離核戦力全廃条約(ＩＮＦ条約)によって、射程５００キロ~５５００キロの地上発射型短距離、中距離ミサイルを保有出来ないため、戦域・戦術核の運搬手段は極めて限定されたものとなっている。このため、同種弾道ミサイルを積極的に開発・保有している中国および北朝鮮との間に非対称状態が生じ、第１列島線上の同盟国に対する拡大核抑止力が低下しているのではないかとの懸念が、同盟国のみならず米国の要人の間ですら公然と発言される事態に至っている。

２０１５年３月に公表された米国防大学の「日米同盟・ガイドライン調査」の報告書においても「米国の拡大核抑止が揺らぎ、中国、北朝鮮による核ミサイルの威嚇や攻撃に米国が報復しないとの拡大核抑止との分離を中朝側が信じている」と表現されている。このような情勢を受けて、わが国は２０１３年12月に「国家安全保障戦略」を策定した。この中で、わが国周辺の安全保障環境については、大量破壊兵器とその運搬手段たる弾道ミサイルの拡散は大きな脅威であり、特に北朝鮮による保有は、その挑発的な言動と併せて地域の安全保障に対する脅威を深刻化させており、解決すべき喫緊の課題と位置づけている。しかしながら、わが国の対応としては唯一の被爆国の立場から世界の非核化への貢献と非核三原則の堅持を謳い、核に対しては米国の核抑止力が不可欠であるとしている。この安全保障戦略における記述は、核戦略に関する論理的な思考過程を踏まえて検討した結果とはいいがたい。安保戦略において米国の核抑止力が不可欠という結論は、日本の安全に核戦力が不可欠と言明していることに等しい。これを突き詰めれば米国の核戦力の庇護の下においてのみ、日本は非核化・非核三原則を唱えていられることとなる。これは明らかに矛盾している。

日本の非核化政策が米国の国防戦略に合致していることは理解できるものの、日米同盟の強化の阻害要因としての側面を有していることもまた事実である。特に、非核三原則中の「持ち込ませず」は米国の核抑止に依存している以上、明らかに矛盾がある。

民主党政権下において、「核の持ち込み」に関し「領空、領海の通過、立ち寄りは認める」との密約が日米間に存在していたことが明らかになった。同盟国との密約を政権が交代したからといって公表することは問題があるものの、これは明らかに過去の政権においても、この原則が、あまりにも同盟国の核戦略を無視した政策であることを認識していた証左である。虚構の論議は捨て去り、先ずは速やかに「持ち込ませず」を変更し、内外に向けて堂々と公表すべきである。なぜならば、「抑止」を成り立たせるには、①敵の侵略を撃退するに十分な戦力を持つこと、②その戦力を行使する用意があること、そして③相手（敵）に対してこちらの決意を悟らせること、の三つが必須の要件である。「持ち込ませず」を破棄するとの公表は、この三要件に適うものであり、わが国の核抑止態勢の強化に資することは間違いないからである。

現状では、核攻撃を抑止するには核をもって対応するしかない。これを踏まえれば、米国と密接な調整の下、例えば欧州においてNATO加盟国間で実施しているように、わが国の防衛政策の中で核兵器の存在意義を真剣に検討すべき時期が来ている。米国は前記INF条約のくびきを十分認識しており、ロシアが同条約に違反していると見られる各種ミサイルを開発・保有していることに鑑みて、同条約の破棄又は最低限でもアジア・太平洋正面に限定しての条約適用除外に踏み切る方向に舵をとっているものと見られる。この場合、同条約の無効化に伴い、米国は短距離・中距離ミサイルの配備について、わが国を含む第1列島線上の諸国に打診してくることは必至であり、同ミサイル配備による核抑止も含めて、喫緊に検討する課題であると考える。

日本には北朝鮮などを圧倒する原子力・ロケット技術がある。かつては中国も圧倒していた。長期間、安全保障環境の変化を漫然と傍観している間に、この優位は急速に失われつつある。既に北朝鮮は日本の保有していない弾道ミサイルの水中発射技術まで獲得した旨公表した。これに対応するためには、早急に核抑止に関する国家の戦略方針を変更する必要があり、わが国周辺の安全保障環境の激変に対して、いつまでも旧態然とした態度をとり続けることは極めて危険である。

このため、日本は、従来のイージス艦とペトリオットＰＡＣ－３に加え、電子戦・サイバー攻撃、電磁砲・電磁波弾、さらにはレーザやレールガンなどによる新たな弾道ミサイル防衛（ＢＭＤ）システムを導入して、我が国のＢＭＤ能力を質量両面から強化するとともに、自衛隊に北朝鮮や中国のミサイル基地を叩く敵基地攻撃の任務権限と地中貫通型ミサイル、ステルス・無人対地攻撃機、特殊作戦などの能力を付与し、限定的ではあるが、報復的抑止力を創出することが必要である。また、日本は、核攻撃に対するわが国の国家機能、重要インフラや産業基盤の維持ならびに国民生活保護のための民間防衛、そして自衛隊の施設、装備、Ｃ４ＩＳＲおよび部隊行動時の強靭性・抗堪性の強化などの「損害限定戦略」を総合的に施策しなければならない。

同時に、ＮＡＴＯの中で非核保有国のドイツ、イタリア、ベルギー、オランダが行っているように、情勢緊迫時には米国の核戦力の国内持ち込みを公式に認め、これを日米で共同管理するなど、両国間で合意の可能性がある現実的で、具体的な対応策を検討し、戦域での「地域的抑止」を再構築してより強固な核抑止態勢を確立することが緊急の課題である。

第9章

トランプ米政権の対中・対日政策の動向

1 「偉大なアメリカの復活」と「中華民族の偉大な復興」との対立

2017年1月20日、ロナルド・トランプ氏が第45代米国大統領に就任した。選挙戦そして就任宣誓演説においてトランプ大統領が米国民に示した最大の公約（国家目標）は、「偉大なアメリカの復活」であり、それを果たすために「アメリカ最優先」の政策を採るということである。また、トランプ氏は、大統領選挙直後の勝利宣言において「全アメリカ国民の大統領として、アメリカの夢を実現する」と誓った（傍線は引用者）。

〈アメリカの夢〉としての「偉大なアメリカの復活」にも、また「アメリカ最優先」にも、中国などの台頭によってアメリカのパワーと地位が相対的に低下しつつあるとの情勢認識が働いているのは間違いなかろう。

かたや中国は、「中国の夢」としての「中華民族の偉大な復興」を国家目標とし、欧米が中心となって築いてきた国際秩序に替えて、自国が中心となる国際的枠組み、すなわち「中華的新秩序」の形成を外交戦略の重要な柱に掲げている。

両国の国家目標を比べてみると、大変似通っていることに気付かされるが、それは偶然の一致ではない。既存の超大国と、これに追い付き追い越そうとする新興大国との覇権的対立の構図がその根底にあり、米中関係は今後「大国の興亡」を巡る様相を濃くしていくと見られる（なお、米中関係が持つ構造的なストレスについては、終章で言及する）。

オバマ前大統領は在任中、中国に対して、いわゆる融和的関与政策を優先してきたが、トランプ大統領が、「偉大なアメリカの復活」と「アメリカ最優先」を打ち出したことで、中国との外交、経済、安全保障・軍事などの分野で、両国の摩擦や衝突は避けられないと見られ、これからの両国間の戦略・政策調整には大きな困難を伴うことが予想される。むしろ、事態はより先鋭化して〈真っ向勝負〉になる恐れが強まる可能性も排除できない。

加えて、今後のトランプ政権下の米国の戦略で見逃せないのが、第2章で述べたように、トランプ大統領が選挙戦中から強調していたロシアとの関係を改善するとの公約である。

この公約は、共和党の伝統である対ロシア強硬路線を破るものであるが、トランプ大統領の強力な指導力で対露戦略・政策の大転換が図られ、ロシアとの改善を目指す融和協調路線に動くとするならば、ロシアに代わって中国を主敵とした米中の対立が長期化・深刻化する可能性が高まることになろう。

しかし、政権発足当初の予測に反して、米露関係は冷え込んできた。ウクライナ問題を背景として、大統領選挙へのロシアの介入やシリア問題などが影響しており、引き続きロシアと中国の協調連携関係が維持される可能性があり、逆に米国は新たな「三角関係」のなかで孤立する恐れも排除できない。このように、トランプ政権の対露戦略・政策は、国際情勢に重大な影響を及ぼす可能性があり、今後の動向には、大いに注目しなければならない。

２０１７年4月現在で、トランプ大統領は、就任して１００日が過ぎたが、選挙戦で打ち出していた一部の型破りな約束や攻撃的な発言を封印して、米歴代政権の基本政策や意思決定プロセスに沿った従来の現実路線へとシフトしているようにも見られる。

本章では、これまで公表されたトランプ大統領およびその周辺の発言や論調を概観し、本書の主題であるトランプ政権の対中国政策の動向を考察することにする。

2 「一つの中国」政策とトランプ政権

まず、1979年の米中国交正常化以降の米国の中国政策の基本について確認しておきたい。米国は1979年に、中華人民共和国を承認し、中華民国の承認を取り消した時、中華人民共和国政府を「中国の唯一の合法政府」であると表明した。しかしながら、米国は、台湾に対する中国の主権の承認（recognize）を求める中国の要請を拒否した。その代わり、台湾が中国の一部であるとする中国の主張を認識（acknowledge）した。さらに、1982年の米中コミュニケで、アメリカは、「一つの中国」あるいは「一つの中国、一つの台湾」政策を追求する如何なる意図もないと表明した。以来、今日まで、米国の「一つの中国」政策とは、米国は中華人民共和国を中国の唯一の合法政府として承認するとともに、台湾が中国の一部であるとする中国の立場を認識するというものである。

一方米国は、国交断絶後の1979年に、引き続き台湾の防衛を支援する「台湾関係法」を国内法として制定した。台湾関係法は、台湾における米国の重要な安全保障利益と通商利益を護るためのものであり、公式な外交関係にない米台間の関係継続の枠組みとして機能してきた。同法はまた、台湾の安全保障に対するアメリカのコミットメントを明記するとともに、アメリカの台湾政策を包括的に監督する権限を議会に付与している。さらに、1982年の米中コミュニケで、米国は、「台湾に対する武器売却を長期的政策として実施しない」、「台湾に対する武器売却は、米中外交関係樹立以降の数年に供与されたレベルを質量ともに超えない」、「台湾に対する武器売却を次第に減らし、一定期間の内に最終的解決に導くつもりである」ことを表明した。このコミュニケが台湾に与えるインパクトを懸念し、当時のレーガン大統領は、大統領名をもって「台湾に対する六つの保証」を口頭で伝達した。

「台湾に対する六つの保証」とは、①台湾への武器供与の終了期日を定めない、②台湾への武器売却に関し中国と事前協議を行わない、③中国と台湾の仲介を行わない、④台湾関係法の改正に同意しない、⑤台湾の主権に関する立場を変えない、⑥中国との対話を行うよう台湾に圧力をかけない、の6項目である。これに関して、２０１６年7月、「台湾関係法と台湾に対する6つの保証が米国と台湾との関係における重要な基礎であることを確認する両院一致決議案」が全会一致で可決され、米議会上下両院で明文化された。当該決議には法的拘束力はないが、米台関係の重要性についての共通認識を基に議会の立場を明示したもので、約35年前に打ち出された政策の継続性と実効性を担保する重要な役割を果たすことになろう。

ところがトランプは、大統領当選後、米国の「一つの中国」政策に疑義を呈するような言動をとった。トランプ次期米大統領は、２０１６年12月2日、台湾の蔡英文総統と電話で直接話し、米台の緊密な経済・政治・安保関係を確認した。米台断交以来初めてとなる米国次期大統領と現職の台湾総統との電話会談は、数十年にわたる米国の外交政策の慣例から明らかに逸脱するものであった。また、トランプは、就任前のテレビ番組で、「『一つの中国』政策のことは十分認識している。

しかし貿易などほかのことに関して中国と話がまとまらない限り、我々がなぜ『一つの中国』政策に縛られなければならないのか分らない」と語った。さらに、「我々は中国の通貨引き下げ、国境での重い関税、南シナ海の真ん中の巨大な要塞建設などのためにひどい損害を被っている。……北朝鮮があって、核兵器がある。中国はその問題を解決できるのに、我々に何の協力もしていない」と主張したと報じられた。こうしたトランプの言動は、中国にとって最優先の「核心的利益」である台湾問題をはじめ、いずれも中国にとって重大な問題に対する主張や批判であるだけに、トランプ新政権の対中外交の変化を予測させるのには十分であった。

その上、新政権の外交政策面での布陣を見ても、トランプ政権の外交ブレーンは右派、タカ派で固められている。また、上下両院で多数を占める共和党が掲げる外交政策も一貫して強硬的であり、政党の政治リーダーがトランプ大統領に及ぼす影響はオバマ大統領に及ぼすより大きいと見られている。つまり、オバマ政権下では人権問題をはじめとする、いわゆる価値観外交で中国に大幅に譲歩してきたが、トランプ政権は中国の人権や民主化などの問題については過去8年間のオバマ政権とは一線を画する可能性が強いと見られる。

米国の政権内では、これまで、中国に対して友好的な勢力（親中派）と強硬的な勢力（対中強硬派）がせめぎ合ってきた。前者を「パンダハガー」（panda hugger：パンダを抱っこする人）、後者を「ドラゴンスレイヤー」（dragon slayer：竜を退治する者）と呼び、この両勢力の微妙なバランスによって、これまでの対中国政策は推進されてきた。

ところがトランプ政権には、パンダハガーがほとんどおらず、圧倒的に多数のドランゴンスレイヤーによって占められている。その筆頭は、なんといっても米メディアから「影の大統領」とまで言われている首席戦略官兼上級顧問のスティーブン・バノンであろう。彼は「オルトライト」（alt-right）といわれる超保守派で、徹底した白人至上主義者であり、白人以外の国、それも米国の競争相手の国に対しては強硬策に出ることは十分予想される。もともと彼は海軍の軍人であり、軍事的にもタカ派である。そしてトランプ大統領が米通商代表部（ＵＳＴＲ）代表に指名した、ロバート・ライトハイザーは、米鉄鋼業界の主任弁護士で、「中国はＷＴＯ加盟国としての責任をはたしていない」と、中国への反ダンピング課税を主張した人物であり、中国に対する強硬派として知られている。

さらに、もう一人の対中強硬派が経済学者のピーター・ナバロで、貿易交渉での新たな戦略に関する大統領への助言や外国への雇用の大量流出を阻止する戦略構築に当たる、ホワイトハウス内に新設された「国家通商会議」（ＮＴＣ）の議長に就任した。ナバロは、「アメリカが患っている数々の問題は、すべて中国のせいだ！」と発言するほどのドラゴンスレイヤーであり、『中国による死（Death by China）』や『米中もし戦わば』（邦訳、文藝春秋、２０１６年）などの著書がある。長く中国の経済政策や貿易慣行に加え、東シナ海・南シナ海で海洋侵出を活発化する中国の軍事戦略も強く批判してきたが、『米中もし戦わば』では、情報戦、経済外交、そのほかの抑止力などを含めたあらゆる国家総合力をもって立ち向かえと、貿易と軍事を一体化した対中強硬策を主張している。

このように、主に経済・外交分野ではドラゴンスレイヤーが目立ち、後述する軍事部門でもドラゴンスレイヤーのタカ派が多数を占めている（なお、米新政府は、4月29日の大統領令で「通商製造業政策局」（ＯＴＭＰ）を設置し、それに伴いＮＴＣを廃止したが、ピーター・ナバロ同議長は、そのままＯＴＭＰのトップに横滑りした）。

一方、トランプ新政権の対中外交政策を占うもう一つの視点として興味深いのが駐中国米大使の指名であった。トランプ大統領は、駐中国米大使にアイオア州のテリー・ブランスタド知事を指名した。１９８５年に農業視察団として同州を訪れた習近平国家主席と面識がある同知事の指名に当たって、トランプ大統領は、「中国指導部と相互に有益な関係を築ける」と述べた。

台湾の蔡英文総統との電話会談や「一つの中国」政策への疑念、中国の通商政策への批判、南シナ海問題や北朝鮮の核を巡る対中抗議、そして経済、外交分野における多くのドラゴンスレイヤーの登用など、今後の中国への強硬姿勢を窺わせる一方で、習主席と面識のある駐中国米大使の起用は、米中間のスムーズな意思疎通のパイプを維持しようとするトランプ政権の意図を示すものとして注目された。そして、トランプ大統領は、２０１７年2月9日、中国の習近平国家主席と電話で会談した。その後、米ホワイトハウスは声明を発表し、「トランプ大統領は、習主席の求めに応じ、われわれの『一つの中国』政策を維持することに同意した」と説明した。

もともと、トランプ大統領が、選挙期間中に「一つの中国」政策を経済問題との取引材料にする可能性を公言していたこと自体に違和感があった。この度の米中首脳の合意は、トランプ大統領の発言によって、緊張していた両国間での不要な摩擦や軋轢《あつれき》を生じさせないなど、情勢の悪化を回避するために関係の立て直しを図った格好である。

１９７９年の米中国交正常化以降の米国の中国政策には、根強い超党派的継続性が見られた。この政策の柱は、域内の同盟国に対する継続的な安全保障コミットメント、それを支える強力な米国の軍事的プレゼンスという対中「ヘッジ」と、貿易と投資の分野での協力関係を中心とする、中国に対する経済的関与と外交面での協力という対中「関与」であった。要するに、「関与」と「ヘッジ」の両面を兼ね備えた対中政策である。歴代政権の対中政策は、そのいずれに力点を置くかでニュアンスの差があったが、「一つの中国」という基本は堅持されてきた。一方、台湾に対する政策では、「一つの中国」という基本的枠組の中で米台関係を非公式な関係とする原則の下、台湾関係法に基づいて防衛的兵器の供与を含む安全保障コミットメントが維持されてきた。

しかしながら、時代の流れとともに、これまで本書が随所で強調してきたように、中国は経済的発展を土台に、軍事力の強化にも積極的に取り組み、今や西太平洋で米国と対峙するまでの力をつけてきている。こうした力を背景に、中国は、東シナ海や南シナ海を巡る領有紛争において近隣諸国に対する高圧的で強硬な外交政策を押し進めている。それ故に、近年、米国では、「関与」政策が期待してきたような、中国の台頭が米国にとって経済的、軍事的に有益なものかどうかを疑問視する声が高まっている。経済発展に続くはずであった政治改革は実現せず、習近平政権の中国は、米国やその他の国の期待に反して、攻撃的なナショナリズムを強めている。その結果、米中関係は、

「関与」政策が期待した「協力的」関係より、第6章や第7章で見てきたような中国の東シナ海や南シナ海を巡る高圧的で強硬な外交政策によって、「抗争的」側面が強まり、緊張が高まっている。

オバマ前大統領は、「一つの中国」政策という基本的枠組を維持しながらも、アジア太平洋地域への「軸足移動」と「リバランス」を推進してきた。「リバランス」は、安全保障問題のみならず、経済や政治問題にまで焦点を拡大したものであったが、中国には「対中封じ込め」との疑念が根強く、米中関係の安定化を確実なものにするには至らなかった。

トランプ大統領は、レーガン大統領に倣って「力を通じた平和」政策を展開すると見られる。これは、「強力な軍事力が平和を築くためには必要だ」という考え方で、もともと1980年代の冷戦末期にレーガン大統領が推し進め、結果的にソ連を崩壊に導いた政策である。それがトランプ政権の今後の対中政策にどのように反映されていくか、第6・7章で見た東シナ海や南シナ海での情勢の推移が注目される。そして何よりも注目されるのは、同政権が台湾への武器援助を積極的に進め、台湾防衛に対するコミットメントをさらに強化するかどうかだろう。

もし、「一つの中国」政策が根本から見直されるようなことがあれば、米中関係のみならず、中台関係にも、そしてアジア全域にも大きな亀裂が生じることは避けられないだろう。したがって、トランプ政権としても、「一つの中国」政策を基本とした、「関与」と「ヘッジ」の両面を兼ね備えた対中政策を展開していくものと見られる。

しかしながら、前述の通り、中国との抗争的側面がますます大きくなることが予想されることから、トランプ政権の対中政策は、中国の怒りを買うことも厭わない、経済・通商政策も含めたより厳しい政策に転じる可能性を含んで推移することになろう。

3　トランプ政権下初の米中首脳会談

（1）具体的成果が確認されなかった米中首脳会談

トランプ政権の今後の対中政策を展望する上で注目されたのが2017年4月6日、7日両日の初の米中首脳会談であった。トランプ米大統領は、日本の安倍首相に続いて（後述）、フロリダ州パームビーチの別荘に中国の習近平国家主席を招き、米中首脳会談を行った。初の米中首脳による直接会談ではあったが、具体的な成果は確認されなかった。

今回の米中首脳会談は、2017年秋に共産党大会を控えた中国側が対米関係安定のために急いだ側面が大きく、習近平国家主席にとっては「対等な協調関係」の確認を最大の外交成果とする構えだったとの見方が多かった。

会談では、北朝鮮の核・ミサイル開発や南シナ海情勢、通商・為替政策などが主要議題となった模様で、トランプ大統領は「大きな進展が得られたと思う。今後もさらに進展するだろう。多くの潜在的問題も消えていくだろう」と述べた。また、習近平国家主席は、「最も重要なのは、深い交流ができ、信頼関係を構築できたことだ」とこれに応じた。初顔会わせの実現で成果を強調した両首脳だが、立場の違う問題でお互いの主張をぶつけあったとはいえず、内外のメディアが報じるように、腹のさぐりあいで終わった会談といえそうだ。

特に、2日目は、実質的な議論を進めるため閣僚を交えての会談となったが、終了後の共同会見などは行われず、外交筋は「会談終了後の成果を両首脳が情報発信しないのは、むしろ『異例』だ」と指摘している。両首脳は、散歩をするなど表向きは「距離の近さ」をアピールしたが、一方で歩み寄りの難しさを露呈した会談でもあった。

「偉大なアメリカの復活」を掲げるトランプ大統領と「中華民族の偉大な復興」を国家目標とする習近平国家主席との会談は、「大きな棍棒を携え、穏やかに話す」とのセオドア・ルーズベルト大統領が引用した諺を象徴するかのような、大国間の利害が衝突する硬軟両様の厳しい外交の始まりといえるのではなかろうか。

（2）北朝鮮の核・ミサイル開発問題などで米中協力の動き

一方で米中協力の動きも見られた。米中首脳会談のさなか、米国はシリアのアサド政権が反政府勢力に対する化学攻撃を行ったとして、巡航ミサイルによるシリア空軍基地攻撃に踏み切った（298頁のコラム参照）。そのことは、夕食会の最中に習主席に知らされ、米国政府関係者が出した「シリアと同じように、北朝鮮にも強硬な姿勢で臨むというメッセージである」とのコメントから察するに、米国は北朝鮮問題で中国に具体的な行動をとるよう求めたものとみられる。米側の説明によると、シリア攻撃について「中国側が理解を示した」とされ、北朝鮮の核問題では「北朝鮮を説得するため相互に協力を深めていくことで一致した」としている。

トランプ大統領は、このような素早い攻撃行動を通して、シリア政府だけでなく、ロシアや中国、そしてとりわけ北朝鮮といった米国の脅威となり得る国に対し、米国の決意を示す強力で断固たるメッセージを送ったと考えているようだ。

最も重要なのは、シリア政府は保有するすべての化学兵器を引き渡したとして、化学兵器禁止条約に署名したが、このような明確な条約違反には相応の対抗措置をとってしかるべきだという強いメッセージであろう。また、今回の攻撃に隠された二番目に重要なメッセージは、恐らく、北朝鮮、そしてその主な支援者である中国に向けてのものであろう。

今般のシリア攻撃は、「限定的だが断固たる行動」によってオバマ政権との違いを鮮明にしたことで、米国の意思と能力に対する信憑性を回復する機会になったと見て間違いないだろう。そして、2017年4月の米韓合同演習や、空母「カール・ビンソン」打撃群の朝鮮半島海域への派遣に示されるように、「アメリカは北朝鮮についても攻撃をためらわない」という方向で中国が理解することを米国は明らかに意図しており、それを背景として、中国には、北朝鮮の指導者の金正恩朝鮮労働党委員長に核とミサイル開発をやめるよう強力に促させることになるのである。

北朝鮮による6回目の核実験や米本土に到達する長距離弾道ミサイル実験の兆候を偵知したトラ

ンプ米政権は、「すべての選択肢はテーブルの上にある」として、金正恩体制の転換を目指すことから、北朝鮮を核保有国として認めることまでの幅広い選択肢について検討し、対北朝鮮政策の見直しを進めてきた。その結果、「最大限の圧力と関与」を基本方針とすることが国家安全保障会議（NSC）で承認された。

国務省では、北朝鮮を「テロ支援国家」に再指定することが検討され、関係各国に北朝鮮との外交および経済関係の断絶か格下げをするよう公式に要請している。国防省側では、韓国への新型迎撃ミサイルTHAADの配備が開始され、戦術核の再配備が検討されるなど、今後一層の経済制裁の強化や外交的・軍事的圧力によって、北朝鮮に核・ミサイル開発の放棄を迫っていく構えである。

新方針では、まず北朝鮮の後ろ盾となっている中国が自ら北朝鮮に影響力を行使することを促し、併せて、北朝鮮と取引のある中国企業を対象とした経済制裁（セカンダリー・ボイコットあるいはセカンダリー・サンクション〈二次的制裁〉）の準備を進めていくと見られる。

これに対して、中国の習近平国家主席は4月24日のトランプ米大統領との電話会談で、北朝鮮の核・ミサイル開発を認めない立場を強調するとともに、米国にも抑制的な対応を求めた。習指導部は2017年秋の共産党大会を控えて、内政・外交ともに安定が最優先課題となっている中、朝鮮半島有事への危機感を強めており、関係各国に自制と対話を重ねて呼び掛けている。

中国は、国際社会からの圧力を受け、すでに北朝鮮からの石炭輸入を停止するとともに、北朝鮮の原油輸入の90％超を占める中国からの供給（年間約50万トン）削減についても検討している旨伝えている。また、ティラーソン米国務長官が、4月27日のフォックステレビでのインタビューで明らかにしたように、中国は北朝鮮に対し、再度の核実験を強行すれば独自の制裁に踏み切ると警告している模様である。

トランプ政権にとって、北朝鮮の核・ミサイル開発は「差し迫った国家安全保障上の脅威であり、外交上の最優先課題」となっている。その脅威の阻止で最も力のある国が皮肉にも中国なのである。したがって、北朝鮮の核の脅威を阻止するために中国が力を貸せば、難航が予想される貿易交渉でより有利な条件を中国に提示するとの、便宜的あるいは一時的な「取引（deal）」の側面があることも否定できない。

しかし、米露の関係悪化や難航が予想される北朝鮮問題などを背景として、米中間に、一定の協力関係を促す戦略的ないしは戦術的な情勢が生じ、トランプ政権は発足から3か月足らずで、対中政策を急転換しているとの見方も出始めている。もし、米中の暗黙の了解のもとに「G2」のような体制が形成されれば、中国の台頭を警戒する日本をはじめアジア諸国は、米国がどこまで後ろ盾として動いてくれるかと訝《いぶか》ることになり、アジア諸国の間に困惑や疑心暗鬼が広がるのも当然といえよう。

今後、北朝鮮問題が米中関係にどのような影響を及ぼし、米国、中国そしてロシアの大国間「三角外交力学」がどのように展開していくのかは、国際政治の枠組みを決める極めて大きな要因であり、その動向について注意深く観察していかなければならない。

column

オバマ政権との違いを鮮明にしたトランプ政権のシリア攻撃

トランプ米政権は、２０１７年4月6日、米中首脳会談のさなかというタイミングで、地中海東部に展開する米海軍の2隻の駆逐艦から59発の「トマホーク」ミサイルを発射し、シリア政府軍の空軍基地の航空機、防空システム、燃料貯蔵庫などを攻撃した。シリアが、禁止されている化学兵器（サリン系毒ガス）を使用して反政府勢力を攻撃し多数の死者が出たことを受けた対抗措置のための空爆であった。

オバマ政権の1期目に作成された「核態勢見直し（２０１０ＮＰＲ）」では、通常兵器の能力強化によって核兵器の役割を低減し、極限状態でのみ核兵器の使用を考慮するとし、生物化学兵器による攻撃に対しては「通常兵器による壊滅的な反撃」で対応すると明記している。つまり、米国防省の公式文書の表現では、生物化学兵器による攻撃は、いわゆる「レッドライン（越えてはならない一線）」を越えるものと理解されるが、オバマ大統領は、２０１２年4月から２０１３年6月のシリアの化学兵器使用に対して、「レッドラインを越えた」と非難しつつも、無為無策に終始した。

ティラーソン米国務長官は4月9日のテレビ番組で、米国によるシリア攻撃について、北朝鮮を含む諸国への警告だとし、「国際的な規範や合意に違反したり、約束を守らなかったり、他者を脅かしたりすれば、いずれ対抗措置がとられる可能性が高い」という、すべての国に対する米国のメッセージだとの認識を示した。また、別のインタビューでは「(北朝鮮の核・ミサイル開発について)状況が深刻化し、行動が必要な段階に達したことを、中国の習近平国家主席は明確に理解しており、同意していると思う」と語った。

4 トランプ政権の安全保障・軍事戦略の動向

(1) タカ派の実務家が目立つ安全保障・軍事ブレーン

トランプ大統領が指名した安全保障・軍事ブレーンには、大きな特徴がある。主要ポストに多数の退役軍人と保守派の論客が起用されたことである。

国家安全保障担当の大統領補佐官には、当初元陸軍中将で、2012年から2014年まで国防情報局(DIA)長官を務めたマイケル・フリンが任命されたが、2月13日に辞任した。ホワイトハウスは、退役陸軍中将のジョゼフ・キース・ケロッグを同補佐官代行に指名し、その後、陸軍能力統合センター長のヒューバート・R・マクマスター陸軍中将を国家安全保障担当の大統領補佐官に正式任命した。また、同大統領副補佐官には保守派の論客として知られる女性のK・T・マクファーランドが起用された。

国防長官には、ジェームズ・マティス元中央軍司令官（元海兵隊大将）が登用された。マティスは、「狂犬」のあだ名で呼ばれる猛将で、米軍きっての戦略家との評判が高い。同盟を重視する立場であり、「実戦で戦えば中露は必ず負ける」と言い、「（中国は）われわれの同盟国である日本と韓国の摩擦点をうまく見つけ、それらを誇張する国だ」と、これまで中国を批判してきた。また、国土安全保障長官には、元南方軍司令官のジョン・ケリー退役海兵隊大将が起用された。タリバン掃討作戦で息子を亡くしているだけに、テロには容赦なく対処するものと見られている。CIA長官のマイク・ポンペオは陸軍軍人で、イランとの核合意に反対し、テロリストへの拷問の必要性を擁護してきた人物である。さらに、陸軍出身でアラバマ州の連邦検事から司法長官に就任したジェフ・セッションズも、強硬なタカ派で、人種差別発言でたびたび物議を醸してきたが、「力」の信奉者で「力を通じた平和」を提唱している。

このように、トランプ政権の安全保障・軍事ブレーンは、いずれも、実戦あるいは現場経験豊富なリアリストによって固められており、その戦略・政策の基本方向は、〈弱腰〉と非難されたオバマ政権に比べて、より現実主義路線を指向することは確実である。すなわち、中国などの脅威を至当に判断し、それに対して有効な戦略・政策を打ち出して目的実現に向けた動きを強めることになろう。

トランプ大統領は、就任前から中国の覇権主義的拡張の動きに対抗して、アジア太平洋における米軍のプレゼンスを高めることに同意している。そして、就任直後に「軍再建」を命じる大統領令に署名した。あわせて、トランプ政権発足により共和党がホワイトハウスと議会の両方で過半数を握ったため、オバマ政権下で進められた国防費の厳しい制限が撤廃される見込みで、大幅な軍事力強化に踏み出すのは間違いなかろう。

他方、トランプ大統領は、選挙期間中から日本や韓国に対して、米軍駐留経費の負担増や防衛支出増を要求するとともに、日本、韓国、台湾の核武装化にも言及したように、同盟国に一層の役割・負担増を求めてくるものと見られる。

（2）「軍再建」を重視するトランプ政権

トランプ大統領は、前記の通り、２０１７年1月27日、「軍再建」を命じる大統領令に署名し、今後5～10年の核政策の指針となる新たな「核態勢見直し（ＮＰＲ）」の作成を指示した。また、弾道ミサイル防衛に関しても、新たな態勢見直しに着手するよう命じた。大統領令では、米国の核抑止が「より近代的、強固かつ柔軟で、21世紀の脅威を防ぎ同盟国を安心させるのに適合した」ものであることを保障するよう指示するとともに、弾道ミサイル防衛に関しては、能力強化に向けた方策を定めることなどを命じた。

これを受けて、マティス国防長官は、5月5日、「弾道ミサイル防衛見直し」（ＢＭＤＲ）の策定を開始するよう国防省に指示した。米本土に到達可能な大陸間弾道ミサイル（ＩＣＢＭ）の実戦配備を目指す北朝鮮の脅威が増大していることなどを踏まえ、米本土と米国外のミサイル防衛のあり方などに関する基本方針を確立することにした。BMDRは、NPRと並行して進められ、いずれも2017年末までに報告書としてトランプ大統領に提出される予定である。

また、国防省で行われた署名に際し、トランプ大統領は、同時に軍への新たな艦船や航空機、人的・物的資源の配置に向けた「米軍の強化計画」(左記参照)を定めると宣言し、「わが国の軍事力を疑問視する者はいなくなるだろう」と述べた。また、2月24日の「保守政治行動会議(CPAC)」の年次総会で演説し、米史上最大規模となる軍増強に向けて、大規模な予算を要求すると明言した。2018会計年度(2017年10月~2018年9月)予算教書では、国防費を約10%、金額にして540億ドル(約6兆900億円)増やす模様で、これは、日本の年間防衛費(平成28年度約4兆860億円)を大幅に上回る額になる。

軍の強化を背景に、レーガン大統領に倣って「力による平和」政策を展開していくものと見られる。

米軍の強化計画

○陸軍:6万5000人増員し54万人態勢へ
○海兵隊:24個大隊を36個大隊へ
○海軍:270隻を350隻態勢へ

○　空軍：戦闘機を1113機から1200機態勢へ
○　最高水準のミサイルシステムの開発

また、トランプ大統領は、同政権の基本政策であり、最優先課題と位置付けているISIS殲滅のための新戦略の作成を指示した。

米国の安全保障、国防および軍事戦略の体系は次頁上図の通りであり、「核態勢見直し（NPR）」や「弾道ミサイル防衛見直し（BMDR）」などを行うには、その上位に位置するQDRをはじめ、NMS、NDSさらにはNSSの見直しに着手せざるを得ないだろう。NMS、NDSおよびNSSの戦略三文書は、通常、大統領就任年または翌年を基準として、概ね4年ごとに議会へ報告される。したがって、「軍再建」の方針のもとに2017年から2018年にかけて関係する戦略の大幅な見直しが行われるのは間違いないところであり、それらの見直しを通じて、トランプ政権の国家安全保障戦略などが公式に明らかにされることになろう。

それまでは、歴代政権の国家安全保障戦略などを前提として、米国と多国間・二国間の新たな安全保障・防衛上の協議や取決め、あるいはこれから起こる様々な事態に対する米国の対応などを踏まえながら、トランプ政権の戦略や政策を見極める地道な作業を積み重ねていかなければならない。

米国の安全保障・国防・軍事戦略の体系

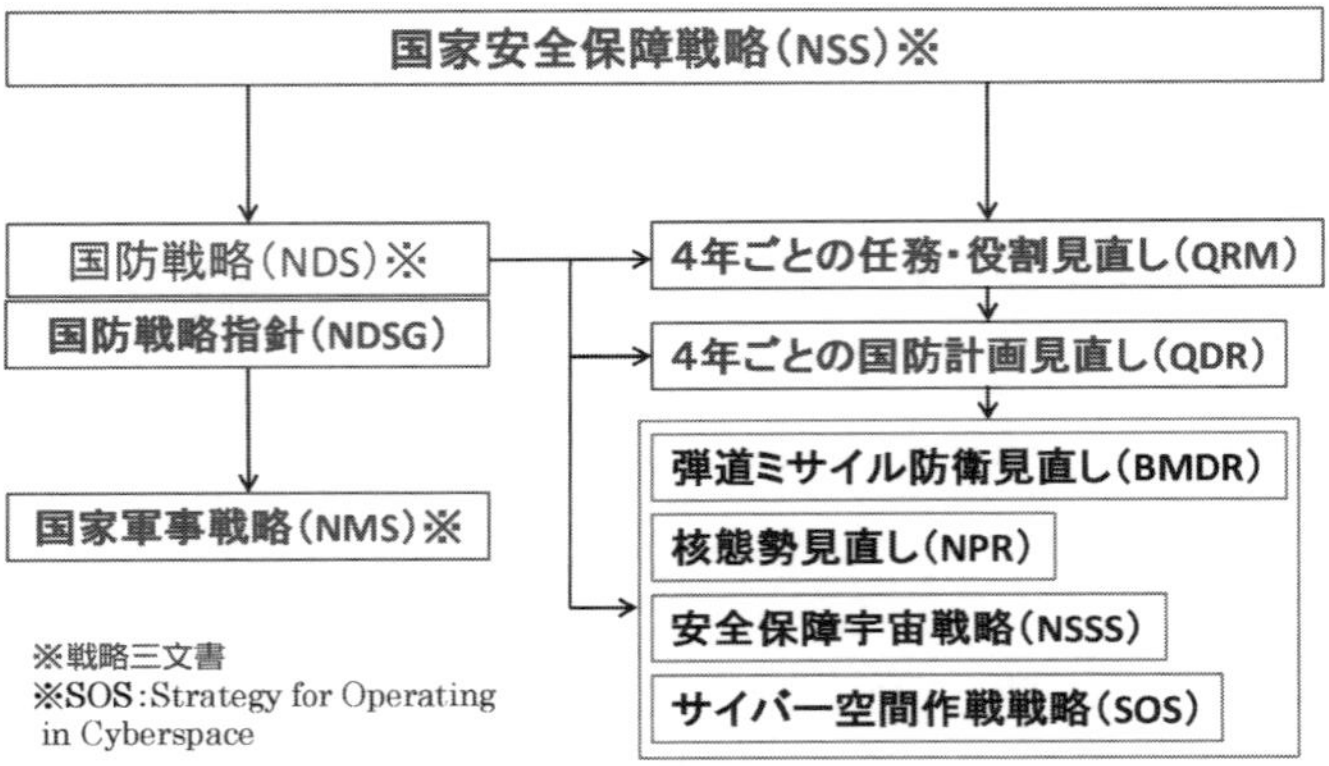

（筆者作成）

5 「地域の礎」としての日米同盟の重要性、その再確認と強化・緊密化

(1) 米国のマティス国防長官の初来日と日米首脳会談

２０１７年2月、発足早々の米トランプ新政権の閣僚としてマティス国防長官が初来日した。安倍晋三首相は、マティス長官と首相官邸で会談し、両者は厳しさを増すアジア太平洋地域の安全保障環境を踏まえ、「強固な日米同盟」を堅持していく方針で一致した。その際、マティス長官は、中国の強引な海洋侵出に対する日本側の懸念に理解を示し、中国が領有権を主張する沖縄県の尖閣諸島について、米国の対日防衛義務を定める日米安全保障条約第５条の適用対象だと明言するとともに、米国がアジア太平洋地域の安全保障に関与する姿勢を明確にした。

トランプ大統領が選挙期間中に日本側の全額負担を

求めていた在日米軍駐留経費に言及することはなく、良好な日米関係維持のために、これを封印する形となった。

その後、マティス長官は、外務省で岸田外相と会談したあと、稲田防衛大臣と初の日米防衛相会談に臨んだ。

マティス長官は、「我々の日米同盟はこの地域において、平和、繁栄、自由の礎《いしずえ》となっている。今回の訪問は私にとって初の外国訪問であり、この地域を選んだのも、私のこの地域への関心の高さ、優先順位の高さの表れだ。私は今後、緊密な協調関係を（稲田防衛）大臣と築いていきたいと思っているし、国防省、防衛省のさらなる関係を築いていけるよう努力したい」と述べた。その際、核・ミサイル開発を進める北朝鮮についても、マティス長官は「脅威だ」との認識を表明し、「核の傘」を含む「拡大抑止」の提供について確認した。また、日本の平和安全法制の整備によって、今後さらに米国と多くのことが一緒にできるようになることへの日本の貢献に謝意を示した。その一方で、「現状に慢心してはならず、防衛に投資し合うことが重要であると認識している」とも述べ、日本に対してさらなる防衛力強化の要望を表明することも忘れなかった。

この度のマティス国防長官の初来日によって、日米両国間で一切誤解が生じないよう意思の疎通を図るとともに、日米同盟が「地域の礎」として恒久的に続くことを確認できたことは、対中共同戦略をとる上で、その意味は極めて大きく、日米関係をより強靭化する機会を提供したものとして高く評価されよう。

（2）安倍首相の訪米とトランプ大統領との初の日米首脳会談

訪米した安倍晋三首相は2月10日午後（日本時間11日未明）、トランプ米大統領とホワイトハウスで会談した。その後、両首脳は大統領専用機に同乗して、フロリダ州パームビーチの別荘に場所を移し、さらに会談を重ね、また会談後にはゴルフに興じるなど、関係を深めた。

初の日米首脳会談において、両首脳は「日米同盟と経済関係をさらに強化する」ための強い決意を確認し、共同声明（次項の「日米首脳会談共同声明の要旨」参照）を発表した。

安全保障面では、日米同盟はアジア太平洋地域における平和、繁栄および自由の礎であると謳い上げ、地域における同盟国およびパートナーとの協力を更に強化することでも一致した。その上で、米国はアジア太平洋地域におけるプレゼンスを強化するとともに、米国の核および通常戦力を使った日本の防衛に対する米国のコミットメントならびに日米安全保障条約第5条が尖閣諸島に適用されることを再確認する一方、日本は、同盟における一層大きな役割および責任を果たすことを表明した。

また、中国の海洋侵出を念頭に「威嚇、強制又は力によって海洋に関する権利を主張しようとするいかなる（現状変更の）試みにも反対する」ことを確認した。特に、南シナ海情勢に関し「拠点の軍事化を含め、南シナ海における緊張を高め得る行動を避け、国際法に従って行動することを求める」と共同声明に明記し、中国をけん制した。

他方で北朝鮮に対しては、核および弾道ミサイル計画を放棄し、更なる挑発行動を行わないよう強く求めた。しかし、北朝鮮は、日米首脳会談中のタイミングをはかって2月12日朝、両国の動きをけん制するかのように弾道ミサイル発射を強行した。日米両首脳は共同会見し、安倍首相は「北朝鮮のミサイル発射は断じて容認できない。北朝鮮は国連決議を完全に順守すべきだ」と強く非難した。トランプ大統領は「米国は同盟国の日本と100％ともにある」と日米が連携して対処する方針を強調した。また、トランプ政権では、前オバマ政権の「戦略的忍耐」と決別して、より強硬な対応策を模索していると伝えられている。

なお、選挙期間中に在日米軍駐留経費の全額負担を求めていたトランプ大統領は、会談後の共同記者会見で、「米軍を受け入れていただき、（日本に）感謝している」と述べたが、在日米軍駐留経費の負担割合について触れることはなかった。

経済・通商面では、米国が環太平洋経済連携協定（ＴＰＰ）から離脱した点を踏まえ、日米で二国間の枠組みに関して議論を行うとともに、自由で公正な貿易のルールに基づいて、日米間や地域の経済関係を強化するため、日米間の貿易・投資関係双方の深化と、アジア太平洋地域における貿易、経済成長の高い基準の促進に向けた両国のリーダーシップと継続的努力の重要性を再確認した。

その際、安倍首相は、トランプ大統領が貿易不均衡や為替政策面で日本批判を繰り返してきたことを念頭に、日本企業による米国での雇用面での貢献を強調し、対米投資の現状を踏まえながら「互いに利益をもたらす経済関係を日米は構築してきた」と日本側の立場を説明した。また、両国の経済関係を一層深化させるため、麻生副総理兼財務相とペンス副大統領のもとで分野横断的な経済対話を行うことを提案し、トランプ大統領もこれに同意した。

会談後の共同記者会見で、安倍首相は「アジア太平洋地域の平和と安定の礎は強固な日米同盟だ。その絆《きずな》は揺るぎないものであり、私と大統領の手でさらなる強化を進めていく」と強調した。一方のトランプ大統領も「われわれは日本の安全保障に関与する」と表明した。また、「両国間の絆、そして両国民間の友情は、とても、とても深いものだ」とした上で、「現政権は（日本との）より緊密な関係を目指していく」と応じた。

トランプ新政権との初の日米首脳会談の評価は、今後定まっていくことになろうが、両首脳の言葉には「日米関係のさらなる強化・緊密化」、「揺らぐことのない日米同盟」への強い決意と期待が込められており、日米関係はいよいよ新たな深化のステージへ踏み出すことになった。

日米首脳会談共同声明の要旨（２０１７年2月10日／米国時間）

【日米同盟】

・日米同盟はアジア太平洋地域における平和、繁栄および自由の礎
・日米安全保障条約第５条は尖閣諸島に適用される
・関係国に対し、南シナ海における緊張を高め得る行動を避け、国際法に従って行動することを求める

・北朝鮮に対し、核や弾道ミサイル計画を放棄し、更なる挑発行動を行わないよう強く求める。
・外務・防衛担当閣僚に対し、日米安全保障協議委員会を開催するよう指示

【日米経済関係】

・総理および大統領は、相互補完的な財政、金融、構造政策という3本の矢のアプローチを用いていくとのコミットメントを再確認
・自由で公正な貿易のルールに基づき、日米間や地域の経済関係を強化する
・日米間の貿易・投資関係の深化と、アジア太平洋地域における貿易、経済成長の高い基準の促進に向けた両国のリーダーシップと継続的努力の重要性を確認
・米国が環太平洋経済連携協定（ＴＰＰ）から離脱した点に留意し、最善の方法を探求。日米で二国間の枠組みに関する議論を行うことや、日本が既存のイニシアチブを基礎として地域レベルの進展を引き続き推進することを含む

【訪日の招待】

・安倍首相はトランプ大統領を本年中に日本を公式訪問するよう招待し、ペンス副大統領の早期の東京訪問を歓迎した。トランプ大統領はこれらの招待を受け入れた

6　「自助自立の防衛体制」の確立こそ日本の最優先課題

２０１６年11月の米国大統領選挙は、外交・安全保障の分野から見れば、大統領選挙が本格化した２０１６年8月にランド研究所が「中国との戦争―考えられないことを考える」と題する報告書を公表して、米中覇権戦争論が波紋を広げたように、世界における「アメリカの役割」を巡る論争に特色があった。トランプ候補が「偉大なアメリカの復活」を最大の公約（国家目標）とした所以であり、中国の台頭が、超大国アメリカによる既存の安全保障環境に大きな影響を及ぼし、その地位にとって代わろうとする挑戦と映じるからである。

古代ギリシャの歴史家トゥキュディデスは、紀元前5世紀における古代ギリシャの既存の覇権国であるスパルタと新たに台頭するアテネの緊張関係を観察し、アテネの台頭とそれに対するスパルタの懸念が「ペロポネソス戦争」を引き起こしたと結論づけた。この「新たな覇権国の台頭とそれに対する既存の覇権国の恐怖が戦争を不可避にする」との仮説は「トゥキュディデスの罠」といわれるが、この仮説は米中覇権戦争を引き起こす可能性の高い米中間の構造的ストレスを象徴するものであるかも知れない。

オバマ政権下のアメリカの政治は、「世界の警察官」としての米国の責務を果たす上で、その意思と能力に大きな疑念を抱かせる8年間であった。しかし、第2次大戦後に超大国アメリカが担ってきた「世界の警察官」としての国際社会の平和と安定を維持するという責務は、トランプ政権に移行し引き続き弱まっていくとしても、一朝一夕に放り出せるものではない。むしろ、新政権は、オバマ政権下で弱体化したアメリカのパワーと地位を取り戻し、超大国としてのアメリカの存続を願う〈アメリカの夢〉を追求しようとしているように見える。

しかし、それでもなお、冷戦後のアメリカ一極支配の世界は、中国の台頭などによって多極化の世界へと変容し、アメリカのパワーと地位が相対的に低下していく趨勢は無視できない現実として受け止めざるを得ない。

また、トランプ大統領の大統領選挙期間中から就任後の約100日間の言動は、歴代大統領と比べれば、非常に予測不可能であり、場合によっては、一晩で立場を変えることもあり、その言質が長期的に保証されるとは言い難い。そのうえ、トランプ政権の安全保障政策の大部分、特に対中政策については、北朝鮮やロシア問題も絡んで、まだまだその行く末を見通せる状況にはない。

このような国際安全保障環境、日米関係の下で、世界第3位の経済力を持ち、東アジアひいては国際社会で指導的立場にある日本、しかも戦後最大の国家安全保障上の課題に直面している日本はどうすべきか――、本書の第8章を中心に随所で指摘してきたように、その答えは簡単明瞭である。

少なくとも日本は、独立国家として当たり前の「自分の国は自分の力で守る」自助自立の防衛体制を確立することが大前提である。その上で、同盟国アメリカの相対的な国力低下を補完する努力を惜しまず、同時に国際社会の責任ある立場で、その平和と安全の確保に、より主体的かつ積極的な行動が求められていることを自覚することに他ならない。

21世紀における最大の脅威は、世界に中華的覇権を拡大しようとする中国である。アジア太平洋・インド地域の安全保障環境が一層厳しくなる中、同盟国アメリカにトランプ政権が登場したことは、日本の安全保障・防衛そして日米同盟のあり方を今一度見つめ直すのによい機会として、この際肯定的に受け止め、日米関係を新たな深化の段階に高めるために、具体的で実効性のあるアプローチが求められているのである。

終章　米中関係と「トゥキュディデスの罠」

1　米中関係の地政学的構造

大国とは国際政治の基本構造を左右する存在であり、自国の伝統や価値観を軸に周辺に影響力を拡大していこうとする性向を持っている。したがって、歴史的に見て、一つの大国の台頭はそこにおける既得権益国の視点からは一種の挑戦と映じ、その位置する地域の既存の安全保障環境に大きな影響を及ぼすことになろう。国家の地理的位置は不変の要素であり、その国の安全保障戦略を方向付ける基本的要因であり、どの国家も地政学的要素を無視しては安全保障戦略を展開できない。

米国は太平洋と大西洋に挟まれた「大陸規模の島国」といえる存在であり、したがって、ユーラシア大陸の両端は米国の安全保障戦略における最前線ということになる。しかも、「太平洋国家」を自認する米国にとって、太平洋における力のバランス、特に海軍力のバランスの動向が安全保障上重要な意味を持っている。太平洋における海軍力のバランス如何によって、米国にとって有利な海域ともなり、また不利な海域ともなり得る。米国の東アジアにおける伝統的な国益は、この地域への通商上のアクセスの確保、航行の自由の確保、そして敵対的な覇権国または覇権勢力の台頭阻止にある。1898年の米西戦争とその後のフィリピン併合を通じてユーラシア大陸の東の沖合(off-shore)にまで戦略的前線を推し進めて以来、米国は、東アジアにおける敵対的な覇権国または覇権勢力の台頭阻止を至上の国益としてきた。

一方、中国は、ユーラシア大陸の大きな部分を占める大陸パワーである。

地政学的に見れば、米中関係の構造は基本的には太平洋を間に挟む海洋国家と大陸国家との関係ということになる。しかも、この構造は、海洋によって地理的に比較的明快に分断され、海洋部におけるアメリカの優位と大陸部における中国の優位によって特徴づけられてきた。米政治学者ロバート・ロスが指摘したように、それぞれが海洋を境界とする相互の影響圏を尊重する限りにおいて、基本的に安定した二極構造であるとされてきた。

しかしながら、本書で詳述してきたように、中国の軍事力、特にその海軍力が第1列島線の外側の西太平洋にその到達範囲を拡大するとともに、その内側の海域支配を目指していることは、米国の最前線における安全保障に深刻な影響を及ぼしている。今や、米中関係の海洋における抗争的側面が顕在化し、今後一層の緊張激化が予想される海域こそが東シナ海であり、南シナ海であることは、第6章と第7章で見てきた通りである。かつての冷戦期における欧州大陸での東西両ドイツを挟んだ陸上での固定的な米ソ対峙の構造とは異なって、海洋における米中対峙は流動的で、不測の事態が起こりやすい危険性を内包している。

中国がアジアの安全保障を左右する大国として再び台頭しているのは、戦後の日本とドイツの復興とは異なり、米国によって主導されたものではない。中国の習近平政権は、「中華民族の偉大な復興」を国家目標とし、欧米が中心となって築いてきた国際秩序に替えて、自国が中心となる国際的枠組み、すなわち「中華的新秩序」の形成を外交戦略の重要な柱に掲げている。

かつてカーター米大統領の国家安全保障担当補佐官を務めたズビグニュー・ブレジンスキーは20年前の1997年の著作（邦題『ブレジンスキーの世界はこう動く』）で、「中国はアジアで圧倒的な力をもつ大国になり得るし、世界の大国の地位を目指すようにもなってきたが、実際にその力の及ぶ範囲がどこまでになり、どこまでなら米国が許容できるのか」という問題を提起した。

また米地政学者ロバート・カプランは2012年の著作（邦題『地政学の逆襲』）などで、地政学的視点から中国の海洋侵出の背景を論じ、海軍力を推進力として、今や「東半球」に「大中華圏」が出現しようとしており、21世紀の中国は主として海軍力を通じて影響力を投影していくことになろうと述べ、「米国は、北京との対立を回避しながら、どうすれば、アジアの安定を維持し、域内の同盟国を護るとともに、大中華圏の出現を抑制することができるか」と問うている。

中国が強大化する軍事力を背景に地域的覇権、「アジアの首座」ともいうべき立場を目指していることが明らかになりつつある今日、それは、敵対的覇権国の台頭阻止という米国の伝統的なアジア政策の核心に対する明らかな挑戦と受け止められるのは間違いなかろう。したがって、20年前にブレジンスキーが提起した「どのような中国なら受け入れられるか」という命題、そしてカプランのいう「大中華圏」にどう対応していくかは、米国にとっても、また日本、オーストラリア、インドそしてASEAN諸国などの中国周辺国家にとっても、喫緊の課題といえよう。

本書におけるこれまでの記述は、この喫緊の課題への回答を試みたものであった。中国と米国や日本の双方から見て、「障壁」であり「防壁」ともなり得る第1列島線を中心とする中国の動向と、それに対する関係各国の対応が本書の主題であり、特に第8章において、そのための防衛戦略のあり方を提示した。

2　米中覇権交代戦争はあり得るか

とはいえ、東アジアの将来秩序を展望する上で、この「障壁」と「防壁」を巡る角逐を通して、中国の軍事的侵出が何処までなら許されるかということについて、どのような形で中国に認知させておくかは、米国とその同盟国にとって困難な課題であろう。同様に、米国との「アジアの首座」

を巡るパワーゲームを通じて、自らの力を背景とした侵出が何処まで可能かについて感知することは、中国にとっても困難な課題であろう。何故なら、台頭する新興国が既存の覇権国に挑戦する過程では、紀元前5世紀におけるアテネの台頭とそれに対するスパルタの恐怖と警戒がペロポネス戦争を不可避とした、いわゆる「トゥキュディデスの罠」の危険性が内在しているからである。

「トゥキュディデスの罠」の危険性を長年に亘って研究してきた米ハーバード大教授のグラハム・アリソンは2017年4月に米誌に寄稿した論文で、以下のように述べている。「『トゥキュディデスの罠』とは、支配する大国が台頭する大国に取って替わられるという恐れを抱く時に起こる、深刻な構造的ストレスである。台頭国家症候群は、認知と尊厳を勝ち取りたいとする自意識を高める。他方、支配国症候群は、基本的にそのミラーイメージ、すなわち、既存の大国は『衰退』の兆《きざ》しに直面して、恐怖と不安感を強めるのである。そして外交の場でも、国際会議の場でも、両者の関係を反映した場面が展開されるようになる。高まる自惚《うぬぼ》れの感覚は、認知と尊厳への期待となり、影響力の増大要求につながる。これに対して、既存の大国は当然ながら、台頭する国の主張を、無礼で恩知らず、そして挑発的あるいは危険とすら見なすことになる。誇張された自意識は、傲慢《ごうまん》、不合理な恐怖、そしてパラノイアを引き起こす。」

アリソンは2016年9月の米誌の論文で、章末の表にあるような、「過去500年のヨーロッパとアジアにおける『首座』を巡る覇権戦争」のケーススタディを行っている。アリソンによれば、このパターンに合致する大部分の事例は最悪の結果となった。すなわち同表に示したように、過去

500年間で、主要な台頭する国家は、16件も支配する大国に取って替わる恐れがあった（アリソンは、日本が関連する事例を3件挙げており、日清・日露戦争、日米戦争に加えて、冷戦期における日ソ関係も覇権戦争の一例として取り上げている）。そしてその内、12件の結果は戦争であった。他方、戦争に至らなかった4件の事例でも、挑戦国だけでなく、挑戦された覇権国も国際システムやルールの改変などの大きな代償を強いられた。

中国の習近平主席は、2015年9月の米中首脳会談で訪米した際の講演で、「いわゆる『トゥキュディデスの罠』といわれるようなものは、現代世界には存在しない。しかし、大国が戦略的誤算を冒《おか》せば、自らそうした罠を作り出すことにもなりかねない」と述べた。この発言には、自らの覇権的拡張の意図を隠そうとする狙いと、緊張が激化した場合の責任を米国に負わせようとの思惑が透けて見えなくもない。

一方で、アリソンは2016年9月の論文で、「現世代における世界秩序を左右する問題は、米国と中国が『トゥキュディデスの罠』を回避できるかどうかである」、「現在の趨勢から判断すれば、今後数十年間における米中間の戦争の蓋然性は、現時点で認識するよりもはるかに高い。歴史が示すところによれば、戦争になる確率が高い」と警告している。そしてアリソンは、台頭する新興国とその挑戦を受ける既存の覇権国との関係において、台頭する新興国の意図よりも能力に着目している。意図は巧妙に隠蔽・偽装されるのが常であるが、能力はある程度把握が可能であり、隠蔽・偽装された意図をよく反映するからである。

米軍と中華人民共和国義勇軍は70年近く前に朝鮮半島で干戈《かんか》を交えたことがあるが、現在の米中関係が、覇権戦争に至らなかった「5件目」の事例となるのか、あるいは戦争になった「13件目」の事例になるのか。

現在の米中関係が抗争的側面を強めつつあるのは、本書で既に見てきた通りである。実際、近年の米国には、ランド研究所が2016年8月に公表したレポート「*War with China: Thinking Through the Unthinkable*」のタイトルにみられるように、「考えられないことを考える」という「米中戦争」に関するシナリオ研究が少なくない。ランド研究所のレポートは、米中戦争の発端となり得る要因として、①東シナ海における尖閣諸島を巡る日中間の軍事摩擦、②南シナ海におけるフィリピンやベトナムに対する中国の軍事的威圧、③北朝鮮の政権崩壊による米中双方の朝鮮半島への軍事介入、④中国の台湾に対する軍事攻撃あるいは威嚇、⑤中国の排他的経済水域（EEZ）やその上空での艦艇、航空機の偶発的な事故、を挙げている。これらは、その他のシナリオ研究にも概ね共通して挙げられている要因である。

一方、現在の米中関係は、経済面では、戦略核関係に擬えれば、「相互確証破壊」ともいえる相互依存関係にあり、また両国は共に核保有国として、米露戦略核関係のレベルには至らないが、中国も信頼できる第二撃核能力を整備しつつあり、「相互確証破壊」の関係にある。米中関係は、その他の多くの面でも協力関係にあり、冷戦期の米ソ関係と異なり、厳しい「ゼロサムゲーム」的関係ではない。

第9章で見たように、1979年の米国の中国交正常化以降の米国の中国政策は、「関与」と「ヘッジ」の両面を兼ね備えたものであった。歴代政権の対中政策は、そのいずれに力点を置くかでニュアンスの差があったが、いずれか一方に偏重し過ぎても、あるいはいずれか一方が欠けても、対中政策は効果がなかったであろう。この二正面の対中政策は、適度なバランスを維持していかなければならないが、それ自体にリスクとジレンマを内包している。米国は、対中関与政策が対中宥和政策と受け取られないようにしなければならず、一方で対中軍事バランスを維持する努力を怠ってはならない。軍事バランス維持の努力を欠く関与政策では、域内の同盟国は、米国の安全保障コミットメントの信憑性に疑義を抱くことになりかねないからである。

中国の覇権的野心が目立ちつつある東アジアの戦略環境下で、米国の軍事プレゼンスが後退するようなことになれば、中国の西太平洋への侵出に対する抑制力が崩壊しよう。米国のみが、東アジアにおいて台頭する中国パワーとのバランスを維持する力と信頼性を持ったグローバルな海洋パワーであるからである。米国以外のどの国も、この役割を代替し得ない。

米国はユーラシア大陸とは太平洋と大西洋の両洋を挟んで、いわば地理的に安全な安全保障環境にあり、米国の保守派にも、また進歩派にも、それぞれに孤立主義者と介入主義者がいるといわれる。したがって、米国の戦略には、常に孤立主義から介入主義までの大きな振幅がある。「アメリカ最優先」のトランプ政権下で、もし米国の前方展開の軍事プレゼンスが次第により水平線の向こう側（over the horizontal presence）に後退するようなことになれば、中国が東アジアで実質的な覇権を確立し、「アジアの首座」に立つ可能性が現実化しかねない。

日本をはじめとする米国の同盟国やＡＳＥＡＮ諸国、インドなど、中国周辺国が中国の「覇権」を望まないとすれば、現在の米中関係における最大の課題である中国との武力衝突を回避する対中抑止態勢を強化するために、米国の軍事プレゼンスの維持とその強化に向けて、自らリスクとコストを負担する応分の覚悟がなければならない。

繰り返しになるが、東アジアの将来秩序を展望する上で、米国から見て中国の侵出が軍事的に何処まで許されるのかをどのような形で中国に認知させておくか、そして中国から見て何処まで侵出が可能かを感知することは、米中いずれにとっても困難な課題だが、東アジアにおける米中のパワーゲームのこれが究極の主題といえよう。

【表】「過去500年のヨーロッパとアジアにおける『首座』を巡る覇権戦争」のケーススタディ

	期間	覇権国	挑戦国	結果
1	16世紀前半	フランス	ハプスブルグ帝国	戦争
2	16世紀～17世紀	ハプスブルグ帝国	オスマン帝国	戦争
3	17世紀	ハプスブルグ帝国	スウェーデン	戦争
4	17世紀	オランダ共和国	イングランド	戦争
5	17世紀末～18世紀初	フランス	大英帝国	戦争
6	17世紀末～18世紀初	英国	フランス	戦争
7	19世紀中葉	英国、フランス	ロシア	戦争
8	19世紀	フランス	ドイツ	戦争
9	19世紀末～20世紀初	ロシア、中国（清朝）	日本	戦争
10	20世紀初	英国	米国	戦争回避
11	20世紀初	ロシア、英国、フランス	ドイツ	戦争
12	20世紀中葉	ソ連、英国、フランス	ドイツ	戦争
13	20世紀中葉	米国	日本	戦争
14	1970年代～1980年代	ソ連	日本	戦争回避
15	1940年代～1980年代	米国	ソ連	戦争回避
16	1990年代～現在	英国、フランス	ドイツ	戦争回避

〈出典〉Graham T. Allison Jr., "The Thucydides Trap: Are the U.S. and China Headed for War ?," *The Atlantic*, September 24, 2016

附論

ユーラシアの地政学的環境と日本の安全保障

関根　大助

はじめに――本書の理解に資するために

地政学的環境は、国際関係における不変の要素である。いずれの国家も、自らの地政学的環境を無視して、いかなる戦略も展開し得ない。地球儀を俯瞰すれば、日本は、ユーラシア大陸の東端から海を隔てて東側に位置する島国であり、同時に、地政学的には大西洋と太平洋に挟まれた「大陸規模の島国」である米国から見て、その国防上、東の最前線に位置する。そしてユーラシア大陸東部には、核保有国である中国とロシアがあり、朝鮮半島の北側には核武装に邁進する北朝鮮が位置する。

本書の「はじめに」でも述べたように、ユーラシア大陸の東側に連なる、アリューシャン列島、千島列島、日本列島、台湾そしてフィリピンに至る連続的な島嶼群は、中国から見て、その「覇権的拡張戦略」にとって「障壁」であり、同時に「防壁」としての機能も併せもつ。中国から見て、この「防壁」は第1列島線として領域拒否ゾーンを構成し、それを超えた接近阻止ゾーンとしての第2列島線とともに、中国の近海防衛戦略の要となるラインである。そしてこの第1列島線と、日米同盟の対中防衛の「防壁」として改めてその重要性を増している、かつての「アチソン・ライン」はほぼ重なっている。

したがって、特に第1列島線の内側の海域である、東シナ海と南シナ海における領域支配の確立は、中国の「接近阻止／領域拒否（A2／AD）」にとって必須の要件となっている。この「障壁」と「防壁」を巡る中国の動向と、それに対する日米を中核とする中国周辺各国の対応が、今日の東アジアの海洋における最大の安全保障課題である。また東シナ海は、南シナ海を経てインド洋と繋がっており、これらの海域は日本にとって重要な通商路であるとともに、価値観を共有するインドやオーストラリアにとっても、海域の安定的利用は重要な安全保障課題でもある。中国の侵略的な海洋進出を阻止するためには、これら諸国との強固な協力関係を構築することが喫緊の課題であり、これが本書の主題となっている。

戦後の日本では、地政学は、領土拡大やリアリズム的な国家安全保障戦略を説明するために利用され、国家間の争いを正当化してきたという歴史認識から、タブー視されてきた。しかしながら、国家安全保障や国際関係などを考える場合、地理という不変の要素を無視するとどうしても問題が出てきてしまう。地政学が過去の大国の政策に強く影響していたのは事実であり、現代においても直接的・間接的に地政学を国家安全保障戦略に採り入れている国々が存在する。「かつて戦争を行う根拠となった」として、このような地政学から目を背けていては、逆に平和への道が遠のくであろう。

戦略研究の権威で地政学の研究者として知られる、英国のコリン・グレイは、地理環境は国家の政策目標や戦略を決定するものではなく、戦略のために利用可能なものを与えるものであるとし、それを利用するか否かは、政府や政策立案者の決断に依るとしている。すなわち、地政学においては、「地理は可能性を国家に与えるもの」として考えるべきである。したがって、類似の地理環境を持つアクターが、常に似たような行動を取るとは限らない。当然ながらその時々の、安全保障環境と国内の要因が政治目標や実行される政策に作用するからである。このような要素が影響する地政学に対して、「似非《えせ》科学」で「国家の政治的な意図が込められている」といった批判が多いのは、ある意味で自然なことだといえる。地理環境がすべてを決めるわけではないが、それが国家の行動に大きな影響を与えること、そして文化を形成する大きな要因になることも事実である。地理的環境と国家の行動との関係は、慎重に見極めなくてはならない。因《ちな》みに、トランプ政権のマティス国防長官は、グレイを現代の戦略研究者の中で最も高く評価しているといわれる。

本書の附論としての本稿の目的は、あらためて古典的な地政学的戦略思考に基づき、日本の国家安全保障戦略が依って立つ原点としての日本の地理的環境を論じることで、本書の理解に資することにある。

1 基礎知識としての古典地政学

何を古典地政学の範疇に含めるかについては、専門家によって異なるが、ドイツの地理学者で政治地理学の祖と呼ばれるフリードリッヒ・ラッツェルや米海軍大佐（退役少将）アルフレッド・マハンから始まり、戦前・戦中に活躍した地理学者や地政学者の主張までを指すことが多い。古典地政学を形作った彼らの考え方は、現代の専門家や国家安全保障に今でも影響を与えている。

地政学および古典地政学を理解するためには、ドイツ人による過去の研究を知る必要がある。ラッツェルは、1897年に出版した著作『政治地理学』で、「国家は有機体的組織であり、優秀な国家はレーベンスラウム（生活圏、生存空間）をより多く求める」と主張した。後述するドイツ人のカール・ハウスホーファーは、レーベンスラウムを「国民に十分な空間と資源を与える国家の権利と義務」と定義した。

そしてラッツェルに強い影響を受けたのが、スウェーデンの政治学者ルドルフ・チェーレンである。「地政学」という言葉はドイツ語の「geopolitik」の訳語にあたるが、1899年にスウェーデンの地理学誌において、この言葉を世界で初めて使ったのがチェーレンである。そのチェーレンはラッツェルの国家有機体論を発展させたが、チューレンは、国家の「自然的境界」は「海の境界」が理想であるとして、大陸国家が海洋進出を目指すことは自然なことと考えた。また彼は、国家が経済的に自給自足できる状態である「アウタルキー」を提唱した。

そして、現代地政学の祖といわれるのが、英国の地理学者ハルフォード・マッキンダーである。マッキンダーは、世界全体を見渡す「神の視座」から「ハートランド」（heartland）理論を提唱した。すなわちハートランドは、東欧の背後に広がるユーラシア大陸中央の広大な地域であり、ここは、当時海からの攻撃が届かない地域であると考えたのであった。ハートランド理論は、マッキンダーの1919年の著作『マッキンダーの地政学―デモクラシーの理想と現実』で説明されるように、「東欧を支配するものはハートランドを制し、ハートランドを支配するものは世界島を制し、世界島を支配するものは世界を制す」という言葉が表すように、ハートランドが世界の中軸であると考える。彼のいう「世界島」とは、ユーラシア大陸とアフリカ大陸を一緒にしたものである。マッキンダーの考えでは、ユーラシアにあるこの広大で資源豊かなハートランドからパワーが湧き出して、この地域の支配者が膨張傾向をもつことになる。

マッキンダーはマハンの影響を受けている。マハンは、1890年に出版した著作『マハン海上権力史論』で、シーパワーの概念を提唱し、大国は「海洋国家」と「大陸国家」に分類されるとした。マッキンダーの主張する「海洋国家と大陸国家の対立関係」という地政学の考え方は、ここから発展していくことになる。

マハンとマッキンダーの視点から強い影響を受け、彼らの主張とともに英米系地政学を築いた前述のスパイクマンの地政学の核心は、彼の死後、1944年に出版された著書『平和の地政学』で主張された、「リムランドを支配するものがユーラシアを制し、ユーラシアを支配するものが世界の運命を制する」というリムランド理論である。スパイクマンは、海洋国家と大陸国家が衝突する沿岸地域であるユーラシアのリムランドを支配するものが、世界の行方を決めると主張した。スパイクマンの考える戦略の要点は、ヨーロッパおよびアジアにおける大陸と海洋のつなぎ目に位置し、富とパワーが集中するリムランドやその周辺海域のコントロールをめぐる争いである。彼はこれらの地域を敵対的な覇権国家が支配すると、結果として米国がその勢力に包囲されるという危機感をもっており、その戦略思想は、戦後の米国の国家安全保障戦略の基本概念を形作ったといえる。

前述のように地政学は、第2次世界大戦後タブーとして扱われるようになったが、その原因はナチスドイツの政策の理由づけとして利用されたことが大きい。そのナチスと地政学の橋渡しとなったのが元ドイツ陸軍少将で、退役後に地理学者、そして地政学者となったカール・ハウスホーファーである。ハウスホーファーはドイツ系および英米系地政学の先人たちの主張に加え、世界を縦割りに三つもしくは四つの地域に分ける「パン・リージョン」（統合地域）と「独ソ大陸国家同士の同盟」を主張した。また彼は、国境は生きている有機体であり、静的なものではなく動的な「国境地域」という変化し続ける概念を提唱している。

2　海洋国家と大陸国家

これらの古典地政学を理解し、それを踏まえて国際関係を考えるために不可欠なのが、海洋国家と大陸国家という分類とその関係である。

一般的にはほとんどの国が、海洋国家と大陸国家両方の性質をある程度持ち合わせており、完全な色分けは難しいが、地理的な環境や国内外の情勢によって、各国が国家戦略の重心を海洋と陸地に振り分ける割合に違いが生じる。

歴史を振り返ると、強大な大陸国家は、大陸における他の勢力によってもたらされる安全保障上の脅威をある程度取り除くことに成功した場合、シーパワーを獲得するために海洋への進出を目指すことが多い。15世紀以降、航海技術の著しい進歩によって、艦船の機動力を生かした海洋国家が以前よりも急速に国力を強化してきた。その結果として、強大な大陸国家も海軍力の増強を積極的に目指すようになり、それまでに海洋国家が形成した既存の海洋秩序に挑戦するようになった。これが海洋国家にとっての大きな脅威となるため、従来のシーパワーのネットワークに依存している国々は、様々な外交・安全保障戦略を駆使して大陸国家の海洋進出の野望を挫こうとしてきたのであった。

海洋進出を狙う大陸国家は、もともと保有している強大な陸軍力に加えて強大な海軍力を追求しようとするが、一国家が第一級といえる強大な海軍力と陸軍力、つまりシーパワーとランドパワーを同時に保有することは、歴史において稀であった。

大陸国家にとって強大な海軍とシーパワーを手に入れることが困難である主な理由として、長い年月と莫大な費用を要することが挙げられる。洗練された海軍を持つには高度な技術と練度の高い人員が必要である。長年に亘り隣接する国々と対峙してきた大陸の国々にとって、強大な海洋国家に対抗できる海軍力を手に入れることは容易でない。そして艦船だけでなく、そのための多くの拠点が存在しなければ、シーパワー・ネットワークは構築できず、富と力をもたらすツールとしては十分に機能しない。シーパワーは「ハイコスト・ハイリターン」であると見做《みな》されている。さらに、ライバルである海洋大国がこのような試みを阻止しようとするため、一層の困難が伴う。

前出のグレイによると、1680年代のフランス、1900年初頭のドイツが、第一級の海軍を建設し、わずかな期間だが強大な陸軍と海軍を同時に保有することに成功している。しかしながら、大陸の強国が海洋に進出することに対して神経を尖らせる海洋国家の英国が、シーパワーの特性を生かした柔軟な外交や経済戦を仕掛けたことで、結果的に当時のフランスとドイツの野望を頓挫させた。

他方、海洋国家にとっても強大なランドパワーの獲得と維持は容易ではない。かつてのイングランド王国はヨーロッパ大陸に、大日本帝国は中国大陸に進出したが、それぞれの大陸における自分たちの支配領域を維持することは困難を極めた。結局イングランド王国も、大日本帝国も、シーパワーとランドパワーという二つの国力の基盤を効果的に維持し、機能させることはできなかった。

しかし、グレイは、一時期の古代ローマ共和国とローマ帝国および10世紀と11世紀初頭のビザンツ帝国を第一級のシーパワーとランドパワーを同時に保有することができた例外的な大国として挙げている。そして、現代の米国は、ランドパワーとシーパワーだけでなく、エアパワー、スペースパワー、ニュークリア（核）パワー、そしてサイバーパワーも最高クラスのものを保持している。したがって、このような超大国が登場する可能性がゼロではないことは認識されるべきである。

しかしほとんどの場合、このような海と陸のパワーの獲得と維持の難しさやその戦略の重心のかけ方から、大国は大雑把に分類すれば、海洋国家か大陸国家に分かれていくことになる。現在日本においても、英国と米国を伝統的な海洋国家、ロシアと中国を伝統的な大陸国家として分類し、国際関係を論じることが多くなっている。

海洋国家と大陸国家のライバル関係は、マッキンダーやドイツの政治・法学者カール・シュミットの時代から指摘されており、地政学を考える上での基本的な理論的枠組みとして扱われている。海洋国家と大陸国家の対立は歴史において何度も繰り返されており、グレイは、その主な例として、古代のペルシャ対ギリシャ、ペロポネソス戦争におけるアテネ対スパルタ、ローマ対カルタゴ、ビザンツ帝国の防衛、ヴェネツィアの盛衰、イングランド王国対スペイン王国、英国対フランス、第

1次世界大戦、第2次世界大戦、そして冷戦を挙げている。そして現在、伝統的な大陸国家に分類される中国が侵略的な海洋進出を目指しており、この歴史的なライバル関係が国際社会からあらためて注視されているのである。

一方で、歴史が証明しているところによれば、海洋国家の戦略として重要なのは、対立関係にある大陸国家と隣接する勢力、または対立している別の大陸国家の勢力を自陣営に加えることである。それを可能にする巧みな外交・工作活動がなくては、強大な大陸国家の海洋進出を抑え、ユーラシア大陸における望ましい勢力均衡を維持することは難しい。そして、ユーラシアの大陸国家同士が大同団結して海洋国家と対峙することは、海洋国家にとっては最も避けるべき事態である。

地理環境は、国家およびその独自性の形成に大きく作用する。それを踏まえて、国際安全保障に関連し、自分たちが何者なのか、現在の脅威は何なのか、誰を味方にすべきかを正しく見極めることが、地政学的な考え方が強調されている現在の国際社会で生き残るために、今まで以上に重要になるだろう。

3　大陸国家中国の動向

現在の日本の安全保障環境を、前述のような古典地政学を基にして考えると理解しやすい。特に、スパイクマンの著作『スパイクマン地政学「世界政治と米国の戦略」』や『平和の地政学』に書かれている主張には示唆するところが多い。ここでは、大陸国家中国の台頭を、海洋国家である日本がどのように対処すべきかを論じていく。

(1) 大陸国家としての特徴と中国の戦略

現在水陸両生の国家を目指す、伝統的な大陸国家として分類される中国の海洋侵出によって、日本の海洋権益はすでに冒されている。しかも、中国の外交には、海洋空間の自由を尊重せずに自国の支配化に置こうとする姿勢が見られる。

1980年代に中国では「戦略的辺疆」という概念が提起されたが、この概念は通常の国境とは異なり、国力が増大すれば、自国が支配するその境界を広げてもよいという考え方である。こうした中国人の考え方は、レーベンスラウムや国境などに関するドイツ系地政学の考え方と明らかに類似している。したがって中国は、軍事力以外の文化的・政治的な力を含めた総合的な国力によって他民族を吸収し、国家の境界線が変化するという考え方を、古代からもっていたと指摘することも可能である。

ドイツ、ロシアおよび中国といった大陸国家に分類される国々の歴史を顧みると、自国領域の広さが自分たちの安全の確保には欠かせないと考えると同時に、領土を広げることによって国力の増強を試みる傾向にある。これら諸国は、広大な平地に位置し、ほとんど自然の境界が存在せず、自国と隣接する多くの国々との激しい競争に曝され、他民族に苦しめられてきた歴史経験を持つからだ。このような大陸国家は警戒心が強く、したがって、その戦略姿勢は防御的であると同時に、防御的であるが故に攻撃的になると考えられる。つまり、支配領域とそれに伴う安全保障に対して非常に神経質で、しかも積極的になるのである。こうした大陸国家的な思考は、国力が高まれば高まる程、自国領域拡大への姿勢として現れ、その上安全保障環境が整えば海洋への進出を狙い、海洋国家の既得権益を脅かすことになる。中国が海洋侵出を果たし、強大なランドパワーとシーパワーを同時に保有すれば、世界史的にも稀な両生大国が誕生することになる。中国の積極的な海洋侵出によって、今まで維持されてきた海洋国家主導の国際政治経済秩序は大きな転換期を迎えているのである。

米国の一部の専門家には、地域覇権を獲得するということは、覇権国が周辺国を武力で制圧できるということであり、中国にはまだまだその力がないという主張がある。しかし、中国が得意とする戦略はそのように単純なものではない。中国は、これまで手段や方法に関する無制限の柔軟性を重視する（悪くいえば、ルール無用、何でもありともいうべき）思考を基盤とした孫子的かつ「超限戦」的な戦略を長期的に用いて、海洋侵出と周辺地域のコントロールを試みてきた。例えば、武力衝突がなくても、準軍事的あるいは非軍事的手段によって、その影響力を浸透させ、アジアの要衝付近の国家や地域のコントロールを行い、これにより日本や他の国々が中国に抗うことをさらに困難にするように、武力を用いずとも地域覇権に近い形を長期的には達成する術が中国にはある。

現代の国家間の争いや摩擦においては、あからさまな武力行使よりもそのような曖昧な戦略が用いられる傾向にある。グローバリズムが強まり、他国に影響を与える分野が多岐に渡るようになった今日、経済戦、心理戦、人口侵略、その他の武力行使以外の手段や方法を広く認識して用いることが可能である。つまり、中国の伝統となっている『孫子』の兵法を、大戦略レベルで応用しやすい時代だといえる。中国の膨張傾向に対応するには、純軍事的戦略と非軍事的または準軍事的戦略の両方をより強く意識しなくてはならない。

(2) 中国へのバンドワゴニング―日本にとっての危険性

米国の国際政治学者サミュエル・ハンチントンは1996年のその著作『文明の衝突』で、歴史、文化、伝統、領土の大きさ、経済、自己のイメージなどのあらゆる面から見て、中国は東アジア(ハンチントンは東南アジアを含めている)の覇権を求めるようになると述べている。そのため、中国のような台頭する国家に対して周辺の諸国家は、バランシング(勢力均衡の維持を行う)か、バンドワゴニング(優勢な側につく)かのいずれかの選択を余儀なくさせられると説いている。

ハンチントンは、東アジアの官僚主義帝国では多元性や権力の分散の余地がほとんどなく、国内社会は国際社会を反映し、したがって東アジアの人々は通常、国際関係においても階層性を受け入れる傾向にあるとしている。このような国際政治における東アジアの階層的権力構造モデルはヨーロッパの歴史に見られる勢力均衡システムとは対照的である、と述べている。このような文化的・

歴史的背景をもつ中国と東アジア諸国は、同じリムランドでもヨーロッパのそれとは異なっているのである。そのため、歴史的・文化的な背景から、東アジアのほとんどの国々が中国に順応する傾向にあると、ハンチントンは主張している。彼は、その東アジアの国の中に日本も含めていることに注目しなければならない。

一方でプリンストン大学教授アーロン・フリードバーグは、２０１１年に出版された彼の著作『支配への競争』の中で、アジア諸国に中国へのバンドワゴニングを強いる要因は、ハンチントンの主張する文化的要因ではなく、地理やイデオロギー上の要因であると述べている。彼は、北東アジア（モンゴルを除く）から南アジアに弧を描く海や山脈、または一国以上の緩衝国の存在によって中国から隔てられている自由民主主義的な国家は、今のところ米国と協力することを選んでいるとしている。しかし、地理的に中国に近接する権威主義的体制下の弱小国は、「他に選択肢がない」、「中国の経済成長から恩恵を受けることを望む」、「似通った政治体制からの保護を受けることを望む」、あるいはこれら三つの理由の組み合わせにより中国と連携する傾向にあると説いている。

米国の国際政治学者であるジョン・ミアシャイマーは、２０１４年に改訂された彼の著作『大国政治の悲劇』の中で、２００９年以降の中国の行動は米国と周辺国に警戒心を抱かせていると主張している。そして、米国は「中国の地域覇権達成の阻止」に重要な利益があるため、「封じ込め」のためのバランシング同盟の構築に動くとしている。彼は、中国周辺の国々も、米国よりも中国の方が主に地理的な理由から深刻な脅威であるため、後で手遅れになる前に中国の台頭を阻止するために、バランシング同盟を選択することになるはずだ、と述べている。

他方、ハンチントンは『文明の衝突』で日米同盟に触れ、中国との勢力均衡を保ち、中国を封じ込める核になるのは日米軍事同盟しかないが、①米国が唯一の超大国であり続け、世界の問題に積極的に指導力の発揮を継続するか、②米国が軍事プレゼンスおよび中国と戦うことを確約するか、③資源の大きな犠牲と戦争の危険なしで、日米に中国を封じ込める力があるか、という疑問を呈している。それを理由に彼は、「アメリカがはっきりとした決意も公約も示していないし、その可能性も低いので、日本は中国に順応することになるだろう」と明確な主張を行っている。

このような、歴史・文化、地理環境、パワー分布といった要因に基づく専門家たちの分析を参考にしつつ、日本を巡る安全保障環境について、情勢の変化を考慮しながら客観的に分析しなければならない。結論からいえば、長い歴史において日中関係は良好な時期が長かったが、それはあくまでも利害関係によって維持されたものであり、現在はこれらと状況が異なるため、日本は、ハンチントンが主張したような中国へのバンドワゴニングを行うことは危険である。中国をめぐる過去の歴史と現在のアジアの状況の違いを考慮すれば、以下のような理由でバンドワゴニングは日本の選択肢として妥当ではない。

第一に、歴史においてモンゴルの帝国である「元」以外、海を隔てて位置する日本を大きく脅かす、あるいは国家の存在自体を脅かそうとする中国大陸の帝国は存在しなかった。過去の日本列島には強力な戦闘組織が存在し、多くの大陸の帝国にとってこの島国に渡海してまで侵攻することはリスクが大きかった。また朝貢貿易は、それを受ける中華帝国の方が負担は大きく、相手国の利益が大きいものだった。したがって、大きな脅威というよりもむしろ利益をもたらす大陸の帝国に順応することは、日本にとって合理的であった。しかし現在の中国の動向は、日本にとっての大きな脅威として認識されている。

第二に、過去の中華帝国は強力な海軍を背景にして現在のような東アジアの海洋空間の支配を試みておらず、また過去の日本は、その経済活動が現在のように長大な海上交通路に極端に依存してはいなかった。過去の日中関係史における海洋空間の位置づけは、現在の状況とはまったく異なるのである。したがって、両国を取り巻く現在の海洋空間における中国の海洋侵出は、日本の既得海洋権益への侵害となるのである。

第三に、現在の中国は過去の中華帝国とは異なり、諸外国から先進的なテクノロジーを貪欲に吸収している。それによって保有した核兵器を含む打撃力・戦力投射能力を通じた他国への直接的な影響力の浸透は、過去の中華帝国とは比較にならない。

第四に、現在の中国の対外行動には、中華思想と他国から受けた屈辱の歴史が作用している。元々もっているそのような感覚に加えて、他国に対する影響力が高まっているため、歴代中華帝国と比較して、現在の中国は危険性が高い。特に日本に関していえば、抗日戦争は、中国共産党による中国支配の正統性を示すものであり、屈辱と勝利感が入り交じった中国人の反日感情はたびたび政治ツールとして利用される。結果として、日本への攻撃性がより顕著に先鋭的となっている。

第五に、中国は、比較的対等な友好関係ではなく、ハンチントンが主張する東アジアの階層構造において、中国共産党の管理下にアジア諸国を置こうとしている。そのために彼らは硬軟織り交ぜた手段と方法を用いる。ハンチントンは、東アジアでの中国の覇権獲得には武力行使による領土の拡大は必要がなく、中国は、その様々な望みや要求に添うように東アジア諸国に促すことを考えている。フリードバーグも、東アジアひいてはアジア全体において、中国はある種の地域覇権を求めており、様々な事柄全般について、他国に強制的に自らの考えを受け入れさせるか、または説得しようとしていると述べている。ハンチントンやフリードバーグが挙げる、中国が東アジア諸国に要求する事柄には、中国に対して脅威になる行動の抑止、領土・資源問題を中国有利で解決すること、中国の利害にそった貿易や投資の採用、中国からの移民の受け入れ、反中国運動の禁止、政府の性質、最終的な中国語の公用語化などが挙げられている。

通常どのような国家も国益を求めるが、中国の場合は、その要求の強引さ、孫子的かつ超限戦的な手段や方法が問題になる。そして、現在の中国の東アジア諸国への間接侵略を見ると、例えば、天皇を中心とした日本の国体は攻撃対象となる可能性が高い。また実際に、日本の公安調査庁は、中国が沖縄独立派と関係を深めていることを指摘している。国力が増大する中国を受け入れることは、国家の独自性・独立性を失うことにつながりかねず、単なるバンドワゴニングで済むとは思えない。

以上のことから総合的に日中関係を考えた場合、過去と現在では中国に順応することの意味が大きく異なることは明白である。したがって、現在の中国の台頭に安易にバンドワゴニングを行うことは危険であり、日本の賢明な選択肢はバランシング同盟ということになる。しかしながら、もし日本が従属ではなく、中国との対等に近い友好関係を築くこと、あるいは独力でバランシングを行うことを試みるならば、現在よりも遥かに強大な軍事力をもつことが必要になる。しかしそのための道のりは困難が多く、年月を要する。また、もしそうなったとしても、中国は、日本への間接的な侵略を止めることはないだろう。日本は、現在、このような特徴をもつ大陸国家への対応を迫られているのである。

結果として、日本は、総合的な安全保障に対する意識の向上が求められるが、同時に米国の軍事力に頼らざるを得ない。ハンチントンが示したような疑念を可能な限り払拭し、中国の動きに対応する日米の同盟関係がより信頼できるものになるように、日本は、米国をアジアにつなぎ止め、関与させていく手腕が問われることになる。

4　海洋国家と日本列島

技術の進歩にともないグローバル・コモンズの重要性があらためて高まっているが、それとともに様々な国がそれらの積極的な利用を試みるようになった。それらの自由な利用を新興国が妨害する場合、既存の秩序における海上交通路をはじめとしたグローバル・コモンズへの国家活動の依存度を考えれば、日本は海洋国家と協力し、グローバル・コモンズのコントロールに関して主導権を握るべきである。そこで注目されるのが海洋国家の英国と米国の動向である。

（1）英国と米国の動向

世界史においてユーラシア大陸では、大国同士が交流と衝突を繰り返して徐々にグローバル化が進んだが、特に航海技術が発達して以降、その流れは海のシーパワー・ネットワークを通して力強く推進されていった。海を利用してパワーを獲得し、グローバリズムを先導する役割を果たしてきたのが英国や米国を含む海洋国家である。その一方で、地政学において「島の大国」として分類される英国や米国は、ユーラシア大陸の国々とは異なる独自性が育まれている。そうした独自性も要因の一つとなり、英国が加盟国の中で初めてEUを脱退することになり、米国では移民の流入や自由貿易に対して厳しい姿勢を取るトランプ大統領が誕生した。

グローバル化を推進してきた英国や米国が欧米諸国の中で先陣を切り、その潮流に対してバランスを取る方向へ舵を切ったことは皮肉であり、また大陸から距離を置く海洋国家の国民の文化や生活を考えれば、それは必然ともいえる。逆に、ユーラシア大陸のドイツは、現在グローバリズムを利用しつつ、その高い技術力を基盤とした経済力を生かしてユーロ圏を取り込み、中国はその巨大な人口と経済力を生かして世界を取り込もうとしている。したがって、独自性の維持だけではなく、このような大国間のパワー・バランスの変動も加わり、現在の英国と米国の対応は、グローバリズムはあくまで利用するものであって、飲み込まれるものではないという国家理性に突き動かされた結果といえよう。

英国や米国のような大きなシーパワーを保有する国家は、歴史においてその地理環境を状況に応じて積極的に利用し、自由と制限、関与と孤立、そして侵攻と防衛などの度合いを使い分けてきた。そのような海洋国家の最近の動きを観察すると、国家主義、リアリズムおよび地政学がより強調される時代になりつつある。今後EUから距離を置く英国は、必然的に、米国をはじめとしたアングロサクソン諸国や英連邦の国々との、シーパワー確立後に構築された関係を今より深め、適切な国際関係を探ることになろう。トランプ米大統領は、そのような現在の英国の姿勢を高く評価している。そして米大統領としての最初の首脳会談の相手は、英国のメイ首相だった。しかし両国の国内には、メディアや多国籍企業を中心にグローバリズムの信奉者が多く存在し、彼らはグローバリズムに逆行する動きに否定的である。シーパワーを軸とした国際関係やグローバリズムをめぐるせめぎ合いが今後どのように展開するかを、日本人は注視していかなければならない。

（2）オフショア・アイランドとしての日本

地政学から海洋国家の関係を読み解くと、米国にとっての日本列島の重要性が浮かび上がる。スパイクマンは、この世界には、ヨーロッパ、西半球、東アジアにパワーの中枢が存在すると考えた。

そして、「新世界」である米大陸を、大洋を介して挟むように位置するヨーロッパと東アジアの勢力によって米国が包囲されることが米国の脅威であると彼は考えていた。したがって、リムランドを制する者が世界を制すると考えるスパイクマンにとって、英国と日本の地理的な重要性は自明であった。そのため、ユーラシア大陸の大陸国家とのライバル関係を考慮し、パワーの中枢を、ユーラシア大陸に面するオフショア・アイランドである英国や日本と連携してコントロールすること、つまり日米英の海洋国家グループによって世界秩序を形成すべきことを、彼は主張した。

スパイクマンは、日本のシーパワーがアジアと太平洋の間に存在しているため、シベリアからアモイに至る大陸沿岸海域の海上交通路を通過するすべての船舶を、日本は優勢な海軍を持つことによってコントロールできると考えた。彼は、日本の真珠湾攻撃からわずか三週間後に、日本は「米国にとってアジア大陸の脅威に対するバッファーとバランサー」になり得るため、日本との同盟によって脅威に対して軍事的に対応できることを主張していた。スパイクマンは、戦後の極東において日本が軍事力を完全に失えば、国内の統一を果たした中国が東アジアの覇権国となる状況下において は、この島国に米軍が基地を置くことによって、中国に対抗する必要があると主張していたのだった。

また事実として、冷戦時代、日本を構成する島々は、当時の米国の表現を借りれば、大陸国家であるソ連の海軍が外洋へ侵出しようとする試みを封じ込める「侮り難い防衛の盾」になっていた。自衛隊と在日米軍がソ連海軍を監視し、ソ連の海洋侵出を抑え込んでいたからである。

このような海洋国家同士の連携を主張するスパイクマンの戦略は理に適っている。しかし、リムランドの近くに位置する日本列島の地理的な重要性が今も変わらない一方で、２０００年代から国際紛争によって苦い経験を味わってきた現在の米国は、その戦略姿勢から見れば、ソ連と対峙した冷戦期の頃の米国とは幾分異なる。完全に一致する歴史というものは繰り返されないため、戦略を更新していくことが必要になる。

5　西半球に位置する米国の感覚

日本ではあまり議論されることはないが、米国の対外政策には、過去にあった孤立主義的な政策志向が常に存在している。ユーラシア大陸から距離がある西半球本土の地理環境と、この地域の覇権国という立場によってもたらされる、介入主義と孤立主義との間に存在する米国人の葛藤は伝統的なものである。

（1）根強く存在する内向き志向

日本と米国は一般的に海洋国家に分類されるが、日本にとって問題なのは、同盟関係にある日米の立場の違いである。現在の中国の海洋侵出と攻撃的な姿勢は、日本にとって国家の運命を左右する可能性のあるものだが、米国にとっては世界を主導する地位を脅かす可能性のあるものであり、その脅威のレベルが日米の立場では明らかに異なる。実際、中国の海洋侵出を、その地位に対する脅威とすら思っていない米国人も存在する。つまり、日本人と比較すると、地理的に安全な西半球の米国人はユーラシア大陸に位置する中国からの直接的な脅威を感じにくいため、必然的に安全保障に関する日米間の国民意識に齟齬が生じやすいのである。

例えば、トランプ政権のナヴァロ国家通商会議議長は対中国強硬派の筆頭格として知られているが、彼も米国における伝統的な孤立主義の影響の強さを認めている。実際、米国民の国際紛争への関与への消極性と米国内を重視する志向はここ数年高まっている。

前述したように、20年前にすでにハンチントンが、中国封じ込めに日米同盟が機能するかについて疑問を呈したのも、米国人の立場で考えればそれほど不自然ではない。スパイクマンがいうように、米国の介入主義者にとって、ヨーロッパとアジアにおける勢力均衡の維持が第1次防衛線で、西半球が第2次防衛線なのである。

そして、米国の一部のリアリストたちは、英国の歴史学者ポール・ケネディが『大国の興亡』で使用して有名になった用語である、過去の大国が陥ってきた、軍事関与とそれを支える国家資源のバランスが崩れて大国を疲弊させる「帝国的過剰拡大」により、米国が衰退することを強く警戒している。

（2）戦闘行動に対する姿勢

また、米国の戦闘行動のリスクに対する姿勢は未知数である。若い超大国である米国でさえも、長年にわたる国際紛争への関与からくる疲労感は隠しきれない。戦後多くの紛争に関わってきた米国にとっても、軍事介入や戦闘行動を実行するための敷居は高くなってきている。

まず、米国の一般的な軍人は、決して他地域への軍事介入に対して積極的ではない。２０１２年の大統領選共和党予備選挙の候補者で、外交政策において不干渉主義を唱えたロン・ポールは、当時現役の米兵士から、オバマ米大統領および他の各予備選挙候補者たちを遥かに上回る資金援助を得ていた。２０１６年の調査では、非介入主義であるリバタリアン党党首ゲーリー・ジョンソンは、現役軍人からの支持率で、大統領候補中トップの数値またはトップのトランプ現大統領とほとんど変わらない数値を獲得していた。ケイトー研究所の上級研究員ダグ・バンドウは、こうした米国の軍人たちの近年の様子について、彼らは戦闘任務につくことには前向きだが、それは切実な状況に限ると説明している。

軍出身のマティス国防長官や米軍の最高幹部は、米国にとっての他地域への軍事介入や関与の重要性を理解しているだろう。しかし、米国が軍備の増強を望むこと、他地域における軍事プレゼンスを維持すること、および単なる軍事行動と、実際に自国の兵士の犠牲が多く出る可能性のある戦闘を行うこととは別次元の話である。このような軍事作戦の実行の是非については、関係者は当然慎重に判断し、トランプ大統領や米議会がどのような決断を下すかを予測することは困難である。

２０１７年2月に行われた安倍首相とトランプ大統領による初の日米首脳会談では、「日米安全保障条約第5条の尖閣諸島への適用」が共同宣言に明記された。この点に関していえば、複数の対中国強硬派が政権スタッフにいる現在の米国のトランプ政権は、その前のオバマ政権よりも、日本の立場からは期待できるかもしれないが、具体的に米軍がどのような支援をしてくれるのかは不明確である。例えば、トランプ政権の政権移行チームのメンバーで、戦略研究の泰斗であるエドワード・ルトワックは、対中国封じ込めを主張している。一方で彼は、著書『中国４・０』の中で日本の離島の防衛について触れ、現状では米国は「日本の一つ一つの島を積極的に守ることはできない。端的に言って、これらを守るのは、完全に日本側の責任だ」と述べている。

尖閣諸島をめぐる争いだけでなく、中国との間で戦闘が勃発すれば、日本が主体的に防衛することが大前提であり、そして例えば、中国の正規軍ではなく中国の海上民兵については、日本が単独で対処しなければならないであろう。世界唯一の超大国の地位に固執しなくなった場合、米国は内向きの国家となり、孤立主義的な政策を実行する可能性が高い。現在はまだその段階ではないかもしれないが、米国の東アジア周辺の事態に対する軍事・戦闘行動の度合いは流動的と考えるべきである。

戦略研究においては、「次に何が起こるのか、将来何が起こるのかを正確に知ることは不可能であるため、慎重に万全の準備を行わなくてはならない」と説くことが一つの大きなテーマとなる。無論大まかな状況を想定することは必要だが、「最善を望み、最悪に備えよ」の精神が戦略策定の上での基本といえる。この点を考えると、現在の日本の硬直した安全保障体制や日本人の危機意識の無さはあまりにも危ういと言わざるを得ない。

6　日本版オフショア・バランシング

海洋国家としての日本の立場やそれに対する脅威を考えた場合どのような戦略が考えられるか。ここでは、海洋国家である英国および米国との安全保障環境との違いを考慮して日本の戦略の検討を行い、海洋国家の伝統的な大戦略ともいわれているオフショア・バランシングを日本が実行することについて論じる。ちなみに、オフショア・バランシングは専門家よって定義が異なることが多い。また大戦略ではなく軍事・作戦戦略のように論じられることもある。

オフショア・バランシングは、大まかな解釈をすれば、ユーラシア大陸で台頭する国家に対して、まず自国に代わって当該地域の周辺国家に新興国を抑える役割を押し付ける、バック・パッシング（責任を他者に押し付ける）を可能な限り行い、それでも抑えられない場合は、自国が直接的な介入を行って対象地域の勢力均衡を維持するという、海洋国家の大戦略である。

（1）オフショア・バランサーとしての英国、米国そして日本

米国の専門家の間では、いわば元祖オフショア・バランサーは英国であり、オフショア・バランシングは、現在の米国の大戦略として論じられているため、日本がオフショア・バランサーという と突拍子もないことと思われるかもしれない。

しかし、例えば、日露戦争は、英国にとっては通常とは異なり、ヨーロッパではなくアジアの日本にバック・パッシングを行ってオフショア・バランシングを実行し、日本にとっては自国以外の周辺国が抑えられない強大な大陸の潜在覇権国であるロシアを食い止めるために、英国の力を利用しつつ自らオフショア・バランサーとして直接的に軍事介入を行ったという考え方もできる。もっとも、他国にバック・パッシングを試みることがオフショア・バランシングの前提と考えた場合は、日露戦争の日本の戦略はこの大戦略には当てはまらない。解釈次第では、日本は、ロシアとの戦争と平行して、帝政ロシアに対する国内外の反帝政組織に工作を行うことによってロシアを攪乱《かくらん》する、部分的なバック・パッシングを試みていたとも考えられる。巨大な帝国には不満分子や内乱がつきものだからである。

日本は、ユーラシア大陸に登場する強大な勢力に間近で対峙しなくてはならない海洋国家であり、また、前述したように、現在の中国に対してバンドワゴニングを選択することは危険である。そして、西半球の米国には実行可能な孤立主義的な戦略を、現代の日本が採用することもまた不可能である。つまり海洋国家としての立場を考えれば、日本は、過去の英国のように眼前の大陸から迫る脅威に対して、半ば強制的に対応させられることになる。したがって、日本と地理環境の似たオフショア・アイランドである英国の例を参考にすることが日本の戦略を検討するためには妥当だと考えられる。

米国の国際政治学者クリストファー・レインが考えるオフショア・バランサーの模範は、19世紀にバック・パッシングによってヨーロッパの勢力均衡を維持していた頃の英国である。基本的にレインの考えるオフショア・バランシングは、重要地域の多極化を推進し、「オフショアからのバック・パッシングによってバランシングを行う戦略」である。しかし、すでに現在の安全保障環境においては、日本がバック・パッシングを実行すること、そして、それのみで中国の膨張を抑えることは困難になっている。

何故なら、既に、前出のミアシャイマーが主張するオフショア・バランシング論における、直接的なバランシング、すなわち「封じ込め」が必要な段階になっているからである。この状況は、米国との関係を考慮すると、大戦期にオフショア・バランサーだった英国に近い。ちなみにミアシャイマーは、冷戦終了までの約200年間、英国はヨーロッパ大陸に対してオフショア・バランサーだったとしている。強大な大陸国家であるドイツが地域覇権の獲得を狙った二度の世界大戦において、すでに衰退期に入っていた英国にとって、後方に控える米国を参戦させることが勝利のために極めて重要であった。

一方で、米国は、ユーラシア大陸に対して大洋を隔てて位置するいわば「後衛のオフショア・バランサー」であり、日英と比較すると、ユーラシアの勢力に対して武力行使のタイミングや規模を選ぶ地理的・時間的余裕がある。米国は、日英のオフショア・アイランドを「バッファーとバランサー」として利用することによって、ユーラシア大陸の勢力均衡を維持し、それによって米国の安全を確保し、そして世界の秩序を主導することが可能になる。

そもそもオフショア・バランサーの役割を果たし得るには、強大なシーパワーを軸とした防衛力および戦力投射能力、そしてそれによってもたらされる外交力をもつことが前提となる。しかし現実を直視すれば、現在の日本は、軍事力においてソフトとハードの両面で問題を多く抱えており、安全保障分野における自立にはまだまだ時間を要する。故に、現在の日本の戦略環境は、米国との軍事同盟関係がオフショア・バランシングを行う上での前提となる。

（2）日米による対「接近阻止／領域拒否（A2／AD）」

ユーラシア大陸の潜在覇権国を抑えるために、別の大陸の勢力に対するバック・パッシングを実行することが日本にとって可能であれば理想的だが、それは日本の地政学的環境からは不可能である。

一方、アジア太平洋・インド地域には、日本と同じように中国の海洋侵出の脅威に曝されている国がある。特に、同じ第1列島線上に位置する海洋島嶼国家の台湾とフィリピンであるが、いずれも自主防衛能力に欠けている。

また、オーストラリアは、米国とほぼ同じ面積を持つ大陸であるが、全周を海洋に囲まれ、「自由で開かれた海洋」を通じて国家の生存と繁栄を確保することを宿命としており、いわゆる海洋国家としての地政戦略的特性を強く持つ。

オーストラリアの海上輸送による貿易相手国は、中国、日本、韓国、アメリカの順に、上位10か国がアジア太平洋・インド地域の国によって占められている。現在、オーストラリアに対する中国の脅威は、ＡＳＥＡＮの存在によって薄められているとはいえ、ＡＳＥＡＮに対する中国の脅威が増大するにともない、自国への直接的影響は避けられないことを十分に認識している。そのため、オーストラリアは、「オーストラリア本土とその周辺地域（北方へのアクセスと直近のシーレーン）」、「東南アジア海域と南太平洋を含む周辺地域」、そして「インド・太平洋地域と世界」の三つの戦略的防衛の枠組みによって、国防の目的を達成しようとしている。

他方、インドは、インド亜大陸の大部分を占める大陸国家と見なされているが、東をベンガル湾、南をインド洋、西をアラビア海に面して開かれ、三方向にわたって海洋沿岸地域を有する海洋国家ないしは両生国家としての特性を併せもつ。

インドは、過去に、アフリカから中東、東南アジア、南太平洋などの広域にわたって海上経由の交易を盛んに行ってきた、世界の三大商人の一つである印僑（インド商人）としての活躍の歴史がある。近年は、特に、インド洋から「世界の発展センター」であるアジア太平洋地域へのアプローチを積極化させており、モディ政権は、インド洋にまで拡大している中国の海洋侵出の脅威に対抗すべく、日米などとの間で海洋安全保障を強化するとともに、アジア太平洋地域における具体的協力を推進する「アクト・イースト」政策を展開している。

日本は、中国の海洋侵出を抑えるために、日本列島とともに第1列島線を形成する台湾やフィリピン、そして、南シナ海周辺の国々に働きかけて中国の膨張に対してバランシングを仕掛ける必要がある。そして、インド洋に強い影響力をもち、日本とは反対側で中国との間に国境問題を抱えるインド、それにアジア太平洋・インド地域における「法の支配に基づく国際秩序」を希求するオーストラリアとも、中国の動きをけん制するために可能な限り密接に連携していくことが重要だろう。海洋へと膨張するランドパワーと直面しているのは他ならぬ日本であり、米国を含めた関係国を日本が引っ張って、これと対峙しなくてはならない。

これらの国は、いずれも自由、民主主義、人権、法の支配という普遍的価値を共有しており、周辺国に対して脅威を及ぼす中国という「異質な国家」の存在が「共通の価値を旗印に掲げた協力連携体制」、いわゆる「価値同盟」の形成を後押しすることにも繋がる。

日本は、世界第3位の経済力を持ち、東アジアひいては国際社会で指導的立場にあり、しかも戦後最大の国家安全保障上の課題に直面している。

したがって、日米同盟を基軸とし、地政戦略的特性や普遍的価値を共有する国々と協力連携しつつ、日本は必然的・主体的に矢面に立つ必要がある。日本の大戦略は、後方の海洋国家である米国を早い段階から引き込んで利用する構図となり、大陸に対して前方と後方に位置する、日米のオフショア・バランサーが責任を共有することになる。

しかし、米国の介入主義者にとっても東アジアは、あくまで本土と離れた第1次防衛線である。また、米国が頼みとしていた英国は、米国と同じアングロサクソンのキリスト教国だが、日本の文明圏は孤立しており米国とは共有していない。アメリカにとってアングロサクソン諸国は、その他の国と一線を画す存在であるため、英国と比較して日本はアイデンティティによる共感が得られにくい。したがって、日米が密接な連携を行う体制を構築しておかなければ、日本は、米国にとっての単なるバック・キャッチャー（他国から責任を押し付けられる国）として矢面に立たされる可能性がある。

現在の海洋国家日本にとって、現実的な戦略は、大戦期の英国のオフショア・バランシングのように遅れて米国が参戦する戦略とは異なり、その背後に位置する海洋国家である米国が、平時から深く東アジアに関与し、戦時には早い段階で日本と密接に連携した軍事・戦闘行動を起こすための態勢を構築することである。

このように考えた場合、いわば「前衛のオフショア・バランサー」である日本は、その基盤となる戦略として、平時においては日米主導による、ソ連に対して行ったものとは異なる、時代の変化および超限戦や間接侵略への対策を厳密に考慮した、対中国抑止戦略を採用すべきである。そして有事に備えて、本書の第8章で詳述されているように、日米の統合された戦力が密接に連携する対中国A2／AD網を構築し、後方に位置する海洋国家を強制的に、かつ早期に事態に巻き込む態勢を平時から作為しておくことが肝要である。

仮に中国と日米の間で武力衝突が発生した場合、機動力のある在日米軍の多くの戦力は、JAM－GC（以前の公式のAir-Sea Battleの改称）のような作戦構想で考えられているように、戦時においても安全圏へ下がることが可能であるため、日本は、日本本土と在日米軍基地に対して行われる中国の飽和攻撃の真っ只中に取り残される可能性がある。米軍の主力が態勢を立て直して救援に駆け付けるとしても、中国の攻撃を最低限数週間に亘って現在の安全保障体制の日本が耐えることができるかどうかは甚だ疑問である。日米同盟の大枠に変化がないのなら、同盟関係の絆を量る目安・分水嶺は、政治のレベルではなく軍事戦略以下のレベルだと考えるべきである。そのため、より具体的な事柄についての議論が広く日本で行われる必要がある。また、現在米軍内においても、敵軍のA2／AD網内であっても、自軍が積極的に戦闘を行えるようにすべきという声が上がっている。日本がこうした米軍の動きを促し、中国のA2／AD網内に対する密接な共同作戦を実行できるように働きかけなければならない。

日本が米国とともに責任を共有するオフショア・バランサーとなるためには、東アジアにおいて、単なる前方展開だけではない軍事・戦闘行動を含む積極的な関与が米国の長期的な国益にかなうことを、ビジネスライクなリアリストともいわれているトランプ大統領、そして多くの米国民に、十二分に理解させる必要がある。そして、地政学を知ることがそのための土台となる。

日本自身が防衛力を整えて、自国を死守するという覚悟をもつことが必須であることは言うまでもない。さもなければ、米国は、自分たちの血を流す価値のない、守る価値のない同盟国と見なして日本を切り捨てる可能性が高い。

要するに、地政学的な見地から、膨張する中国の危険性と日本の国力を考慮すると、日米が主導する対中国「封じ込め」を行うべきである。そして、米国の地理環境や最近の動向を考慮すると、日本が主導して、素早い反撃を可能にする米国との密接な戦闘即応態勢を構築することが必要である。それらによる抑止力こそが平和への道となる。

おわりに―抑止力と独立自存

かつてレーガン政権が行った「力を通じた平和」を継承するため、トランプ政権が高らかに宣言している軍備の増強を行ったとしても、米国の東アジアにおける相対的な影響力は過去と比較して低下している。結果として相対的に、「米国とその同盟国の力を通じた平和」となる可能性が高い。

日本の周辺国は、リアリズムの信奉者であり、強者を尊び弱者を軽視する傾向がある。そして米国は、自国を守る気概のない同盟国を本気で支援する気持ちはないであろう。日本はこの状況をよく理解し、自らの抑止力による平和の重要性をあらためて考えることが求められる。古代ローマの格言といわれる「平和を欲するならば、戦争の準備をせよ」という言葉は、長い年月を経ても色褪せない不変の真理である。

今後、グローバリズムと国家主義のせめぎ合い、また、大国の政権・政策がどのような様相を見せるかはわからない。そして、米国による他地域への介入の目安、または介入の度合いについても同様である。一方で、中国は、日米同盟を機能させない、または発動させないために、引き続き非軍事的・準軍事的な攻撃・工作を仕掛けてくるであろう。中国は、純軍事的なものよりも、むしろこのような非軍事的・準軍事的な手段・方法を戦略の中心に据える可能性があり、これには日本が単独で対応しなければならない。

不確実性の時代においては、地政学的戦略思考を基盤に将来を探りながら、自国の国力の向上に努めることが必要である。日本の場合は、デフレーションからの脱却、外交の基盤となる総合的な防衛力の整備・増強の実行、そして国民の安全保障に対する意識の向上が不可欠となる。日米関係も重要だが、最後に頼りになるのは自分自身以外にないという独立自存の精神をもって臨まなければならない。

おわりに

本書の執筆者は、長年にわたって防衛の第一線で活躍した上級指揮官クラスの元自衛官と、安全保障・国際法・海洋問題などに携わってきた元防衛研究所の専門家であり、本書は、これら執筆陣による研究会を一年以上にわたって集中的に実施し、討議内容を論考としてまとめたものである。なお、執筆は担当されなかったが、元空将補本村久郎氏には、研究会から編集に至るまで、航空戦略・作戦の専門的立場から数々の提言や貴重な助言を賜り、多大なご貢献を頂いた。また、わが国では貴重な戦略家の一人である関根大助氏には、本書の基底となっている地政学的見地からの「附論」を執筆頂いた。いずれも日本安全保障戦略研究所（ＳＳＲＩ）の研究員であるが、改めて感謝申し上げたい。

本書で詳述したように、「百年マラソン」の射程をもって力による領域拡大を強引に押し進める中国の動きは、今後軟化していくとは思われない。「中華民族の偉大な復興」という「中国の夢」は習近平国家主席自らが世界に向かって広言した国家目標であり、しかも既存の国際秩序に対する中国の強引な挑戦が究極的には中国共産党にとって一党独裁体制の存続をかけたものであるからである。

２０１６年7月12日に南シナ海仲裁裁判所が公表した仲裁裁定は、中国が南シナ海を「核心的利益」とし、「9段線」に囲まれた海域に対する「議論の余地のない主権」を主張して、「サラミスライス戦術」や「キャベツ戦術」などを駆使した、巧妙かつ強引な中国の南シナ海における侵出戦略に痛打を浴びせた形になった。中国は、「議論の余地のない主権」の範囲内であるとして、南沙諸島での埋め立てとそれによる人工島の造成および軍事化を進めてきたが、その正当性主張の根拠を全面的に否定された。南シナ海仲裁裁判所の裁定は最終的なもので、国連海洋法条約加盟国としての中国に対しても法的拘束力をもつが、フィリピンと中国の南シナ海における領有権紛争の直接的な解決をもたらすものではないし、中国に対して裁定の遵守を強要するメカニズムもない。中国は、この裁定を完全無視しており、今後も受け入れる可能性はほとんどないであろう。むしろ、中国の今後の動向によっては南シナ海情勢が一段と緊迫する可能性が高まっている。また、最近では、尖閣諸島周辺海域における、既に日常化している中国の海警局巡視船や漁船の展開も急増しており、領海侵入や接続海域を航行する事態が頻発している。東シナ海および南シナ海における今後の中国の動向は、わが国の安全保障にとって極めて重要な焦点となっている。

一方、対中戦略に関する日米両国の動きを振り返ると、米国が２０１０年に「エアシー・バトル構想」を発表し、わが国も２０１３年11月に「防衛計画の大綱」を改定して南西諸島の防衛強化に着手した。さらに2015年4月には、日米両国の合意に基づいて「日米防衛協力のための指針」(新ガイドライン)が策定され、南西諸島を含む国土の防衛は、自衛隊が主体的に実施する一方、米軍は自衛隊の作戦を支援し、補完することが示された。これによって、島嶼防衛における日米の役割分担および米国のコミットメントも明確になった。

わが国の南西諸島防衛の強化は、単に国土防衛だけに留まらず、今後、第1列島線上の島嶼諸国との連携によって可能となる対艦・対空ミサイル網による対中阻止ライン構築の先駆けとなるものであり、日米同盟にとって、対中防衛戦略上極めて重要な意義を有することは明らかである。本書で提示した対中防衛戦略は、現在日米両国間で進められている島嶼防衛戦略と軌を一にするものであり、それをさらに発展させた構想であって、われわれは、それが実現できる可能性は極めて高いと考えている。

本書は、2016年9月頃に原案が作成され、刻々変わる時事を随時取り入れながら、校了をもって完成した。この間、米国では、大統領選挙が本格化し、11月の選挙でドナルド・トランプ候補が第45代大統領に選出された。われわれの関心事は、トランプ政権の安全保障戦略、特にアジア戦略であり、対中戦略であった。校了の時点では、トランプ政権の安全保障戦略の全容について明確な展望を抱けるに至っていない。しかしながら、東アジアが米国の安全保障にとって東の最前線であることは不変の地政学的環境であり、したがって「アメリカ最優先」を標榜するトランプ政権にとっても、東アジアからの後退はあり得ず、抗争と協調の両面を併せもつ米中関係に真っ向から向き合い、これにいかに対処していくかは、同政権の安全保障戦略における最大の課題であることは間違いない。そして同政権の安全保障戦略の動向がわが国の安全保障に直接的な影響を及ぼすであろうことは言うまでもない。

本書が、政治家をはじめとする政策担当者のみならず、わが国の安全保障に関心を有する一般の方々にとっても、中国の強引で巧妙な拡張政策を正確に理解し、それに対処するための的確な対応策を見出すための良き手引き書となることを、心から願う次第である。

なお、われわれは、本書の刊行に先立って、本書の内容をより一般読者向けに分かりやすく解説したダイジェスト版として、『日本と中国、もし戦わば』をＳＢ新書として刊行した。本書と合わせて、ご購読いただければと願う次第である。

最後に、厳しい出版事情の中、本書の刊行を快く引き受けて下さった、国書刊行会編集部の清水範之編集長をはじめ、編集作業を担当して頂いた同社編集部の中川原徹氏ほか、ご支援頂いた関係者各位に対して衷心より感謝申し上げる。

平成29年年9月吉日

東京秋葉原の日本安全保障戦略研究所（ＳＳＲＩ）にて

共同執筆者一同

- Gray, Colin S. *The Leverage of Sea Power：The Strategic Advantage of Navies in War*（New York：Macmillan, 1992）
- Shane III, Leo and George R. Altman, "This poll of the U.S. military has Gary Johnson tied with Donald Trump in the race for president," *Military Times*, September 21, 2016, http://www.militarytimes.com/articles/this-poll-of-the-us-military-has-gary-johnson-tied-with-donald-trump-in-the-race-for-president（accessed 2016-10-25）
- Wong, Kristina, "Poll：Libertarian Johnson beating Trump, Clinton among active troops," *The Hill*, July 20, 2016, http://thehill.com/policy/defense/288546-poll-libertarian-johnson-beating-trump-clinton-among-active-duty-troops（accessed 2016-08-11）

Struggle For Mastery In Asia, 2011
・David C. Gompert, *Astrid Stuth Cevallos, Cristina L. Garafola, War with China：Thinking Through the Unthinkable,* RAND, 2016
・ロバート・Dカプラン『地政学の逆襲』櫻井裕子訳、朝日新聞出版、2014年

附論

・オロッコリン、ジョン編『地政学事典』滝川義人訳、東洋書林、2000年
・ケネディ、ポール『大国の興亡：1500年から2000年までの経済の変遷と軍事闘争 下』鈴木主税訳、草思社、1988年
・スパイクマン、ニコラス『平和の地政学：アメリカ世界戦略の原点』奥山真司訳、芙蓉書房出版、2008年
・スパイクマン、ニコラス『スパイクマン地政学：「世界政治と米国の戦略」』渡邉公太訳、芙蓉書房出版、2017年
・グレイ、コリン、ジェフリー・スローン編著『進化する地政学：陸、海、そして宇宙へ』奥山真司訳、五月書房、2009年
・関根大助「英米のオフショア・バランシングと日本の戦略」『戦略研究』第13号、2013年
・戦略研究学会編『孫子』杉之尾宜生訳、芙蓉書房出版、2001年
・ハンチントン、サミュエル・P『文明の衝突』鈴木主税訳、集英社、1998年
・フリードバーグ、アーロン・L『支配への競争：米中対立とアジアの将来』佐橋亮監訳、日本評論社、2013年
・マッキンダー、ハルフォード・J『マッキンダーの地政学：デモクラシーの理想と現実』新装版、曽村保信訳、原書房、2008年
・マハン、アルフレッド・T『マハン海上権力史論』新装版、北村謙一訳、原書房、2008年
・ミアシャイマー、ジョン・J『大国政治の悲劇：米中は必ず衝突する！』改訂版，奥山真司訳、五月書房、2014年
・ルトワック、エドワード『中国4.0：暴発する中華帝国』奥山真司訳、文藝春秋、2016年
・レイン、クリストファー『幻想の平和：1940年から現在までのアメリカの大戦略』奥山真司訳、五月書房、2011年
・Bandow, Doug, "Military voters say no to endless wars", *Japan Times*, August 9, 2016, http://www.japantimes.co.jp/opinion/2016/08/09/commentary/world-commentary/military-voters-say-no-endless-wars/#.WRktelXyjZ4（accessed 2016-08-15）

・上野英詞「南シナ海問題の現況―３つの側面」、『島嶼研究ジャーナル』第５巻２号、2016年

第８章

・Intercepts Defense News『*What China Wants for Christmas*』（対艦弾道ミサイル　DF-21D）、2012年
・クレピネビッチ元CSBA所長『列島線沿いの防衛網』（同盟国によるA2/ADの構築）
・CSBA資料『*Preserving Security in the Western Pacific*』―『*Who Should Do What*』（米国と同盟・友好国の役割分担）および『*Operating From Range*』（長距離作戦）
・CSBA資料『*Toward a New Offset Strategy*』―『*Selected GSS Network Elements Restore Balance Across Threat Spectrum*』（脅威スペクトラムにおける装備の位置づけ）
・US Navy's Office of Naval Intelligence『中国およびロシア海軍原子力潜水艦雑音レベル』
・インド海軍『*Ensuring Secure Seas／Indian Maritime Security Strategy*』2015年
・用田和仁ほか『中国の野望を挫く日本と台湾』内外出版株式会社、2014年
・樋口譲次ほか『日本の核論議はこれだ』（郷友総合研究所編）展転社、2008年
・Hans M. Kristensen（ソ連邦原子力情報プロジェクト部長）『China's Noisy Nuclear Submarines』

第９章

・鈴木通彦『アジア太平洋重視の軍事戦略へ転換できるか』三井物産戦略研究所・戦略研レポート、2012. 4 .18
・ピーター・ナバロ『米中もし戦わば』赤根洋子訳、文藝春秋、2016年

第10章

・Graham T. Allison Jr.,, "How America and China Could Stumble to War," *The National Interest*, April 12, 2017
・Graham T. Allison Jr., "The Thucydides Trap：Are the U.S. and China Headed for War?," *The Atlantic*, September 24, 2016
・Aaron L. Friedberg, *A Contest For Supremacy：China, America, And The*

・Emery et al, Geological Structure and Some Water Characteristics of the East China Sea and Yellow Sea, in Economic Commission for Asia and the Far East, *Committee for Co-Ordination of Joint Prospecting for Minaral Resources in Asian Offshore Areas（C.C.O.P）Technical Bulletin* vol.2. 1969.（https://www.gsj.jp/publications/pub/ccop-bull/index.html, as of 10th December, 2015）

第７章

・海洋政策研究財団編『海洋情報季報』2013年創刊号～2014年第８号
・海洋政策研究所（笹川平和財団）編『海洋情報季報』2015年第９号～2015年第11号
・海洋政策研究所（笹川平和財団）編『海洋安全保障情報季報』2016年第12号～2016年第13号
・Project 2049 Institute, *Asian Alliances in the 21th Century*, 2011
・Aaron L. Friedberg, *A Contest For Supremacy：China, America, and The Struggle For Mastery In Asia*,（New York：W.W. Norton & Company）, 2011
・The American Enterprise Institute, *Asia in the Balance：Transforming US Military Strategy in Asia*, 2012
・Evan Braden Montgomery, "Contested Primacy in the Western Pacific," *International Security*, 2014 spring
・Patrick M. Cronin, *The Challenge of Responding to Maritime Coercion*, Center for a New American Security, September 2014
・Congressional Research Service, *Chinese Land Reclamation in the South China Sea：Implications and Policy Options*, June 18, 2015
・US Department of Defense, *Asia-Pacific Maritime Security Strategy*, August 2015
・Congressional Research Service, *Maritime Territorial and Exclusive Economic Zone（EEZ）Disputes Involving China：Issues for Congress*, April 27, 2016
・US Department of Defense, *Annual Report To Congress：Military and Security Developments Involving the People's Republic of China 2016*, May 2016
・Permanent Court of Arbitration, *Arbitral Tribunal*, July 12, 2016
・ブレジンスキー、ズビグニュー『ブレジンスキーの世界はこう動く』山岡洋一訳、日本経済新聞社、1998年
・ミアシャイマー、ジョン『大国政治の悲劇』奥山真司訳、五月書房、2007年
・海洋政策研究財団編『中国の海洋進出―混迷の東アジア海洋圏と各国対応―』、成山堂書店、2013年
・浦野起央『南シナ海の領土問題』、三和書籍、2015年

・国立国会図書館調査および立法考査局『諸外国と中国―政治、経済、社会・文化関係』（調査資料）、2010年

第6章

・防衛省『平成28年版日本の防衛―防衛白書―』平成28年
・髙井晉『国家と安全保障の国際法』内外出版、平成21年
・髙井晉「中国の海洋進出と民間航空の安全」、空法学会編『空法』第57号、2016年
・髙井　晉「中国の『魚釣島白書』と領有権の主張」、『島嶼研究ジャーナル』第2巻2号、2013年
・「中華人民共和国外交部声明」1971年12月30日、『人民中国』2012年増刊号
・「中華人民共和国政府の魚釣島およびその付属島嶼の領海基線に関する声明」2012年9月10日、『人民日報』2012年増刊号
・中華人民共和国国務院新聞弁公室、白書『釣魚島は中国固有の領土』、2012年9月25日
・国紀平「魚釣島が中国領土の動かない証拠」、『人民中国』2012年増刊号
・国家海洋情報センター編纂、『釣魚島―中国固有の領土』、『人民中国』2012年増刊号
・来源于「中国国防部が東シナ海防空識別圏の誤読を解説」財新網（2013年12月4日）（http://international.caixin.com/2013-12-04/100613274.html）
・The Republic of China's Sovereignty Claims over the Diaoyutai Islands and the East China Sea Peace Initiative（http://www.mofa.gov.tw/en/cp.aspx-?n=38CD1D3C91067AEC）（2015年5月アクセス）
・中華人民共和国駐日本国大使館ブログ「東中国海の防空識別圏航空機識別規則に関する公告」（2013年11月23日）（http://www.china-embassy.or.jp/jpn/zgyw/t1102699.html）（2015年10月10日アクセス）
・山内敏秀「中国のADIZ設定について」、海洋政策研究所（笹川平和財団）編『海洋情報季報』第4号（2013年）
・遠藤昭彦「東シナ海における油ガス田開発とその背景―「利益集団」といわれる中国海洋石油総公司（CNOOC）の役割―」、海上自衛隊幹部学校編『海幹校戦略研究』（2012年5月）
・資源エネルギー庁「平成16年度の重要事項6．東シナ海資源開発問題」、http://www.enecho.meti.go.jp/about/whitepaper/2005html/intro1_6.html（2015年9月10日アクセス）
・外務省ブログ「中国による東シナ海での一方的資源開発の現状」（2015年11月20日）http://www.mofa.go.jp/mofaj/area/china/higashi_shina/tachiba.html（2015年12月6日アクセス）

・オーストラリア『国防白書2016』:『*Indicative Defence Spending to 2035*』
・中国『国防白書2010』
・エドワード・ルトワック『自滅する中国』芙蓉書房出版、2013年
・エドワード・ルトワック『中国4.0 暴発する中華帝国』奥山真司訳、文藝春秋、2016年
・ロバート・D・カプラン『南シナ海 中国海洋覇権の野望』講談社、2014年
・布施哲『米軍と人民解放軍』講談社現代新書、2014年
・公益財団法人・笹川平和台団・海洋政策研究所・島嶼資料センター『島嶼研究ジャーナル第5巻1号』内外出版株式会社、2015年

第4章

・米国『国家安全保障戦略(NSS)2010、2015』
・米国『4年毎の国防計画の見直し(QDR)2010、2014』
・米国『国防指針2012』
・平山重利『エアーシー・バトルの変容』海幹校戦略研究/海上自衛隊幹部学校、2013年12月(3-2)
・米国『核態勢の見直し(NPR)2001、2010』
・米国『弾道ミサイル防衛見直し(BMDR)2010』
・一般社団法人・日本戦略研究フォーラム『高高度電磁パルス(HEMP)攻撃によるインフラ破壊の脅威への対処』(国家安全保障/国土強靭化に関する提言)、2016年8月
・中国『中国の国防(国防白書)』2008年
・米ランド研究所『*U.S.-CHINA Military Scorecard*』RAND Corporation、2015年
・布施哲『米軍と人民解放軍』講談社現代新書、2014年

第5章

・下斗米伸夫『アジア冷戦史』中公新書、2004年
・キッシンジャー、ヘンリー『キッシンジャー回顧録「中国」(上)』塚越敏彦ほか訳、岩波書店、2012年
・キッシンジャー、ヘンリー『キッシンジャー回顧録「中国」(下)』塚越敏彦ほか訳、岩波書店、2012年
・オーストラリア『国防白書2016』:『*Indicative Defence Spending to 2035*』
・防衛省『日本の防衛—防衛白書(平成27年度版)』日経印刷、2015年
・高木誠一郎・角崎信也ほか『主要国の対中認識・政策の分析』公益財団法人・日本国際問題研究所、2015年3月

・米国『4年毎の国防計画の見直し（QDR）2014』
・梅棹忠夫『文明の生態史観』中公文庫、1974年
・スパイクマン、ニコラス『平和の地政学：アメリカの世界戦略の原点』奥山真司訳、芙蓉書房出版、2008年
・ロバート・D・カプラン『地政学の逆襲』櫻井祐子訳、朝日新聞出版、2014年
・エリノア・スローン『現代の軍事戦略入門』奥山真司・関根大助訳、芙蓉書房出版、2015年

第2章

・米国『国家軍事戦略2015』
・防衛省『日本の防衛―防衛白書（平成27年度版）』日経印刷、2015年
・米国国家情報会議編『*Global Trend* 2030、2030年世界はこう変わる』谷町真珠訳、講談社、2013年
・石郷岡建『ユーラシアの地政学』岩波書店、2004年
・杉山正明『ユーラシアの東西』日本経済新聞出版社、2010年
・下斗米伸夫『アジア冷戦史』中公新書、2004年
・下斗米伸夫『プーチンはアジアをめざす』ＮＨＫ出版新書、2014年
・エマニュエル・トッド『「帝国」以後と日本の選択』藤原書店、2016年

第3章

・マイケル・ピルズベリー『*China 2049*』（原題『*THE HUNDRED-YEAR MARATHON*』野中香方子訳、日経BP社、2015年
・平松茂雄「日本と中国の地政学的戦略環境」『ディフェンス』第19巻2号2001年春季
・平松茂雄『中国の安全保障戦略』勁草書房、2005年
・平松茂雄『中国はいかに国境を書き換えてきたか　地図が語る領土拡張の真実』草思社、2011年
・平松茂雄『実戦・私の中国分析』幸福の科学出版、2012年
・中国『中国の軍事戦略』（『国防白書』）2015年
・米国『国防指針2012』および「4年毎の国防計画の見直し（QDR）2014」
・防衛省防衛研究所編『東アジア戦略概観2015』防衛省防衛研究所
・防衛省防衛研究所編『東アジア戦略概観2016』防衛省防衛研究所
・劉華清『劉華清回顧録』解放軍出版社、2004年
・米国防省『中国の軍事力（*Military and Security Developments Involving the People's Republic of China* ）*2011*』

主要参考文献

第１章

・ヘンリー・キッシンジャー『国際秩序』日本経済新聞出版社、2016年
・細谷雄一『国際秩序』中公新書、2012年
・ジョセフ・S・ナイ『アメリカの世紀は終わらない』村井浩紀訳、日本経済新聞出版社、2015年
・シーナ・アイエンガーほか『知の最先端』PHP 新書、2013年
・英「エコノミスト」編集部『2050年の世界』東江一紀訳、文藝春秋、2012年
・ヘンリー・キッシンジャーほか『中国は21世紀の覇者となるか？』酒井泰助訳、早川書房、2011年
・白石隆、ハウ・カロラン『中国は東アジアをどう変えるか―21世紀の新地域システム』中公新書、2012年
・山内聡彦、NHK 取材班『ゴルバチョフが語る、冷戦終結の真実と21世紀の危機』NHK 出版新書、2015年
・防衛省『日本の防衛―防衛白書（平成25年度版）』日経印刷、2013年
・防衛省『日本の防衛―防衛白書（平成26年度版）』日経印刷、2014年
・防衛省『日本の防衛―防衛白書（平成27年度版）』日経印刷、2015年
・防衛省防衛研究所編『東アジア戦略概観2013』防衛省防衛研究所
・防衛省防衛研究所編『東アジア戦略概観2014』防衛省防衛研究所
・防衛省防衛研究所編『東アジア戦略概観2015』防衛省防衛研究所
・外務省『外交青書（平成27年度版）』日経印刷、2015年
・オーストラリア国防省『*Defence White Paper 2016*』
・米国国家情報会議編『*Global Trend* 2030、2030年世界はこう変わる』谷町真珠訳、講談社、2013年
・マイケル・ピルズベリー『*China 2049*』（原題『*THE HUNDRED-YEAR MARATHON*』野中香方子訳、日経 BP 社、2015年
・米国「国家軍事戦略2015」
・ポール・ケネディ『大国の興亡』（上・下）鈴木主税訳、草思社、1988年

上野英詞（うえの　ひでし）
元・防衛研究所図書館長、昭和17（1942）年生まれ、愛媛県出身。日本大学大学院修士課程修了。防衛庁入庁、主要職歴：防衛局調査第2課米州班長、防衛研究所研究調整官、同主任研究官、同図書館長。米ジョージ・ワシントン大中ソ研究所客員研究員（1984～1985年）。笹川平和財団海洋研究所研究員。現在、大東文化大学東洋研究所兼任研究員、日本戦略研究フォーラム政策提言委員、日本安全保障戦略研究所上席研究員などを務める。

附論
関根大助（せきね　だいすけ）
昭和51（1976）年8月生まれ、千葉県出身。日本安全保障戦略研究所研究員。元海洋政策研究財団研究員、元日本戦略研究フォーラム特別研究員。戦略研究学会定例研究会委員。豪州ウーロンゴン大学豪州国立海洋資源・安全保障センター（ANCORS）海洋政策博士課程修了（海洋政策博士）。主要研究業績：共著『戦略論の名著』（中央公論新社、2013年）、共著『中国の野望をくじく日本と台湾』（内外出版、2014年）、共著『現代の軍事戦略入門』（芙蓉書房、2015年）など。

共同執筆者略歴

樋口譲次（ひぐち　じょうじ）
元・陸上自衛隊幹部学校長、陸将。昭和22（1947）年1月生まれ、長崎県（大村高校）出身。防衛大学校第13期生・機械工学専攻卒業、陸上自衛隊幹部学校第24期指揮幕僚課程修了、米陸軍指揮幕僚大学留学（1985～1986年）、統合幕僚学校第9期特別課程修了。自衛隊における主要職歴：第2高射特科団長兼飯塚駐屯地司令、第7師団副師団長兼東千歳駐屯地司令、第6師団長、陸上自衛隊幹部学校長兼目黒駐屯地司令。現在、日本安全保障戦略研究所運営委員長、偕行社・安全保障研究会研究員などを務める。

用田和仁（もちだ　かずひと）
元・西部方面総監、陸将。昭和27年（1952）7月生まれ、福岡県（修猷館高校）出身。防衛大学校第19期生・土木工学専攻卒業、陸上自衛隊幹部学校指揮幕僚課程修了、米陸軍戦略大学留学（1994～1995）、防衛研究所特別課程修了。自衛隊における主要職歴：72戦車連隊長、中部方面総監部幕僚副長、陸上幕僚監部教育訓練部長、統合幕僚監部運用部長、第7師団長、西部方面総監。現在、日本安全保障戦略研究所上席研究員などを務める。

矢野一樹（やの　かずき）
元・潜水艦隊司令官、海将。昭和30年（1955）12月生まれ、愛媛県（今治西高校）出身。防衛大学校22期生・電気工学専攻卒業、海上自衛隊幹部学校指揮幕僚課程修了、米国防大学修士（国家資源管理）課程留学（1997～1998）。自衛隊における主要職歴：潜水艦ふゆしお艦長、第31護衛隊司令、潜水艦隊司令部幕僚長、防衛大学校訓練部長、海上幕僚幹部装備部長、潜水艦隊司令官。現在、郷友連盟執行役員、日本安全保障戦略研究所上席研究員、安全保障懇話会研究員などを務める。

川村純彦（かわむら　すみひこ）
元・統合幕僚学校副校長、海将補。昭和11年（1936）年4月生まれ。鹿児島県（鶴丸高校）出身。防衛大学校第4期生・電気工学専攻卒業、海上自衛隊幹部学校第20期指揮幕僚課程修了、防衛研修所第27期一般課程修了。自衛隊における主要略歴：第3飛行隊長、在米日本大使館防衛駐在官（1981～1984年）、海上幕僚監部調査第2課長、海上自衛隊幹部候補生学校副校長、第5航空群司令、第4航空群司令、統合幕僚学校副校長。現在、川村純彦研究所代表、NPO法人岡崎研究所副理事長、日本戦略研究フォーラム理事、国家基本問題研究所評議員、日本安全保障戦略研究所顧問などを務める。

髙井　晉（たかい　すすむ）
昭和18（1943）年8月岡山県生まれ。青山学院大学大学院法学研究科博士課程単位取得後、1975年防衛庁教官採用試験（国家公務員上級職採用試験相当）合格、1976年防衛庁教官として防衛研修所に入所以来、研究部助手、第1研究部第2研究室所員、第1研究部第2研究室長、第1研究部主任研究官、図書館長を経て、2007年防衛研究所退官。この間、ロンドン大学キングズカレッジ大学院で「防衛学の法的側面（Legal Aspects of Defence Studies）」を研究。現在、防衛法学会理事長、笹川平和財団特別研究員、内閣官房「領土・主権をめぐる内外発信に関する有識者懇談会」委員、日本安全保障戦略研究所所長などを務める。

中国《ちゅうごく》の海洋侵出《かいようしんしゅつ》を抑《おさ》え込《こ》む――日本《にほん》の対中防衛戦略《たいちゅうぼうえいせんりゃく》

2017年9月25日　初版第1刷発行

編　著　日本安全保障戦略研究所
発行者　佐藤今朝夫
発行所　株式会社 国書刊行会
〒174-0056 東京都板橋区志村1-13-15
TEL 03 (5970) 7421　FAX 03 (5970) 7427
http://www.kokusho.co.jp

装　幀　真志田桐子
印刷・製本　三松堂株式会社

ISBN 978-4-336-06196-6